Werner Rau

Mobil Reisen

KORSIKA
Mobile Touring Highlights

Mit Auto, Caravan, Wohnmobil
unterwegs auf den schönsten Reiserouten

Mit vor Ort erfassten GPS-Koordinaten

Mobil Reisen
Band 45

RAU'S REISEBÜCHER

MOBIL REISEN

KORSIKA

Mobile Touring Highlights

Mit Auto, Caravan, Wohnmobil
unterwegs auf den schönsten Reiserouten

Mit vor Ort erfassten GPS-Koordinaten

WERNER RAU VERLAG STUTTGART

Idee, Layout, Text, Karten, Stadtpläne und Fotos (falls nicht anders gekennzeichnet): Werner Rau
Titelgestaltung: HitzArtworks, 72667 Schlaitdorf

Titelfoto: Bonifacio

1. Auflage 2014/2015

Herstellung: Druckerei & Verlag Steinmeier, 86738 Deiningen
Printed in Germany

ISBN 978-3-926145-41-3
Geo Nr. 663 10142

INHALT

Zum Kennen Lernen

Anreise

Mobil Reisen: KORSIKA – Mobile Touring Highlights

Praktische und nützliche Informationen von A bis Z

Kurzessays

Karten und Stadtpläne

EIN KURZPORTRÄT KORSIKAS

Korsika, Corsica (Korsisch), **Corse** (Französisch), **Kalliste** („die Schöne"), wie Korsika zu Zeiten der alten Griechen genannt wurde – eine Vielzahl von Namen, die auf eine bewegte Vergangenheit der Mittelmeerinsel hindeuten.

Altertums- und Sprachforscher vermuten die Herkunft des Namens „Korsika" im Phönizischen. Dort wurden „von Wald bedeckte" Gebiete als „korsai" bezeichnet.

Andere glauben eher der griechischen Mythologie, und leiten den Inselnamen von „Corsica" ab, der Tochter von Sica und einem Sohn von Corso, König von Troja.

„Jahrhundertelang vergessen, gepeinigt und zerstört durch maghrebinische Angriffe und von den Genuesern schwer ausgebeutet, zeichnete sich Korsika durch die kurzlebige Republik Corte im 18. Jahrhundert als das ‚Laboratorium der Ideen der Aufklärung' aus und wurde mit seinem politischen Modell Vorläufer für Freiheit und Demokratie. Damit beeinflusste sie zuerst die Verfassung der Vereinigten Staaten Amerikas und dann die Frankreichs ..." schreibt der Tourismusexperte Christian Zorgniotti in seinem Corsica Tourisme Digest.

Natürlich ist Korsika, von Liebhabern der Insel gerne als „Ile de Beauté", als die „Insel der Schönheit" bezeichnet, französisches Territorium – eigentlich. Aber die romanische Sprache der Korsen und ihre lange eigenständige Tradition, die Lage der Insel und ihre eindrucksvollen Landschaften von den kilometerlangen Stränden bis hinauf zu den Zweitausendern im Inselinneren sind durchaus auch dazu geeignet, Korsika als eine ganz eigene Welt zu sehen.

Längst hat sich das krude Image Korsikas, die Insel der Vendetta und das ideale Versteck für Gesetzesbrecher und Banditen zu sein, gewandelt. Tatsächlich hatte die Blutrache, die nicht selten über Generationen andauernden Familienfehden, Korsikas Gesellschaftsleben lange geprägt.

Auch wenn noch in den 70ern/80ern des vergangenen Jahrhunderts Separatistenbewegungen durch Anschläge immer wieder von sich reden machten, hat die Mehrheit der Korsen heute sicher anderes im Sinn, nämlich ihre Insel wirtschaftlich voran zu bringen. Man setzt stark auf einen umweltverträglichen Tourismus, dem separatistische Aktivitäten überhaupt nicht gut täten.

Korsika liegt rund 82 km von der italienischen Küste entfernt. Zum französischen Festland dagegen sind es immerhin 180 km.

Größe: Korsika ist die viertgrößte Insel im Mittelmeer nach Sizilien, Sardinien und Zypern.

Das Territorium der Insel umfasst 8.720 qkm. Zum Vergleich: Die im Süden benachbarte, gerade mal 12 km entfernte Insel Sardinien ist dreimal so groß.

In Nord-Süd-Richtung misst Korsika 183 km, in Ost-West-Richtung maximal 84 km. Und Korsikas überwiegend felsige Küstenline bringt es auf die stattliche Länge von fast 1.050 Kilometer.

Die Einwohnerzahl beläuft sich auf rund 300.000, wobei die ganz überwiegende Mehrheit der Bevölkerung in den großen Küstenstädten wie Bastia, Ajaccio oder Calvi lebt.

Verwaltungshauptstadt der Region La Corse ist **Ajaccio**.

Verwaltungstechnisch teilt sich die Insel in die beiden **Départements Haute-Corse**, mit dem Präfektursitz in Bastia, und **Corse du Sud**, Präfektur in Ajaccio.

Zu einem maßgeblichen **wirtschaftlichen Faktor** hat sich der Tourismus entwickelt. Bald werden es 15%

des erwirtschafteteten Indlandsprodukts sein, die aus dem Geschäft mit dem Tourismus stammen. Jedes Jahr besuchen fast drei Millionen Gäste die Insel.

Wichtige Exportgüter kommen aus der Landwirtschaft. An oberster Stelle stehen Zitrusfrüchte und Obst.

Obwohl nur etwa zehn Prozent des Landes landwirtschaftlich genutzt werden kann (Weidewirtschaft nicht berücksichtigt), werden dort über drei Viertel der Exportfrüchte produziert.

Landesnatur

Korsika ist vornehmlich eine recht gebirgige Insel. Oft wird Korsika als „Gebirge im Meer" bezeichnet, was das Landschaftsbild der Insel recht anschaulich macht. Dennoch ist die Vielfalt an Landschaftsformen erstaunlich groß.

Dass der Landschaftscharakter über Generationen auch die Bewohner einer Gegend prägt, ist ja nicht neu. Und die Korsen sind, obwohl ihre Insel vom Meer umgeben ist, nicht gerade die großen Seefahrer, sondern sie wandten sich hauptsächlich dem Gebirge zu, aus dem sie über Jahrhunderte ihre Lebensgrundlagen schöpften.

Als Besucher dieser landschaftlich überaus eindrucksvollen Insel reist man – insbesondere an der Westseite – entlang spektakulärer Steilküsten, fährt im Landesinneren durch eine landwirtschaftlich genutzte Terrassenlandschaft überzogen mit Olivenhainen, Kiefern- und Kastanienwäldern und durch nicht enden wollende Macchia-Buschwälder, man müht sich durch atemberaubende Felsschluchten und quert immer wieder bizarre Gebirgslandschaften.

Alleine acht der höchsten Berge sind über 2.500 m, und mehrere Dutzend Gipfel sind höher als 2.000 m.

Bis weit in den Sommer hinein können die höchsten Gipfel schneebedeckt sein, wie der 2.706 m hohe Monte Cinto oder der 2.134 m hohe Monte Incudine, während man es sich in Ajaccio z. B. längst bei frühsommerlichen Temperaturen auf den Palmenpromenaden im Straßencafé gut gehen lässt.

Die fast das ganze Jahr über angenehm warmen Gestade am Golf von Porto stehen ganz im Gegensatz zu den kühlen Wäldern von Vizzavona im Herzen der Insel und den im Sommer glühend heißen Steinwüsten von Les Agriates im Norden.

Vor allem die Küsten an der Westseite sind steil und felsig, ein Eldorado z. B. für Taucher. An der Ostseite dagegen dehnen sich hinter der Küste verhältnismäßig weite, fruchtbare Ebenen aus. Die Strände hier sind flacher, länger und sandiger, bestens geeignet für einen Badeurlaub.

Trotz des alpinen Charakters vor allem des Inselinneren sind fast zwei Drittel von Korsika von wuchernder, vor allem im Frühjahr verführerisch duftender Macchia bedeckt.

Höchster Berg ist mit 2.706 m der **Monte Cinto**.

In Korsika sagt man, schon drei Häuser und eine Herdstelle (tre case e un fornu) machen ein Dorf (paislu). Und tatsächlich, wenn man im Hinterland die winzigen Dörfer auf den Anhöhen kleben sieht, fällt einem dieser Spruch wieder ein.

Viele der alten Häuser auf dem Lande ist anzusehen, dass hier schon viele Generationen wohnten. Und immer war man bestrebt, dass die ganze Großfamilie im Hause lebte. Zwangsläufig wurde immer wieder erweitert, hier ein Flügel angebaut, dort aufgestockt. So entstanden im Laufe der Zeit ganze Komplexe aus mehreren Häusern.

Als Baumeterial verwendete man, was in der Region am häufigsten vorkam und am billigsten zu haben war. So findet man im Norden vor allem Häuser die aus Schiefergestein errichtet sind, im Süden und im Inselinneren dagegen baute man vorzugsweise mit Granitsteinen. Und um Bonifacio oder in der Gegend um St-Florent diente häufig Kalkstein als Baumaterial.

Schieferschindeln (teghje) waren und sind in weiten Teilen der Insel auch das bevorzugte Material, um Dächer zu decken.

Die früher häufig verwendeten Schindeln (scandule) aus Walnussholz, die auf dem Dach durch schwere Granitsteine gehalten wurden, findet man nur noch selten auf alten Häusern.

Korsikas Nationalflagge

Wie kommt ein **Mohrenhaupt** auf die Flagge einer Mittelmeerinsel, fragt man sich, wenn man den schwarzen Kopf eines offensichtlich jungen Mannes mit Kraushaar, wulstigen Lippen und weißem Stirnband sieht? Und wer das benachbarte Sardinien besucht hat, wird sich an die vier Mohrenköpfe in der dortigen Flagge erinnern.

Fest steht, dass unter der Regentschaft Pasquale Paolis 1762 der Mohrenkopf als Zeichen der Unabhängigkeit offizielles Symbol auf Korsikas Flagge wurde.

Geschichtsbewanderte Wissenschaftler wollen herausgefunden haben, dass der Mohrenkopf angeblich aus Spanien vom Wappen Aragonines stammen soll. Die Könige von Aragonien führten vier Mohrenköpfe um ein rote Kreuz als Zeichen des Sieges über die Mauren in ihrem Wappen.

Die ersten Kämpfe um die Unabhängigkeit Korsikas von der genuesischen Vorherrschaft in der Mitte des 14. Jh. wurden von den aragonischen Königen unterstützt. Dieser Umstand könnte dazu geführt haben, dass der Mohrenkopf Einzug auf Korsika hielt.

Macchia ist in mediterranen Breiten keine ungewöhnliche Vegetationsart.

Auf Korsika aber ist Macchia, dieser duftende Dschungel aus Ginster, Thymian, Wacholder, Lavendel, Myrte, Zistrosen, Affodillen, Korkeichen, Erdbeerbaum, dornigem Gebüsch und unzähligen anderen Kräutern und Sträuchern, besonders verbreitet. Über die Hälfte der Insel sind davon überzogen.

Auf Korsika waren die ausgedehnten, fast undurchdringlichen Macchiawälder in alten Tagen aber auch beliebtes Rückzugsgebiet von Räubern, politisch Verfolgten, Aufständischen, Banditen und sog. „bandits d'honneur" die in Vendettahändel verstrickt waren und in der Gesellschaft nicht von allen als brutale Verbrecher angesehen wurden.

Heute haben sich die Zeiten natürlich auch hier längst geändert. Und die so gut wie menschenleeren Macchiaweiten sind das unumstrittene Refugium von Wildschweinen, vor allem aber von halbwilden Hausschweinen (angeblich mehrere 10.000) geworden. Und der dichte, im Extremfall bis zu fünf, sechs Meter hohe Buschwald ist langsam dabei, einst mühsam gerodetes Kultur- und Agrarland wieder zurückzuerobern.

So gesehen sind die ungewöhnlich häufig auftretenden Waldbrände der im Sommer extrem trockenen und leicht entflammbaren Macchia vielleicht nicht für alle Bewohner Korsikas ein unwillkommenes Ereignis.

Sicher ist, dass Sie nach einem warmen Frühlings- oder Frühsommerregen bei einer Fahrt noch mehr bei einer Wanderung über die Insel überall vom herrlichen Duft der Blüten und Gräser umfangen werden. Zu hoffen wäre allerdings, dass Sie nicht unter einer Blütenpollenallergie leiden.

Und von dem großen Korsen Napoléon ist überliefert, dass er der Überzeugung gewesen sei, seine Heimatinsel mit verbundenen Augen alleine am Duft der Macchia jederzeit zu erkennen.

Übrigens: So unnütz Macchia dem einen oder anderen auch scheinen mag, die üppige Vielfalt an Blüten der Bäume, Sträucher, Büsche und Gräser sorgt auch dafür, dass aus den Macchiaregionen zu allen Jahreszeiten ein ganz vorzüglicher Honig kommt. Macchia-Blütenhonig ist eine Delikatesse und ein prima Mitbringsel.

Korsikas Sprache

Ursprünglich wurde auf Korsika keineswegs Französisch gesprochen. Während der Römerzeit war ein stark an das Lateinische angelehnter Dialekt geläufig, der später während der Herrschaft von Pisa und Genua von Italienisch abgelöst wurde. Und natürlich sprach man auf Korsika nicht das reine aus der Toskana stammende Italienisch, sondern färbte es bald durch eigene Mundarten ein und kreierte so im Laufe der Zeit einen eigenständigen korsisch-italienischen Dialekt. Um genau zu sein: Das Korsische ist nicht etwa nur ein Dialekt, es ist von Sprachwissenschaftlern als eigenständige Sprache anerkannt.

Nach der Einvernahme durch Frankreich wurde natürlich Französisch als Amtssprache verordnet. Ganz durchgesetzt hat sich das aber bis auf den heutigen Tag nicht. Selbstverständlich spricht jedermann Französisch, aber viele Einheimische pflegen ihren ursprünglichen Dialekt, nicht zuletzt um ihre kulturelle Eigenständigkeit zu pflegen und zu dokumentieren.

Als Besucher der Insel sind Sie übrigens fein heraus, wenn Sie des Französischen mächtig sind. Rechnen Sie nicht damit, dass man Deutsch versteht. Und mit Englisch kommt man, wenn überhaupt, am ehesten noch im Hotel oder im Touristenbüro weiter.

KORSIKAS GESCHICHTE IN STICHWORTEN

Korsika muss schon in **prähistorischen Epochen**, um 6000 v. Chr., besiedelt gewesen sein, wie Grabungsfunde Wissenschaftler vermuten lassen.

Einer der ältesten Funde aus jener Epoche ist die berühmte **„Dame von Bonifacio"**. Das Skelett der jungen Frau aus der Jungsteinzeit ist heute in Levie im Musee Départementale de l'Alta Rocca zu sehen.

Woher die ersten Einwanderer allerdings kamen, bleibt bislang im Dunkeln. Man liest, dass es sich wohl um Jäger und Sammler handelte, die erst später lernten, eine zunächst sehr einfache Landwirtschaft zu betreiben.

Etwa ab 3000 v. Chr. entwickelte sich die große Epoche **Magalithkultur**, die gut tausend Jahre später von der **Kultur der Torreaner** abgelöst wurde.

Aus jener Epoche sind auf Korsika noch viele Zeugen in Form von steinernen Großmonumenten wie **Dolmen**, **Grabstätten** sowie Steinskulpturen der einfachsten Art oder skulpturierten **Menhiren** erhalten (Filitosa, Cauria). Die schlanken Steinmonolithe sind mit Andeutungen menschlicher Gesichter, einige auch mit kaum noch wahrzunehmenden Spuren von Waffen versehen.

Etwa zwischen 3000 bis 1000 v. Chr., hatte Korsika erste Kontakte zu anderen Mittelmeerkulturen, z. B. zu denen auf den Kykladen Inseln.

Ab ca. 560 v. Chr. – Die Phönizier, griechischstämmige Eroberer aus Kleinasien, bemächtigen sich Korsikas. Ihre erste Gründung war **Alalia**, das heutige Aléria an der Ostküste der Insel.

Mit den Phöniziern kamen der Wein, Oliven und Getreide nach Korsika. Es wurde bereits Bergbau betrieben und Handelsbeziehungen wurden aufgebaut.

260 v. Chr. – Die Römer lassen sich auch auf Korsika nieder. Ihre Herrschaft sollte die nächsten sechshundert Jahre andauern.

Die Römer bauten zwar Aléria weiter aus, beließen es aber bei nur einer weiteren Gründung auf Korsika, nämlich **Mariana** bei La Canonica an der Ostküste in Haut-Corse.

5. Jh. n. Chr. – 11. Jh. – Nach dem Niedergang des Römischen Reiches um 455 n. Chr. begannen für die Korsen turbulente Zeiten. Eine Eroberungswelle nach der anderen überrollten die Insel. Vandalen, Ostgoten, Byzantiner Lombarden – alle suchten aus der Besetzung der Insel politische und/oder wirtschaftliche Vorteile zu schlagen.

Da von den Eroberern auf die Wünsche und Bedürfnisse der einheimischen Bevölkerung am wenigsten Rücksicht genommen wurde, etablierte sich langsam eine korsisch-aristokratische Oberschicht, die um ihr Land und um Macht kämpfte.

Bald standen die eigenen politischen Interessen im Vordergrund. Selbst Absprachen mit den damaligen Großmächten im Mittelmeerraum – Genua und Pisa, die sich ihrerseits Korsikas bemächtigen wollten – wurden getroffen, wenn es zum Vorteil der korsischen Aristokratie war.

1077 – 1284 – Korsika steht unter der **Vorherrschaft des Stadt-Staates Pisa**. Es ist eine Zeit, in der der Handel aufblüht und überall auf der Insel Kirchen im romanischen Stil entstehen.

1284 – Die Flotte Genuas siegt in der **Seeschlacht von Méloria** über Pisa. In der Folge herrschen **Genuesen** über Korsika.

Fast 500 Jahre lang hatten die Genuesen das Sagen auf Korsika. In dieser Zeit entstanden Städte (oder wurden ausgebaut und befestigt) wie Ajaccio, Bastia, Calvi und Porto Vecchio. Und es entstanden in jener Zeit die zahlreichen Wachttürme, die noch heute an Korsikas Küste zahlreich zu sehen sind.

1348 – Eine Pestepidemie rafft mehr als ein Drittel der Inselbewohner dahin.

1384 – Die Korsen selbst versuchen immer wieder ihre Geschicke, politisch wie wirtschaftlich, selbst in die Hand zu nehmen. Man opponiert gegen die genuesischen Herren. Schließlich macht sich der Widerstand 1384 in der Revolte Terre du Commun Luft.

1553 – Erstmals versucht Frankreich Einfluss auf die Geschicke Korsikas zu erlangen. Unterstützt werden diese Bemühungen von **Sampiero Corso**, einem der großen Verfechter der korsischen Unabhängigkeit. Ein Feldzug, in dem Corso eine Einheit korsischer Söldner anführt, bringt Frankreich in den Besitz Korsikas.

Sampiero Corso wurde 1498 in Korsika in recht ärmlichen Verhältnissen geboren. In jungen Jahren verließ er die Insel, diente unter den Medici in Florenz und machte schließlich in Frankreich unter König Franz I. eine steile militärische Karriere.

Zeit seines Lebens förderte er den Widerstand der Korsen gegen die Genuesen. Politische Aktivitäten Corsos machen immer mehr seiner einflussreichen Landsleute dazu bereit, die französische Herrschaft zu akzeptieren.

1557 – Der Statthalter Frankreichs in Korsika, Giordano Orsini, proklamiert den Anschluss Korsikas an Frankreich. Angeblich war dieser Akt eine reine Willkürmaßnahme Orsinis. Und schon zwei Jahre später wird Korsika offiziell erneut an Genua übergeben (Vertrag von Cateau-Cambrésis).

1564 – Sampiero Corso führt einen Aufstand der Korsen gegen die Genuesen an. Drei Jahre später wird Sampiero Corso in einen Hinterhalt gelockt und von Verwandten seiner Frau ermordet. Dazu muss man wissen, dass Corso 1563 seine Frau ermordet hatte, um zu verhindern, dass sie ausgerechnet nach Genua floh, was die Frau offenbar ernsthaft vorhatte.

1729 – Beginn des 40 Jahre währenden korsischen Unabhängigkeitskampfes.

Von einigen mindestens genauso patriotischen wie wohlhabenden Korsen wird Korsika sogar zum „Königreich" erklärt. Als **„König von Korsika"** fungierte 1736, man höre und staune, ein deutscher Baron namens Theodor von Neuhoff.

Von langer Dauer war dieses kuriose Konstrukt allerdings nicht.

1738 – In den folgenden zehn Jahren schickt Frankreich immer wieder Truppen nach Korsika.

1755 – **Pasquale Paoli**, Korsikas Nationalheld, betritt die politische Bühne, lässt sich zum „General der Korsischen Nation" ernennen und ruft die „Korsische Nationalregierung" aus.

Die Wirtschaftslage der Insel verbessert sich.

Paoli, der „Vater der Nation" (Babbu di a Patria) macht Corte zur Hauptstadt der Insel, gibt den Korsen eine demokratische Verfassung und formt ein für damalige Zeiten recht fortschrittliches Staatswesen. In Corte wird eine Universität gegründet. Und bis 1762 konnte sich Korsika tatsächlich für einige Jahre als unabhängig betrachten.

1768 – Der 15. Mai 1768 galt damals für viele Korsen als der schwärzeste Tag in der Geschichte ihrer Insel. An jenem Tag wurde in Versailles ein Vertrag unterzeichnet, in dem Genua Korsika für zwei Millionen Goldfrancs an Frankreich verkauft. Die Korsen fühlten sich „wie ein Stück Vieh an diese hochnäsigen Franzosen verkauft".

1769 – Korsika wird endgültig von Frankreich annektiert, nachdem französische Truppen Pasquale Paoli und seine Schar korsischer Patrioten und Freiheitskämpfer am 8. Mai 1769 bei Ponte Nuovo überwältigt hatten.

Am 15. August 1769 erblickt in Ajaccio **Napoléon Bonaparte** das Licht der Welt.

1770 – In den Wirren der Unabhängigkeitsbestrebungen und dem Hin und Her zwischen Genua und Frankreich konnte sich in Korsika fast ungestört ein blühendes Banditentum entwickeln. Nach der politischen Konsolidierung des Landes ergriff der damalige Gouverneur Korsikas, Marbeuf, drastische Maßnahmen, um dem Banditentum Paroli zu bieten. Die Erfolge der Maßnahmen blieben aber eher bescheiden. Denn das Banditentum und in seinem Gefolge die Vendetta, die Blutrache, waren auf Korsika bis ins vergangene Jahrhundert nicht vollständig auszurotten.

1790 – Pasquale Paoli kehrt aus England nach Korsika zurück. 21 Jahre lang war er in England im Exil gewesen.

1794 – Englische Truppen hatten 1794 St-Florent, Bastia und Calvi besetzt, worauf sich der englische König Georg III. zum Herrscher über Korsika ernannte. Zwei Jahre lang bis 1796 gab es ein englisch-korsisches Königreich. Die Kirche L'immaculée Conception in Bastia diente dem von König Georg III. eingesetzten korsischen Parlament als Tagungsstätte

1796 – Frankreich schickt erneut Truppen nach Korsika.

Trotz des Ausbaus des Straßennetzes und der Kultivierung größerer Landwirtschaftsflächen damals abzusehen, dass das Land seine Bewohner auf Dauer nicht ernähren konnte.

In der Folge mussten viele Korsen ihre Insel verlassen und auswandern, nach Südamerika zum Beispiel oder auf die Westindischen Inseln.

1821 – Napoléon Bonaparte stirbt im Alter von 52 Jahren in der Verbannung auf der Insel St-Helena.

1894 – Die Bahnstrecke von Bastia nach Ajaccio wird feierlich eröffnet.

In den folgenden Jahren stieg die Einwohnerzahl Korsikas ständig. Lebten 1796 noch annährend 150.000 Menschen auf der Insel, waren es 1936 rund 325.000.

1942 – Deutsche und italienische Truppen besetzen Korsika, müssen sich aber im September 1943 bereits wieder zurückziehen.

1945 – Mit Hilfe amerikanischer Truppen und unter massivem Einsatz von Insektiziden wird die Malaria in den Marsch- und Sumpfgebieten an der Ostküste der Insel erfolgreich bekämpft.

1961 – Nach Lösung der Algerienfrage kehrten viele Korsen aus Nordafrika auf ihre Heimatinsel zurück. Bald bildeten die rückkehrenden „pied-noirs" eine Minderheit auf der Insel, was zu Spannungen in der korsischen Gesellschaft führte.

1970 – Korsika wird offiziell französische „Région".

1971 – Der „Regionale Naturpark" wird eingerichtet.

1975 – Die Départements **Haute-Corse** und **Corse-du-Sud** werden etabliert.

Um den lauter werdenden Forderungen nach Unabhängigkeit Nachdruck zu verleihen wird in Aléria eine Kellerei besetzt. Die Antwort der Staatsmacht ist drastisch. Zwei Polizisten verlieren ihr Leben.

Die Vorkommnisse geben den Unabhängigkeitsbestrebungen neuen Auftrieb.

In den folgenden zwanzig Jahren sind Anschläge fast an der Tagesordnung. Ziel sind in aller Regel Einrichtungen der französischen Verwaltung, aber auch Einrichtungen ausländischer Investoren in die touristische Entwicklung der Insel. Hotels und Ferienanlagen werden zerstört.

Viele Korsen sind der Ansicht, dass die Gelder zur Finanzierung der von der Zentralregierung in Paris veranlassten wirtschaftlichen und touristischen Entwicklung nicht bei ihnen ankommen und in falsche Taschen fließen.

Die negativen Auswirkungen auf die touristische Infrastruktur sind nicht zu übersehen.

Positiv gesehen haben diese negativen Auswirkungen aber andererseits den Vorteil, dass Korsika lange nicht so durch eine ausufernde Bebauung verunstaltet wurde, wie so manch andere Küstenregion rund ums Mittelmeer!

Zwischenzeitlich wird diese anfangs bedauerte Entwicklung als Chance für einen „Grünen Tourismus" gesehen, der auf Korsika von verschiedenen Seiten angestrebt wird.

1976 – Die FLNC (Front Libéral National Corse), die Korsische Befreiungsfront, eine separatistische Organisation, wird gegründet.

Das Bewusstsein über eine regionale Eigenständigkeit Korsikas greift immer mehr Platz.

Aber selbst unter den Separatisten entwickeln sich mit der Zeit so konträre Positionen, dass sich die FLNC spaltet in eine „Union des Combattants" und in die „FLNC des Dissidents".

1982 – Korsika erhält das Privileg als erste französische „Région" Wahlen zu einer Regionalversammlung abhalten zu dürfen.

1996 – Tausende von Frauen demonstrieren in Ajaccio für ein Ende der Gewalt auf der Insel.

1998 – Der Präfekt Claude Érignac wird ermordet. Zehntausende von Menschen demonstrieren daraufhin gegen die zunehmende terroristische Gewalt auf der Insel.

2000 – Die französische Regierung unter Premierminister Lionel Jospin gesteht – gegen den energischen Widerstand der Opposition – Korsika größere Autonomierechte zu. Als Gegenleistung wird ein Ende der Gewalt durch die FLNC verlangt.

2001 – Erste Verträge sprechen der korsischen Regionalversammlung besondere Befugnisse zu, die in den folgenden Jahren noch erweitert werden

Corte, die alte Hauptstadt Korsikas, wird von einer mächtigen Zitadelle überragt

sollten, von der Regierung unter Premierminister Jean-Pierre Raffarin nicht mehr weiter verfolgt werden.

2003 – In einem Referendum im Juli 2003 stimmen 51 % der Korsen gegen eine Vereinigung der Ratsversammlungen der beiden Regionen.

2009 – 6 Touristen überleben ohne größere Verletzungen ein schweres Flugzeugunglück vor der Küste Korsikas. Nach der Notwasserung der Cessna trieben sie 6 Stunden in der stürmischen See. Dass die Flugzeuginsassen lediglich Unterkühlungen erlitten, war für die Retter ein Wunder. Quelle: Spiegel Online.

WIE KOMMT MAN HIN?

Anreise

Ob Sie mit der Fähre anreisen oder mit dem Flugzeug und sich dann vor Ort ein Auto mieten – eine sehr beliebte Variante übrigens, die vor allem Leute wahrnehmen, die auf Korsika in erster Linie wandern wollen – buchen Sie rechtzeitig, auch die Rückreise, vor allem wenn Sie in der Ferienzeit Juli/August reisen müssen!

Wer es einrichten kann, meidet natürlich die Hochsaison und reist in der Nebensaison wesentlich entspannter.

Im Fähr- wie im Fluggeschäft hat die Gestaltung der Preise eine dschungelartige Vielfalt erreicht, so dass hier auf Preisangaben verzichtet wird. Zu unterschiedlich sind die Kategorien, die sich nicht nur nach Saisonzeiten und Fahrzeugtypen (bei Autofähren) richten, sondern auch nach Abfahrtshafen/Ablughafen, Wochentag, Buchung übers Internet, Stornierungsmodalitäten, Umbuchungsmöglichkeiten etc. etc.

Je nach Fährhafen, von dem aus Sie nach Korsika in See stechen, bzw. je nach Ausgangspunkt in Deutschland, Österreich oder der Schweiz wird Ihr Anreiseweg entweder durch Frankreich, bzw. durch die Schweiz und Frankreich, oder aber durch Österreich und Italien (Livorno) führen. Aber egal wie Sie fahren, Autobahngebühren sind auf allen Strecken fällig.

Die Entfernung von Frankfurt/Main über den Brenner nach Livorno beträgt z. B. rund 1.150 km.

Mit dem Flugzeug

U. a. bieten Air France, Lufthansa und Germanwings regelmäßige Flugverbindungen von Berlin, Hamburg, Düsseldorf, Dortmund, Köln/Bonn, Stuttgart und München nach Bastia an. TUIfly fliegt Köln/Bonn – Calvi.

Das Angebot an Flugverbindungen nach Korsika erweitert sich um ein Vielfaches, wenn man Verbindungen über Paris, Nizza, Marseille oder andere französische Flughäfen wählt.

Zu bedenken ist, dass viele Flüge nach Korsika über Paris führen. Dort ist nicht nur das Fluggerät, sondern auch der Flughafen zu wechseln. Man kommt gewöhnlich auf dem internationale Flughafen Charles de Gaulle an und fliegt ab Paris Orly nach Korsika weiter. Dieser Flughafenwechsel ist allerdings mit einem erheblichen Zeitaufwand verbunden. Da es eine Bahn zwischen den Flughäfen bislang nicht gibt, ist man auf die Pendelbusse angewiesen, die verkehrsbedingt nicht selten eine Stunde von Flughafen zu Flughafen unterwegs sind.

Ganzjährig von Paris, Lyon, Marseille und Nizza aus angeflogen werden Ajaccio „Napoléon Bonaparte“, Bastia „Poretta“, Calvi „Saint Catherine“ und Figari Sud Corse (liegt nordwestlich von Bonifacio)

Infos zu Flugverbindungen und Preisen findet man u. a. unter

www.easyvoyage/flug.de.

Günstige Flugtarife erfährt man unter www.billiger-fliegen.com sowie unter

www.expedia.de
www.lastminute.com

Anreisewege mit Auto, Caravan, Wohnmobil

Die Hafenstädte mit Fährverbindungen nach Korsika sind auf Autobahnen zu erreichen.

Der schnellste und direkteste Weg führt über die Autobahn nach **München** (A8 oder A9) und weiter über **Kufstein** (A93), **Innsbruck, Brenner** (A22), **Bolzano**, **Verona, Modena** (A1/E45) und **Parma** (A15/E31) nach **La Spezia**, bzw. über **Bologna** und **Florenz** (A1/E35) nach **Livorno** (A11/E76, A12/E80).

Für Reisende aus dem südwestdeutschen Raum bietet sich die Alternativroute über Ulm, Kempten, Pfronten, Reutte/Tirol, Fernpass und Telfs nach Innsbruck und weiter über die Brenner-Autobahn an.

Die Brenner-Autobahn und die Autobahnstrecken in Österreich und in Italien sind **mautpflichtig**.

Das Jahres-"Pickerl", die **Jahresvignette für Österreichs Autobahnen**, kostete zuletzt 76,50 Euro, die Zwei-Monats-Vignette 23,00 Euro und die 10-Tages-Vignette 7,90 Euro für alle Kfz bis 3,5 t. Für Motorräder 36,50 Euro Jahresvignette, 11,50 Euro 2-Monat-Vignette und 4,50 Euro 10-Tages-Vignette. **www.vignette.at**.

Fahrzeuge (auch Wohnmobile) über 3,5 Tonnen zulässigem Gesamtgewicht müssen eine streckenbezogene Maut entrichten **(Go-Mautsystem)**, die weit über den Vignetten-Gebühren liegt.

Die Go-Maut wird je nach gefahrenen Kilometern und je nach Anzahl der Achsen des Zugfahrzeugs automatisch elektronisch berechnet. Voraussetzung dafür ist die sog. **Go-Box**, die Sie an ausgeschilderten Verkaufsstellen auf dem Weg nach Österreich und in Österreich kaufen können. Die Mautgebühr (Sie sind dafür selbst verantwortlich, dass Sie genügend Mautgebühren erwerben) wird in Höhen zwischen 50 und 500 Euro auf die Go-Box geladen.

Die Go-Box selbst müssen Sie im Fahrzeug innen an der Windschutzscheibe anbringen. Beim Passieren der Mautstellen wird die jeweilige Gebühr automatisch abgebucht (Piepston). Sie müssen deswegen nicht anhalten und können jede Spur an der Mautstelle benutzen. Man sollte sich bei den Automobilclubs vorher ggf. nach den neuesten technischen Notwendigkeiten erkundigen! **www.go-maut.at**.

Zu den Mautgebühren kommen in Österreich noch Gebühren für besondere Strecken, z. B. Brenner 8 Euro (Kfz bis 3,5 t).

www.autobrennero.it – deutsch, alles über die Brennerautobahn, wie Mautgebühren, Verkehrsinfos etc.

Wählt man den etwas umständlicheren **Weg durch die Schweiz**, muss für die Benutzung der dortigen Autobahnen und autobahnähnlichen Fernstraßen mit weiß-grüner Beschilderung ebenfalls eine Gebührenvignette (am Grenzübergang oder schon zu Hause bei den Automobilclubs erhältlich) gekauft werden.

Für Kfz bis 3,5 t, sowie für Anhänger waren zuletzt stattliche SFR 40,- (ca. 31,50 Euro) für eine Jahresvignette zu berappen (gleicher Preis für Motorradfahrer). Schwerere Fahrzeuge müssen eine Schwerverkehrsabgabe entrichten.

Die Streckenführung durch die Schweiz könnte so aussehen: Autobahn Stuttgart – Singen (A81), Stein am Rhein, Eschenz, St. Gallen, Chur, Splügen, San Bernardino (Tunnel oder Passstraße, 2.065 m, Wintersperre November bis Mai/Juni), Bellinzona, Lugano, Autobahn-Tangentiale um Mailand, Piacenza, Bologna, Florenz, Livorno.

Der Weg über Schaffhausen, Zürich, Luzern, St. Gotthard (Tunnel oder Passstraße, 2.109 m, Wintersperre November bis Juni), Bellinzona, Mailand etc.

bietet zwar mehr Autobahnanteile, ist aber in der Ferienzeit noch stärker verkehrsbelastet.

Campingplätze an den Anfahrtsrouten

München

***Waldcamping München-Obermenzing* [N 48° 10′ 30″ E 11° 26′ 48″],** Mitte März – Ende Okt., nahe Autobahn A8 Stuttgart – München, Ausfahrt 82, Tel. 089-81 12 235.

Großseeham

***Camping Seehamer See* [N 47° 51′ 4″ E 11° 51′ 41″],** ganzjährig, A8 ca. 35 km südöstlich München, zw. Autobahn und See, Tel. 080 22-53 71.

Bad Feilnbach

***Camping TENDA-Park* [N 47° 47′ 23″ E 12° 0′ 21″],** ganzjährig, A8 Ausfahrt 100 Bad Aibling und noch 5,5 km südwärts, Tel. 080 66-88 44 00.

Oberaudorf

***Wohnmobil-Stellplatz beim Ochsenwirt* [N 47° 38′ 52″ E 12° 10′ 8″].** Angenehmer Übernachtungsplatz vor allem in Vor- und Nachsaison. Schotterfläche für etwa vier Reisemobile direkt neben dem Gasthof Ochsenwirt (Fremdenzimmer) mit gutem Restaurant. Bei Verzehr im Gasthof kostenloser Stellplatz, sonst Gebühr. Keinerlei spezielle Einrichtungen für Wohnmobile. Nahe der Talstation der Hocheck Bergbahn. Tel. 080 33-30 790.

Österreich

Wiesing

***Camping Inntal* [N 47° 24′ 21″ 11° 48′ 19″],** ganzjährig, A12 (Kufstein-Innsbruck) Ausfahrt 39 Achensee, weiter Richtung Achensee, Tel. +43 (0) 52 44-62 693.

Hall in Tirol

***Schwimmbad Camping* [N 47° 17′ 3″ E11° 29′ 47″],** 1. Mai – 30. Sept.; A12 Ausfahrt 68, Wohnmobilstellplätze auch außerhalb des Campingplatzes, auch während der Schließungszeit nutzbar, Tel. + 43- (0) 66 48 16 55 68.

Innsbruck Kranebitten

***Camping Kranebitterhof* [N 47° 15′ 52″ E 11° 19′ 32″],** ganzjährig, westl. Innsbruck, A12 Ausfahrt Kranebitten, Tel. +43- (0) 5 12-27 95 58.

Schweiz

Winterthur

***Camping Am Schützenweiher* [N 47° 31′ 11″ E 8° 43′ 0″],** ganzjährig, Autobahnausfahrt Winterthur-Ohringen, Tel. +41- (0) 522-12 52 60.

St. Margarethen

***Camping Bruggerhorn*,** April – Okt., über Autobahn A1, Ausfahrt St. Margarethen, Tel. +41 (0) 717-44 27 57.

Chur

***Camping Camp Au* [N 46° 51′ 15″ E 9° 35′ 37″],** ganzjährig, A13 Autobahnausfahrt Chur-Süd, Tel. +41 -(0) 812-84 22 83.

Chiggiogna

***Camping Gottardo* [N 46° 28′ 13″ E 8° 48′ 59″],** 1. März - 31. Okt., A2 Autobahnausfahrt Faido, Tel. +41- (0) 918-66 15 62.

Cugnasco

***Park Camping Riarena* [N 46° 10′ 11″ E 8° 54′ 50″],** Mitte März – Ende Okt.; A 2 Autobahnausfahrt Bellinzona-Süd, Tel. +41- (0) 918-59 16 88.

Italien

Chiusa/Klausen

***Camping Gamp* [N 46° 38′ 29″ E 11° 34′ 25″],** ganzjährig, A22 Autobahnausfahrt Chiusa, separates **Stellplatzareal für Wohnmobile** unterhalb des eigentlichen Campingplatzes, Tel. +39- 0472-84 74 25.

Sterzing/Vipiteno

***Wohnmobil-Caravan/Autocamp Sadobre* [N 46° 53′ 6″ E 11° 26′ 12″]** bei der Raststätte TopStop mit Motel, +39-0472-72 17 93.

Leifers/Bozen

***Camping Steiner* [N 46° 25′ 48″ E 11° 20′ 37″],** Ausfahrt Bozen Süd und auf SS12 Richtung Trento. 6 km südl.

Bozen am nördl. Ortsrand von Leifers, Tel. +39-0471-95 01 05.

Marzabotto

***Camping Piccolo Paradiso* [N44° 22′ 15″ E 11° 15′ 2″],** 15. März - 20. Okt., A1 Autobahnausfahrt Sasso Marconi und nach der Mautstelle beschildert, Tel. +39 051-84 26 80.

Campings bei Livorno

Pisa

Wohnmobil-Stellplatz Parcheggio Via Pietra santina (N 43° 43′ 42.8″ E 10° 23′ 19.5″), A12 Autobahnausfahrt Pisa-Nord und auf SS1 stadteinwärts nach Pisa. Am nördlichen Stadtrand, beim Busbahnhof. Großer Wohnmobil-Park- und Stellplatz der Associazione Campisti Pisani, ca. 100 Stpl., fast immer stark belegt. Eben, schattenlos, meist befestigt oder geschottert. Zumindest tagsüber beaufsichtigt. Ver- und Entsorgungsmöglichkeit EUR 3,-. Übernachtparken EUR 12,-. Beim Busbahnhof Tankstelle, WCs und Abfahrtstelle des Touristenbähnchens. Zum Schiefen Turm zu Fuß nur etwa 1 km.

Camping La Torre Pendente (N 43° 43′ 26.1″ E 10° 23′ 00.7″), Via delle Cascina 86, A12 Autobahn ausfahrt Pisa-Nord und auf SS1 stadteinwärts nach Pisa. Nach dem Straßentunnel (Höhe 3,3 m!) am Kreisverkehr rechts, abermals durch ein Tunnel und noch ca. 400 m, Einfahrt rechts. Am nördlichen Stadtrand, beschildert. Immer stark frequentierter Platz, aber überaus günstig zum Schiefen Turm gelegen; ebenes, eingezäuntes, an zwei Seiten von Wiesen u. Büschen umgebenes Wiesengelände, durch erdige Platzwege in Stellfelder eingeteilt, mit einigen Laub- u. Nadelbäumen. Im Sommer gewöhnlich Schatten durch Mattendächer. Fabrikanlage angrenzend, zeitweise hörbar; ca. 3 ha – 100 Stpl.; ordentliche Sanitärausstattung; Laden, Imbiss, Mietcaravans. Zum Schiefen Turm zu Fuß nur knapp 1 km, durch die Eisenbahnunterführung mit separatem Fußgängersteg. Danach die Hauptstraße rund 200 m stadteinwärts.

Fährverbindungen nach Korsika

Fährverbindungnen nach Korsika bestehen in erster Linien ab französischen und italienischen Häfen.

Regelmäßige, ganzjährige Fährverbindungen bieten die Reedereien S.N.C.M Société National Maritime Corse Méditerranée, Corsica Marittima, Corsica Ferries und Moby Lines zwischen Frankreich und Italien und den korsischen Häfen **Bastia, Ajaccio, Calvi, l'Île Rousse, Porto-Vecchio und Propriano** an.

Saisonal werden die Schiffsverbindungen durch **Schnellfähren** (NVG – Navires à grande vitesse) ergänzt.

Die meisten und schnellsten Fährüberfahrten bestehen zwischen Livorno und Bastia, sowie zwischen Savona und Bastia.

Da die italienischen Häfen näher zu Korsika liegen als die französischen, sind die Fährtarife hier oft niedriger.

Kein großer Preisunterschied besteht zwischen den normalen Autofähren und den Schnellfähren. Generell ist aber zu bemerken, dass Fährpreise in der sommerlichen Urlaubszeit wesentlich höher sind als in der Nebensaison.

Dringend anzuraten ist die sehr frühzeitige Reservierung einer Passage in der Sommerferienzeit im Juli und August. Manche Termine können in dieser Zeit schon Monate im voraus ausgebucht sein!

Aktuelle Fahrpläne und Preise erfährt man unter www.directferries.de.

Siehe auch unter „ Praktische Hinweise von A bis Z / Anschriften / Schifffahrtslinien" weiter hinten.

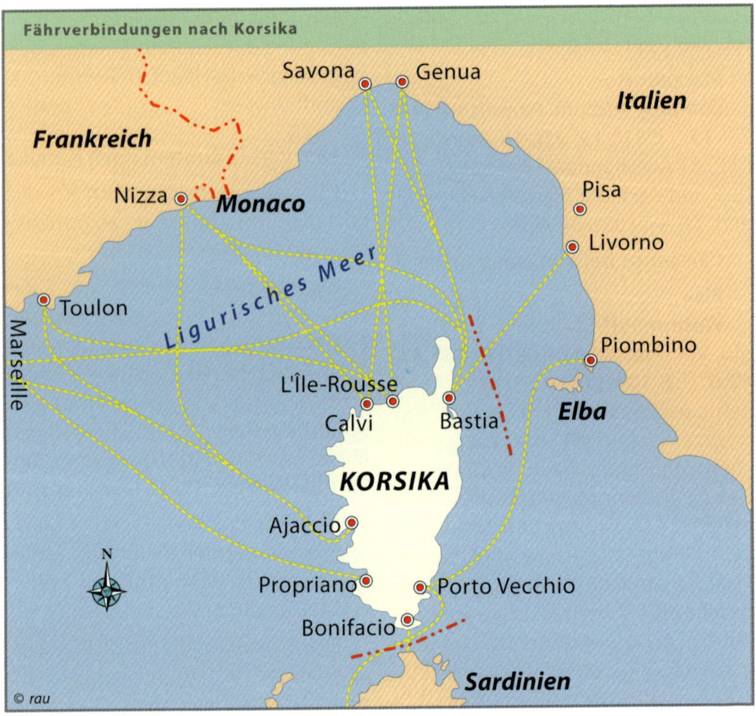

FRANKREICH – KORSIKA

Marseille – Ajaccio

CMN La Méridionale, La Méridionale bietet vornehmlich Nachtfahrten an. 4 Überfahrten pro Woche, Fahrzeit 10 Std. 15 Min.

SNCM, 3 Überfahrten täglich, Fahrzeit 11 Std.

Marseille – Bastia

CMN La Méridionale, La Méridionale bietet vornehmlich Nachtfahrten an. 2 Überfahrten pro Woche, Fahrzeit 11 Std. 45 Min.

SNCM, 3 Überfahrten täglich, Fahrzeit 11 Std.

Marseille – Île Rousse

SNCM, 6 Überfahrten pro Woche, Fahrzeit 11 Std.

Marseille – Porto Vecchio

SNCM, 6 Überfahrten pro Woche, Fahrzeit 12 Std. 30 Min.

Marseille – Propriano

CMN La Méridionale, La Méridionale bietet vornehmlich Nachtfahrten an. 4 Überfahrten pro Woche, Fahrzeit 12 Std.

SNCM, 7 Überfahrten pro Woche, Fahrzeit 10 Std.

Nizza – Ajaccio

Corsica Ferries, 5 Abfahrten pro Woche, Fahrzeit 6 Std. 15 Min.

SNCM, 3 Überfahrten pro Woche, Fahrzeit 6 Std. 45 Min.

Nizza – Bastia

Corsica Ferries, tägliche Überfahrt, Fahrzeit 5 Std. 20 Min.

SNCM, 2 Überfahrten pro Woche, Fahrzeit 7 Std.

Nizza – Calvi

Corsica Ferries, tägliche Überfahrt, Fahrzeit 5 Std. 45 Min.

SNCM, 3 Überfahrten pro Woche, Fahrzeit 3 Std. 30 Min.

Nizza – l'Île-Rousse

Corsica Ferries, 4 Abfahrten pro Woche, Fahrzeit 5 Std.

SNCM, 8 Überfahrten pro Woche, Fahrzeit 5 Std.

Toulon – Ajaccio

Corsica Ferries, 14 Abfahrten pro Woche, Fahrzeit 6 Std. 15 Min.

Toulon – Bastia

Corsica Ferries, 7 Überfahrten pro Woche, Fahrzeit 8 Std.

Moby Lines, 4 Überfahrten pro Woche, Fahrzeit 9 Std.

Toulon – Calvi

Corsica Ferries, 1 Überfahrt pro Woche, Fahrzeit 10 Std. 15 Min.

Toulon – l'Île-Rousse

Corsica Ferries, 6 Überfahrten pro Woche, Fahrzeit 6 Std. 15 Min.

ITALIEN – KORSIKA

Civitavecchia – Porto Vecchio

SNAV, 1 Überfahrt pro Woche, Fahrzeit 6 Std.

Genua – Bastia

Corsica Ferries, 7 Überfahrten pro Woche, Fahrzeit 4 Std. 45 Min.

Livorno – Bastia

Normal-/Schnellfähren, ganzjährig.

Corsica Ferries, 3 Überfahrten täglich, Fahrzeit 4 Std.

Moby Lines, 9 Überfahrten pro Woche, Fahrzeit 4 Std.

Savona – Bastia

Corsica Ferries, 14 Überfahrten pro Woche, Fahrzeit 6 Std.

Savona – l'Île Rousse

Corsica Ferries, 1 Überfahrt pro Woche, Fahrzeit 6 Std. 15 Min.

KORSIKA – SARDINIEN

Bonifacio – Sta. Teresa di Gallura

Moby Lines, April bis September bis 4 Überfahrten täglich, Fahrzeit 50 Min.

Saremar/Corsica Ferries (www.saremar.it), April bis September bis 6 Überfahrten täglich, Fahrzeit 50 Min.

Mein Tipp: Denken Sie bitte daran, dass Sie alles Notwendige für die Überfahrt aus dem Auto mit an Deck oder mit in Ihre Kabine nehmen. Während der Überfahrt sind die Autodecks nicht mehr zugänglich!

Fähre der Reederei Corsica-Sardinia-Ferries im Hafen von Livorno

Nicht verkehrt ist es, sich den Standplatz seines Fahrzeugs an Deck zu merken – Deckbezeichnung, Zugangsbezeichnung des Treppenniedergangs, ob in Fahrtrichtung auf der rechten Steuerbordseite oder linken Backbordseite, mehr bug- oder mehr heckseitig geparkt ist. Eine orientierungslose Suche nach dem Fahrzeug auf den diversen, weitläufigen, vollgeparkten und dann unübersichtlichen Autodecks kann nerven.

Zumindest in der Sommersaison werden die Autos an Deck sehr, sehr dicht, fast Stoßstange an Stoßstange, geparkt. Ziehen Sie die Handbremse an, damit sich die Eigenbewegung des Fahrzeugs in engen Grenzen hält.

Im Wohnmobil oder Caravan gasbetriebene Aggregate unbedingt abstellen und Haupthahn an der Gaszufuhr schließen.

Haustiere sollte man keinesfalls im Auto zurücklassen. Während der Überfahrt ist es auf den Autodecks sehr warm und oft auch recht laut.

Einige Reedereien erlauben Haustiere in gewissen Decksbereichen. Besser aufgehoben als im Auto sind Haustiere auf alle Fälle in den Tierboxen an Deck, die fast alle Reedereien anbieten, wo Sie Ihren vierbeinigen Liebling während der Überfahrt auch immer wieder besuchen und mit Futter und Wasser versorgen können.

Bastia, Blick zum Place St-Nicolas

BASTIA

Reisedauer: Mindestens ein Tag.

Höhepunkte: Der **Place St-Nicolas** * – Stadtspaziergang durch die Rue Napoléon zur **Zitadelle Bastiglia** ** – die **Kirche l'Immaculèe Conception** * – das **Korsische Ethnographische Museum** ** – das **Terra Nova Viertel** ** – die Kirche **St-Marie-de-l'Assomption** – die **St-Croix-Kapelle** – der **Vieux Port** * – die **Kirche St-Jean Baptiste** ** – **der Marktplatz**.

Bastia, Verwaltungshauptstadt der Region Haut-Corse und wichtigster Hafen an Korsikas Ostküste, ist durch sein modernes Fährterminal auch das wichtigste „Tor“ für Besucher der Insel.

Die rund 50.000 Bewohner der Stadt sehen in Bastia nicht nur gerne die „korsischste“ Stadt der Insel, sondern sie auch als Motor der wirtschaftlichen und politischen Entwicklung Korsikas. Schließlich war Bastia schon von 1768 bis 1811 Hauptstadt Korsikas.

Ihren Namen leitet die Stadt Bastia, die sich wunderschön zwischen Gebirge und Meer ausdehnt, übrigens von der **Zitadelle Bastiglia** ab, die die Genuesen 1380 hoch über dem Alten Hafen errichtet haben. Davor kannte man Bastia noch als *Porto Cardo*, das schon zur Römerzeit besiedelt war.

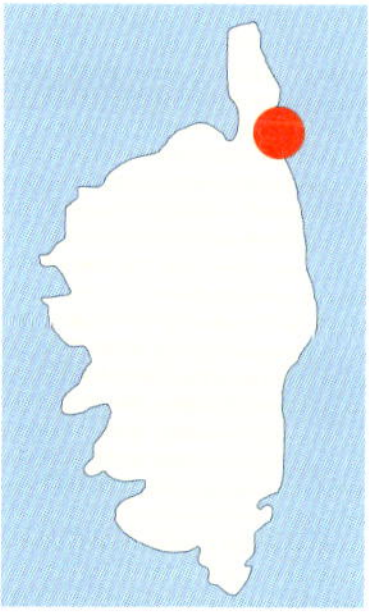

Aus der Zeit der genuesischen Herrschaft über Korsika, unter der

Bastia

sich Bastia zur wichtigen Hafenstadt entwickelte, stammt aus dem 15. Jh. auch der Gouverneurspalast gleich an der Zitadelle hoch über dem Alten Hafen.

Den freiheitsliebenden Bewohnern Bastias ja ganz Korsikas aber war die Zitadelle immer ein Symbol der Unterdrückung. Und als sich der Volkszorn gegen die genuesische Herrschaft und deren Steuer- und Abgabenpolitik, unter der vor allem die arme Landbevölkerung zu leiden hatte, sich 1730 Luft machte, wurde der Stadtteil Terra Nova tagelang geplündert. Tausende von Menschen kamen damals aus dem Hinterland nach Bastia, um ihren Unmut lautstark kund zu tun.

Tipp zur Stadtbesichtigung: Nach Ankunft mit der Fähre wird man gerne dazu verleitet, dem Pulk der ankommenden, aus der Fähre strömenden Fahrzeugen zu folgen und rasch aus Bastia hinauszufahren, um das erste Etappenziel zu erreichen.

Bei der Rückreise von Bastia wird man vermutlich versuchen, den Fährhafen **[WP 002 / N 42° 42' 23.1" E 9° 27' 14.2"]** nicht erst in letzter Minute

*BASTIA – **1** Touristeninformation, Busbahnhof – **2** Gare Maritime, Terminal Nord – **3** Terminal Süd – **4** „U-Bootturm der „Casabianca" – **5** Kriegerdenkmal – **6** Napoléon Denkmal – **7** Kirche L'Immaculèe Conception – **8** Zitadelle, Palais des Gouverneurs, Korsisches Volksmuseum – **9** Kirche St-Marie-de-l'Assomption, Kapelle St-Croix – **10** Jardin Romien – **11** Kirche St-Jean Baptiste – **12** Place du Marché – **13** Kirche St-Charles Borromée – **14** Justizpalast – **15** Bahnhof – **16** Départementverwaltung – **17** Postamt*

zu erreichen. Warum also nicht schon ein paar Stunden früher am Hafen sein und die Zeit bis zur Abfahrt für einen gemütlichen Spaziergang durch Bastia nutzen?

Am Hafen kann man am Fährterminal Nord parken. Für Pkw und kleine Kastenwagen gibt es hinter dem Terminalgebäude auch einen kleinen, gebührenpflichtigen Parkplatz. Vom Fährterminal ist der Place Saint-Nicolas in wenigen Gehminuten zu erreichen.

Stadtspaziergang

Ausgangspunkt für einen Rundgang durch Bastias Innenstadt kann der zentrale **Place Saint-Nicolas [WP 004 / N 42° 41′ 59.4“ E 9° 27′ 03.4“]** sein, der schon als größter Stadtplatz Frankreichs bezeichnet wurde. Mit einer Länge von annährend 300 m ist er aber bestimmt einer der größten des Landes.

An der Nordostecke des langgestreckten, rechteckigen, mit Palmen und Platanen bestandene Platzes sieht man an der Straße die Reste des restaurierten **U-Bootturms der ehemaligen „Casabianca“**, die während des Zweiten Weltkrieges eine Rolle bei der Befreiung Korsikas spielte.

Das ursprüngliche Unterseeboot war 1931 in Saint-Nazaire auf Kiel gelegt worden, gehörte der U-Bootgeneration der 1.500 Tonnen-Agosta-Klasse an und war benannt nach Luc-Julien-Joseph Casabianca, einem Offizier der napoleonischen Marine.

In Korsikas Geschichte spielte das U-Boot eine Rolle, als es um 1944 auf diversen Geheimfahrten Waffen, Ausrüstung und zuletzt 100 Elitesoldaten nach Korsika zur Befreiung der Insel brachte.

Obwohl die „Casabianca“ noch kurz vor Kriegsende 1945 von einem britischen Marineflugzeug durch Beschuss aus Versehen beschädigt wurde, blieb sie noch bis 1952 im Dienst der französischen Marine. 1956 wurde das Boot dann abgewrackt, bis auf den Turm, der wurde erhalten und 2004 in Bastia als Erinnerung an die Wirren des Zweiten Weltkriegs aufgebaut.

Bastias Place Saint-Nicolas mit Napoléon-Denkmal

Vieux Port und Église St-Jean-Baptiste

Der Place St-Nicolas mit seinem Kriegerdenkmal im Nordteil und dem Napoléon-Denkmal (Napoléon in der Pose eines römischen Imperators, der irgendwie den Eindruck macht, als wäre er gerne ins Fitnessstudio gegegangen ;-) im Südteil ist eines der lebhaften Zentren der Stadt. Entlang der Meerseite des Platzes reiht sich ein langer Parkplatz. Und auf der gegenüberliegenden Seite am Boulevard Général de Gaulle reihen sich Geschäfte und Restaurants. Der kleine Musikpavillon in der Mitte des Platzes ist Schauplatz sommerlicher Sonntagskonzerte. Und das Jahr über findet hier an Sonntagvormittagen ein vielbesuchter Flohmarkt statt.

Einen Besuch lohnt an der Westseite des Place St-Nicolas im **Maison Mattai.** Seit Generationen werden hier landestypische Spirituosen wie der berühmte Apéritif Cap Corse produziert.

An der Südwestecke des langgestreckten **Place St-Nicolas** führt die die Rue Napoléon **[WP 005 / N 42° 41' 55.3" E 9° 27' 00.8"]** hinein in die **Terra Vecchia, Bastias Altstadt** mit malerischen Winkeln.

Man passiert die auf der linken Seite gelegenen Kirchen **Saint Roch** und **L'Immaculée Conception**. **Saint Roch** mit seiner neoklassizistischen Fassade aus dem 17. Jh. weist im Inneren aber üppige barocke Stilelemente auf, wie auch die benachbarte Kapelle der Unbefleckten Empfängnis, **L'immaculée Conception**. Beeindruckend ist die reich bemalte als Tonnegewölbe ausgestaltete Kirchendecke.

Generell stellt man bald fest, dass Bastia, zumindest was seine vielen Kirchen anbetrifft, eine Stadt des Barock ist.

Die Kirche der Unbefleckten Empfängnis diente übrigens ausgangs des 18. Jh. dem von den Engländern unter König Georg III. eingesetzten korsischen Parlament als Tagungsstätte.

Englische Truppen hatten 1794 nach Verhandlungen mit Pascal Paoli St-Florent, Bastia und Calvi besetzt, worauf sich der englische König Georg III. zum Herrscher über Korsika ernannte. Tatsächlich gab es danach zwei Jahre lang ein englisch-korsisches Königreich.

Nur ein kurzes Stück weiter kommt man am **Delikatessenladen U Paese** vorbei, eine stadtbekannte Adresse für Schinken, Käse, Wein und andere Produkte, die die Insel hervorbringt.

Bald darauf folgen wir der ansteigenden rue du Colle, vorbei an blätternden Hausfassaden und offenbar dem Verfall preisgegebenen Winkeln, von denen der Reiz eines morbiden Charmes ausgeht, und gehen hinauf zur **Zitadelle [WP 006 / N 42° 41' 34.8" E 9° 27' 02.9"]** und in den kleinen Park **Jardin Romieu**.

Die gewaltigen Mauern der Zitadelle, die schützend vor dem kleinen Stadtviertel Citadelle dahinter aufragen, entstanden um 1520, als der Stadtstaat Genua das Sagen auf Korsika hatte. Über zweihundert Jahre residierten hier die genuesischen Gouverneure für Korsika.

Vom Place Dominique Vincetti hat man Zugang zum zentralen Platz des Zitadellenviertels, dem **Place du Donjon**. Unübersehbar erhebt sich dort an der linken Seite das **Palais des Gouverneurs**, in dem heute das **Korsische Ethnographische Museum,** das **Korsische Volkskundemuseum** untergebracht ist *(geöffnet tgl. 9 - 12, 14 - 18 Uhr, im Winter bis 17 Uhr und So geschlossen)*. Ausgestellt sind u. a. historische Landkarten, eine interessante Gemäldesammlung und altertümliche Exponate.

Unweit südlich des Gouverneurspalastes liegt mitten im historischen Viertel **Citadelle/Terra Nova** in der rue Notre-Dame die sehenswerte Kirche **St-Marie-de-l'Assomption [WP 007 / N 42° 41' 31.7" E 9° 27' 05.4"]**. Die barocke Kirche, die im Wesentlichen im 16. Jh. entstand, ist in ihrem Äußeren fast schlicht, beeindruckt deshalb um so mehr durch ihr überaus reich dekoriertes Inneres. Schönes Chorgestühl, bemerkenswerte Wandmalereien sowie Stuckdekoration, imposante Orgel.

Zum Kirchenschatz gehört die Silberskulptur „Mariä Himmelfahrt" aus der Mitte des 19. Jh. Die Figur, angeblich fast acht Zentner schwer, wird jedes Jahr am 15. August in einer feierlichen Prozession durch die Straßen der Altstadt getragen.

In unmittelbarer östlicher Nachbarschaft liegt die **St-Croix-Kapelle** aus dem 15. Jh. mit reich vergoldetem Stuckdekor. Verehrt wird in der Kapelle „Christ de miracles", eine schwarze Christusfigur mit vergoldetem Lendenschurz, die 1428 vor der Küste aus dem Meer gefischt wurde.

Von der Zitadelle geht man am einfachsten hinab zum Quai du Sud und weiter zum nahen **Vieux Port**, heute der Freizeit- und Jachthafen von Bastia, den eine ganze Reihe von Restaurants, Bars und Terrassencafés umgibt und hinter dem die ockerfarbene, klassizistische Fassade der **Église St-Jean Baptiste [WP 008 / N 42° 41' 48.1" E 9° 27 01.1"]** aufragt. Ein sehr malerisches Stadtbild.

Markant ragen die Türme der Johannes dem Täufer geweihten Kirche aus der Stadtsilhouette. Entstanden ist der Bau, das größte Gotteshaus Korsikas, im 17. und 18. Jh. Das Innere des dreischiffigen Kirchenraums ist im barocken Stil dekoriert (barocker Hochaltar, Fresken und Deckenmalerei, Goldstuck, Marmortaufbecken, Barockorgel).

Von der Kirche St-Jean-Baptiste über den **Place du Marché** zurück zum Place St-Nicolas. Bastias Markt ist einer der buntesten der korsischen Städte und am Wochenende besonders üppig beschickt. Hier gibt es alle Produkte aus dem Land, ob Honig, Oliven, Käse, Wein, den Myrthenschnaps „Eau de vie de myrthe", Gebäck aus Kastani-

In Bastias Altstadtviertel Terra-Nova

enmehl, Wildschweinschinken, Würste, Süßspeisen frisch und in bester Qualität. Und das stattliche Gebäude an der Nordwestecke des Platzes ist das Alte Rathaus.

PRAKTISCHE HINWEISE – BASTIA

Office Municipal du Tourisme de l'Agglomeration de Bastia [WP 003 / N 42° 42' 09.8" E 9° 27' 08.7"], 1 rue José Luccioni, Port Righetti Toga, 20200 Bastia, Tel. 04 95 54 20 40, www.bastia-tourisme.com (auch in deutscher Sprache). U. a. ist hier auch der Cap-Corse-Wanderführer „Le Cap à Pied" erhältlich. *Geöffnet 1. Jan. - 31. Mai sowie 1. Okt. - 31. Dez. tgl. 8 - 18 Uhr. 1. Juni - 30. Sept. tgl. 8 - 20 Uhr.*

Fährterminals

Bastia verfügt über zwei Fährterminals, das **Terminal Sud** (Ankunft/Abfahrten der Fähren von *S.N.C.M.*, Tel. 04 95 54 66 90, www.sncm.fr, Verbindungen nach Marseilles und **C.M.N.**, Tel. 08 10 20 13 20, www.cmn.fr, Nachtfähren nach Marseille) sowie das **Terminal Nord Gare Maritime [WP 002 + 166 / N 42° 42' 23.1" E 9° 27' 14.2"]** (Ankunft/Abfahrten von *Corsica Ferries*, Tel. 08 25 09 50 95, www.corsicaferries.com, Verbindungen nach Livorno, Savona, Nizza und Toulon und *Moby Lines*, Tel. 04 95 34 84 94, www.mobylines.fr, Verbindungen nach Livorno und Genua).

Flughafen

Flughafen Bastia-Poretta, Tel. 04 95 54 54 54; www.bastia.airport.fr. Bastias Fughafen liegt rund 24 km südlich der Stadt. Täglich mehrmals Direktverbindungen nach Paris, Marseilles, Nizza und Lyon mit Air France und mit CCM-Air Corsica.

Zwischen 7 Uhr und 21 Uhr verkehrt ein **Zubringerbus** zwischen Flughafen und Stadtzentrum, Place Maréchal Leclerc, Fahrtdauer rund 30 Minuten.

Eine **Taxifahrt** von der Innenstadt zum Flughafen kostet etwa zwischen 40 und 50 Euro.

Alle namhaften **Autovermieter** haben Niederlassungen am Flughafen, u.a. *Avis* Tel. 04 95 54 55 46, *Europcar* Tel. 04 95 3009 50, *Hertz* Tel. 04 95 30 05 16, *National* Tel. 04 95 36 07 85, *Sixt* Tel. 04 95 54 54 70.

RESTAURANTS

Coté Marine, 2, rue de la Marine-Vieux Port, Tel. 04 95 31 96 95; Fischrestaurant im alten Hafen mit Panoramaterrasse direkt über dem Bootshafen, geöffnet täglich von Anfang April bis November.

Santa Maria, Quai des Martyrs, Tel. 04 95 36 40 59; nahe des alten Hafens gelegen, die Küche produziert neben traditionellen, korsischen Gerichten auch Spezialitäten von Krusten- und Schalentieren oder Pizzen.

A Casarella, rue Ste-Croix, Tel. 04 95 32 02 32; das Restaurant befindet sich in der Zitadelle, bietet traditionelle Küche und eine schöne Panoramaterrasse. Im November sowie samstagmittags und sonntags geschlossen.

Les Blés d'Or, 7 av. Èmile Sari, Tel. 04 95 36 39 50; das Lokal ist eine Kombination aus Restaurant, Boulangerie und Salon de Thé und der ideale Platz für eine Pause mit Imbiss oder einem leichten Mittagessen nach einem Stadtrundgang. Geöffnet tgl. von 5 bis 20.30 Uhr.

La Renaissance, 30 rue César-Campinchi, Tel. 04 95 31 17 94; die beliebte Spezialität des Hauses ist die „Pizza Renaissance", das Rezept dazu wird seit Generationen unter den Pizzabäckern weitergereicht. Nicht nur deswegen, sondern auch der kühlen Räumlichkeiten wegen kommen Einheimische wie Touristen gerne hierher. Sonntags geschlossen. – Und andere Restaurants.

HOTELS

Bonaparte *,** 23 Zi., 45, blvd. Général Graziani, Tel. 04 95 34 07 10; www.hotel-bonaparte-bastia.com, zentrale Lage nähe Place St-Nicolas, Parkmöglichkeit.

Les Voyageurs *,** 24 Zi., 9, av. Maréchal Sébastiani, Tel. 04 95 34 90 80; www.hotel-lesvoyageurs.com; moderne Zimmer, kein Restaurant, Parkmöglichkeit gegen Gebühr.

Posta Vecchia ***, 50 Zi., Quai des martyrs de la libération, Tel. 04 95 32 32 38, www.hotel-postavecchia.com; zentral an der Hafenpromenade nähe altem Hafen, einfach ausgestattete Zimmer, preiswert. Restaurants nahebei, Garage und Parkplatz.

Pietraburgo

l'Alivi ***, 37 Zi., Route du Cap, Ville di Pietrabugno, Tel. 04 95 55 00 00, www.hotel-alivi.com; im nördlichen Teil von Bastia, gutes Mittelklassehotel in schöner Lage über dem Meer, angenehme Terrasse mit Schwimmbad. Restaurant. WLAN. Parkmöglichkeit. Geöffnet Mitte März - Ende Okt.

San-Martino-di-Lota
Hotel La Corniche **, 16 Zi., Tel. 04 95 31 40 98, www.hotel-lacorniche.com; hübsches Mittelklassehotel im Bergdorf San-Martino-di-Lota, Restaurant mit schöner Terrasse mit Blick hinab zur Küste von Bastia. Parkmöglichkeit. WLAN. Geöffnet Feb. – Dez.

Hotel Pietracap ***, 40 Zi., Route de San Martino, Pietranara, Tel. 04 95 31 64 63, www.hotel-pietracap.com; im Bergdorf Pietranara ca. 6 km nördlich von Bastia, Mittelklassehotel mit gepflegter Gartenanlage, lauschige Poolanlage. Parkmöglichkeiten. Geöffnet 1. Apr. – 30. Nov.

CAMPING

Biguglia
Camping San Damiano, [WP 009 / N 42° 37' 44.0" E 9° 28' 01.7"], Lido de la Marana, Tel. 04 95 33 68 02, www.campingsandamiano.fr; 1. Apr. – 31. Okt.; ca. 6 km südl. von Bastia von der N-193 auf die D-107 Richtung Lido de la Marana abzweigen, Einfahrt beim „Lido Marche", die Platzeinfahrt ist von Süden kommend leicht zu übersehen! Überwiegend ebenes, sandiges Gelände unter hohen, im hinteren Platzteil dicht stehende Pinien, bis an den langen Sandstrand reichend. Vom Strand durch einen Maschendrahtzaun mit Durchgang getrennt; 12 ha – 250 Stpl.; Standard-Sanitärausstattung. Restaurant, Imbiss, im Sommer Supermarkt am Platzeingang, Schwimmbad, Tennis, Minigolf, Beachvolleyballplatz. WLAN im Rezeptionsbereich. Internetecke. Langer, breiter Sandstrand. Separate Stellplätze für Wohnmobile vor dem Campingplatz. V & E **für Wohnmobile**. 40 Mietbungalows. Zwischen 23 Uhr und 6.30 Uhr geöffnet für Fährankommende. Neben Restaurant La Pagode.

Bastias Hafeneinfahrt und die Altstadt Terra-Nova

BASTIA – CAP CORSE – ST-FLORENT

Länge der Tour: Rund 110 km.

Die Route: Über D-80 und **Erbalunga, Macinaggio, Col de Serra** und **Nonza** bis **Patrimonio** – D-81 bis **Saint-Florent**.

Reisedauer: Mindestens ein Tag.

Abstecher: Von Marine de Sisco nach **Sisco** und von St-Florent nach **Murato**.

Höhepunkte: Die Kapelle **St-Michel** * bei Sisco – Fahrt hinauf zum Col de Serra – der Blick vom **Col de Serra** * zur Westküste – Wanderung zum **Tour de Sénèque** – die **spektakuläre Küstenstraße** *** zwischen Morsiglia und Marinca/Canari – die **Kirche in Patrimonio** – die **Cathedral de Nebbio** ** in St-Florent – die Strände **Plage de Loto** *** und **Plage de Saleccia** *** bei St-Florent – die **Kirche St-Michel** *** in Murato.

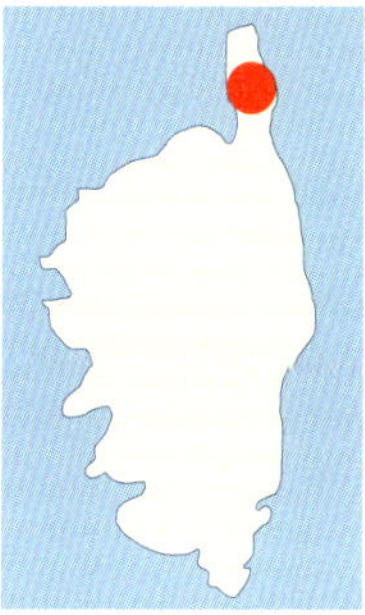

Alternativroute: Wer es einfacher mag, auf die engen Bergstraßen um das Cap Corse verzichtet und schneller nach Westen, nach Calvi kommen will, dem sei empfohlen, nicht die D-81 über St-Florent, den scheinbar direkteren Weg nach Calvi zu nehmen, sondern besser über die Nationalstraßen N-193 über Casamozza nach Ponte Lecchia und von dort auf der N-197 über Monetta und L'Île-Rousse nach Calvi zu fahren.

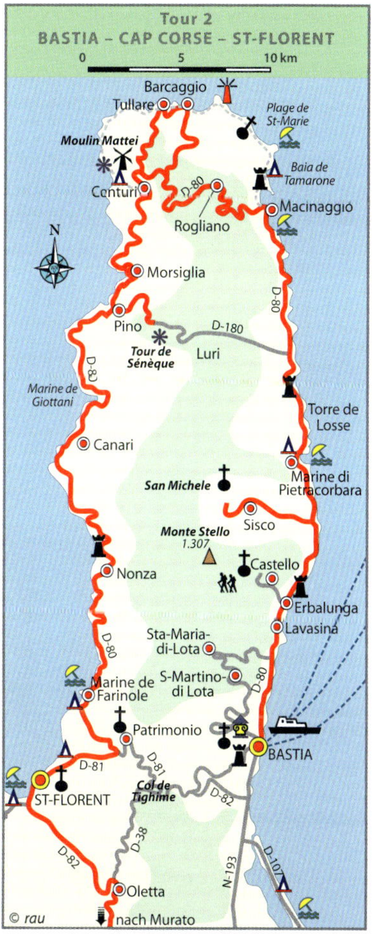

CAP CORSE–RUNDFAHRT

Cap Corse/Capicorsu ist die schmale, gut 40 km lange Halbinsel, die im Nordosten Korsikas nach Norden zum italienischen Festland weist.

Ein hoher, von Macchia überwucherter Bergrücken, der die ganze Halbinsel von Nord nach Süd durchzieht, bildet quasi das Rückgrad von Cap Corse. Die Zeiten sind allerdings lange vorbei, in denen die Berghänge übersät waren von Weingärten, Oliven- und Obsthainen.

Im Gegensatz zur Mehrheit der Bewohner im Inselinneren waren die Korsen vom Cap Corse eher geneigt, mit den Städten an der französischen Riviera oder im Golf von Genua Handel zu treiben. Und man tat dies mit Erfolg. Der Export von Öl und Wein brachte Wohlstand in die Küstenorte am Cap Corse, von denen die meisten viele Jahrhunderte lang nur vom Meer aus zugänglich waren.

Vor Generationen waren die Bewohner von Cap Corse auch bekannt als abenteuerlustige Seefahrer, die Geschäfte in Südamerika und auf den Westindischen Inseln trieben. Viele wurden durch den Seehandel wohlhabend und konnten sich an den Küsten von Cap Corse prächtige Anwesen und Villen bauen, die bald als „Maison d'Américain" bekannt waren.

Aber dem Fremden erzählt man immer noch gerne, dass in früheren Generationen patriotische Korsen in der Form der Halbinsel einen drohenden, symbolischen Finger sahen, der sich gegen Genua richtet.

Auf einer Rundfahrt hat man vor allem an der steilen Westküste immer wieder prächtige Ausblicke.

Rund um Cap Corse

Die Küstenstraße D-80 ist an der Ostküste des Kaps zwischen Bastia und Macinaggio zwar kurvenreich, aber durchweg bestens zu befahren, auch mit Caravans oder großen Wohnmobilen.

Unter großen Wohnmobilen verstehen wir Fahrzeuge über 2,10 m Breite, über rund 6 m Länge und über 2,7 m Höhe, also alles was viel größer ist als ein normaler Transporter oder Kastenwagen wie Ducato, Sprinter, Crafter etc.

Anders sieht es an der Westküste aus. Die Straße rund um das Cap wird zwar auch von großen Reisebussen befahren, aber m. E. werden auf der Weiterfahrt von Macinaggio hinauf zum Col de Serra und weiter entlang der Westküste bis Patrimonio Fahrer

An der Westküste von Cap Corse

mit sehr großen Wohnmobilen, vor allem aber Gespannfahrer keine große Freude haben. Aus meiner Sicht ist die Straße an der Westküste des Kaps Caravanern nicht zu empfehlen! Caravaner machen es sich viel einfacher, wenn sie die Rundfahrt solo unternehmen! Vor allem die schmalen, kurvenreichen Trassenabschnitte, etwa zwischen Pino und Marinca/Canari, stellen für weniger Versierte z. B. bei Gegenverkehr in engen Kurven schon eine gewisse Herausforderung dar.

Auch die Fahrt ums Kap im Uhrzeigersinn hat an der Westseite für breite und hohe Fahrzeuge ihre Tücken, vor allem wegen gelegentlich bis dicht an den Fahrbahnrand heranreichender Felsen.

Ob Sie nun im oder gegen den Urzeigersinn um das Cap Corse fahren, in jedem Fall sollten Sie sich viel Zeit nehmen für die wunderschöne Strecke mit ihren prächtigen, atemberaubenden Ausblicken. Veranschlagen Sie am besten mindestens einen ganzen Tag dafür.

Das Innere der Halbinsel Cap Corse lässt sich eigentlich nur auf **Wandertouren** näher kennen lernen.

Das **Maison de Cap Corse** in Toga Marina unweit nördlich von Bastias Innenstadt, Tel. 04 95 31 02 32, www.destination-ca-cors.com gibt den Wanderführer „Le Cap à Pied" heraus, der 21 Wanderungen auf der Halbinsel beschreibt.

ROUTE: Von **Bastia** *auf der Küstenstraße D-80 nordwärts entlang der Ostküste des Cap Corse und über* **Erbalunga, Marine de Sisco** *und* **Marine de Pietracorbara** *zunächst bis* **Macinaggio**.

Alternativ zum ersten Teil der Strecke bis Erbalunga kann man – bei ausreichend zur Verfügung stehender Zeit und mit einem Fahrzeug bis etwa Kastenwagengröße – der D-31, einer kleinen, sehr kurvenreichen Bergstraße, über **San Martino-di-Lota** *folgen. Bei* **Miomo** *trifft man wieder auf die Hauptstraße D-80. Ein etwas anstrengender, aber landschaftlich reizvoller Umweg von ca. 17 km.*

Später passiert man **Lavasina**, ein von den Einheimischen viel besuchter Marienwallfahrtsort, (nächtliche Lichterprozession am 8. September).

Wer vorhat auf den nordwestlich gelegenen **Monte Stello** zu wandern, mit 1.307 m die höchste Erhebung auf Cap Corse, hier in Lavasina ist der Ausgangspunkt dazu.

Eine enge Straße geht bis **Brando/Pozzo**, rund 6 km ab der Hauptstraße, Parkplatz hinter dem Kloster. Von dort ist man gut drei Stunden bis auf den Gipfel unterwegs. Der zumindest anfangs gut markierte Weg wird von Kennern als nicht übermäßig schwer bezeichnet, gute Wanderkondition und eine entsprechende Ausrüstung sollte man aber schon mitbringen. Die Berghänge sind der Sonne ausgesetzt, was von einer Tour im Sommer abraten lässt. Außerdem sind die Hänge des Monte Stello bekannt dafür, dass sie sich unversehens in Nebel hüllen können, was natürlich eine gewisse Gefahr für den unerfahrenen Wanderer bedeutet.

Erbalunga fällt durch seinen markanten Genueserturm an der Küste auf. Heute sieht man dem kleinen Ort nicht mehr an, dass er vor Jahrhunderten ein wichtiger Exporthafen für Wein und Olivenöl war, bedeutender damals als Bastia. Ein kurzer Spaziergang durch den hübschen Hafenort lohnt allemal. Neben dem Hotel Demeure Castel Brando gibt es einen kostenfreien Parkplatz.

Auf sehr schmaler Straße kann man von Erbalunga etwa 3 km westwärts hinauffahren nach **Castello**. Kurz vor dem kleinen Ort liegt gleich neben

Blick auf Sisco, Cap Corse

der größeren Kirche die **Kapelle Notre-Dame-des Neiges**. Falls geöffnet, sollte man sich die **Fresken** aus dem 13. Jh. in der Kapelle ansehen.

Nördlich von Castello liegen die Reste einer **Burg** aus dem 13. Jh., von der der Ort vermutlich auch seinen Namen hat. Das Anwesen war einst Sitz der Grafen Gentile, einer bis ins 16. Jh. hinein einflussreichen Familie am Cap Corse.

Abstecher zur Kapelle San Michele

In **Marine de Sisco** bietet sich Gelegenheit zu einem Abstecher landeinwärts, eine Fahrt für alle, die enge, nicht immer gute, dafür umso kurvenreichere Sträßchen in abgeschiedener, aber prächtiger Landschaft lieben.

Die bergwärts führende Straße D-32 erreicht nach rund 7 km das Bergdorf **Sisco**.

Gut einen weiteren Kilometer nördlich des Ortes – man nimmt an der Straßengabelung an der **St-Martin- Kirche [WP 010 / N 42° 48' 59.2" E 9° 25' 46.5"]** in Sisco den Abzweig hinter der Kirche nach rechts – liegt an einem von Macchia überwucherten Hang die abgeschiedene Kapelle **San Michele**. Die Straße ist schmal, in schlechtem Zustand und bietet kaum Wendemöglichkeiten. Wohnmobilen über 6 m Länge oder gar Caravangespannen kann man diese Strecke guten Gewissens nicht empfehlen.

Man parkt an der engen Straße und geht über einen Feldweg **[WP 011 / N 42° 49' 10.5" E 9° 25' 44.0"]** hinauf zur Kapelle, einem kleinen romanischen Bau aus dem 11. Jh., schöner Ausblick.

HAUPTROUTE

Marine de Pietracorbara liegt rund 19 km nördlich von Bastia und wartet mit einem langen **Sandstrand** und etwas weiter landeinwärts mit einem einladenden **Campingplatz** auf.

Sehr schön ist die wilde Küstenlandschaft mit ihren zerklüfteten Felsgestaden, den dahinter aufragenden, macchiaüberwucherten Bergen und einem gewaltigen **Genueserturm**

CAMPING

Marine de Pietracorbara

Camping La Pietra, [WP 012 / N 42° 50' 20.3" E 9° 28' 24.5"], Tel. 04 95 35 27 49, www.la-pietra.com; Ende März - Ende Okt.; Abzweig von der D80 westwärts auf die D232 Richtung Pietracorbara und noch 1 km; teils leicht geneigte, teils ebene so gut wie schattenlose Wiese mit Meerblick, sowie durch Hecken parzellierter Platzteil unter Oliven- und anderen Laubbäumen und Pinien, im Hintergrund imposante Bergkette; 3 ha – 100 Stpl.; Standard-Sanitärausstattung. Komfortable **V & E-Station für Wohnmobile**, daneben Autowaschplatz. Restaurant, Bar, Cafeteria, Laden und Schwimmbad in der Hauptsaison. Strand in Gehnähe, ca. 500 m.

südl. von Marine de Porticciolo bis hinauf nach Marine de Luri.

Das rund 20 km weiter nördlich gelegene **Macinaggio/Macinaghju** ist heute einer der wichtigsten Freizeithäfen an der Nordostküste von Cap Corse.

Der Hafen war seit altersher ein wichtiger Exporthafen für die Produkte der Halbinsel, Wein vor allem. Pasquale Paoli wollte Macinaggio eigentlich zu einer Marinebasis ausbauen lassen, sah den Hafen aber erst 30 Jahre später wieder, als er hier im Juli 1790 nach

Genuesertürme

Ein auffallendes Merkmal Korsikas sind die zahlreichen **Genuesertürme** an den Küsten der Insel.

Der Stadtstaat Genua ließ im Laufe des 16 Jh. insgesamt 85 Wehrtürme an Landvorsprüngen, Kaps oder an strategisch wichtigen Stellen entlang der Küste errichten.

Etwa 60 der Wachttürme, meist mit rundem, einige auch mit rechteckigem Grundriss und fast immer um die 15 m hoch, sind noch mehr oder weniger gut erhalten. Interessant ist, dass alle Türme Sichtkontakt zu ihren Nachbartürmen hatten, so konnte man Tags durch Flaggen, Rauch oder Sonnenspiegel und nachts durch Feuer Signale, Warnungen oder Nachrichten rasch weitergeben.

Tour de Losse, Cap Corse

Mit der Errichtung der Wachttürme wollte Genua die Insel nicht nur vor Überfällen nordafrikanischer Piraten schützen, was aber nur unzulänglich gelang. Wichtiger aber war wohl der Schutz der genuesischen Handelsrouten zwischen Korsika und Italien sowie im Mittelmeerraum rund um die Insel.

MACINAGGIO

Office de Tourisme, gegenüber am Hafen, Tel. 04 95 35 40 34; www.ot-rogliano-macinaggio.com. *In der Sommersaison geöffnet Mo - Sa 9 - 12 Uhr + 14 - 19 Uhr, So 9 - 12 Uhr. Übrige Zeit nachmittags bis 17 Uhr und So geschlossen.*

HOTEL

Hotel Marina d'Oro ***, direkt am Hafen von Macinaggio mit großem Parkplatz, Restaurant.

CAMPING

Camping U Stazzu – Eine sehr einfache Campingmöglichkeit mit den nötigsten Sanitäreinrichtungen bietet dieser Campingplatz zwischen Mitte Mai und Mitte September, knapp 1 km nordwestlich Macinaggio beschilderter Abzweig von der D-80. Nähe Strand von Tamarone und Zöllnerweg.

seinem unfreiwilligen Exil in England wieder auf Korsika landete.

Strände bei Macinaggio

Besonders einladend und entsprechend gerne besucht ist der **Strand an der Baie Tamarone**. Der Strand liegt rund 2 km nördlich von Macinaggio und ist – wenn auch nur recht beschwerlich – per Auto über einen miserablen Feldweg zu erreichen. Wer gut zu Fuß ist geht ab Macinaggio besser zu Fuß zum Strand.

Man kann am Strand auf dem Sentier des Douaniers – vorbei an alten Wachttürmen – weiter nach Norden bis zur Kapelle Santa Maria und zum **Strand von Sainte Marie** wandern, mit Blick zu den unweit vorgelagerten Inselchen von **Finocchiarola** (Naturreservat).

Weiter entlang der Ostküste nach Norden zu fahren ist ab Macinaggio nicht möglich. Der nördliche Zipfel des Cap Corse ist ab Macinaggio nur zu erwandern, z. B. auf dem alten Zöllnerweg **„Sentier des Douaniers"**, der rund um das Cap bis nach Centuri führt. Der Weg ist – bis auf eine Passage bei Centuri – ohne größere Schwierigkeiten und relativ einfach zu begehen – abgesehen von den hohen Temperaturen an einem Sommertag.

Bei nicht zu forscher Gehweise werden für den Weg zwischen 10 und 12 Stunden Gehzeit benötigt. Der Weg führt über Dünen, durch Macchia und über felsiges Gelände.

ROUTE: Ab Macinaggio führt die ausgefahrene D-80 landeinwärts und kurvenreich vorbei am hübsch an einem Hang gelegene Dorf **Rogliano,** *der früheren "Hauptstadt" des Cap Corse und weiter hinauf zum Col St-Nicolas (300 m). Etwa 2 km weiter kommt man durch* **Boticella**.

In **Boticella [WP 013 / N 42° 58' 35.2" E 9° 22' 52.9"]** bietet sich Gelegenheit zu einem **Abstecher an die Nordspitze des Cap Corse** und zwar über **Granaggiolo** (enge Ortsdurchfahrt mit enger Kehre!) nach **Barcaggio/Barcaghju [WP 014 / N 43° 00' 22.7" E 9° 24' 06.6"]** und **Tollare**. Fahrzeugen über 2 m Breite oder gar Gespannen ist der Weg m. E. nicht zu empfehlen!

Der kleine Hafenort Barcaggio, fast am äußersten Nordende der Halbinsel Cap Corse gelegen, wartet mit dem einladenden Restaurant „U Pescadore" direkt am Minihafen und mit dem Hotel „Petra Cinta" auf.

CAMPING

Centuri

Camping Caravaning L'Isulottu, [N 42° 57' 31.9" E 9° 21' 15.0"], Morsiglia-Centuri, Tel. 04 95 35 62 81, www.camping.isulottu.free.fr; 1. Mai – Ende Sept.; Abzweig von D-80 bei Centuri westwärts auf die schmale, kurvenreiche D-35 Richtung Centuri-Port, etwas besser und auch etwas kürzer (nur ca. 4 km) ist die Zufahrt von Morsiglia aus; hügeliges Hanggelände, Terrassen mit niederem Eichenwald für Zelte, allerdings nicht mit Autos zu befahren; 3 ha 200 Stpl.; seit neuer Leitung sind die Versorgungsgebäude derzeit unter Renovierung. Imbiss. **V & E für Wohnmobile.**

Östlich des kleinen Ortes erstrecken sich Strände fast bis zum Kap Pointe di Agnello.

Die Inselhauptstraße D-80 passiert den **Col de Serra** (365 m). Auf der Passhöhe findet man am **Belvedere du Moulin Mattei** einen großen Parkplatz mit herrlichem Blick nach Süden in die Bucht Baie de Centuri.

Ein unbefestigter Fußweg führt vom Parkplatz hinauf zur rekonstruierten **Windmühle Moulin Mattei**.

Windmühlen fanden sich in früheren Tagen hier auf dem Bergsattel viele, wie Reste auf den östlichen Anhöhen beweisen.

Im weiteren Verlauf führt die Straße D-80 hoch über der Steilküste nun an der Westseite der Halbinsel Cap Corse südwärts.

Unterhalb von **Pino** sieht man an der Steilküste die Mauern des verlassenen Klosters Ancient Convent St-François.

Abstecher zum Col de Sainte-Lucie

ROUTE: Abzweig in Pino auf die D-180 Richtung Luri.

Die Fahrt führt kurvenreich und anfangs auf recht steiler, schmaler Straße bergwärts. Nach etwa 6 km erreicht man den **Col de Sainte-Lucie** (381 m). An der Kirche rechts der Straße kann man parken **[WP 016 / N 42° 54' 32.4" E 9° 22' 27.0"]**.

Unmittelbar hinter der Kirche beginnt der beschilderte Weg hinauf zum Turm **Tour de Sénèque**. Hinter den verlassenen Häusern wird der Weg etwas steil, dafür ist der Ausblick kurz darauf um so schöner. Hin und zurück geht man ungefähr eine Stunde und 30 Minuten.

HAUPTROUTE

Auf der **Weiterfahrt von Pino** auf der D-80 Richtung St-Florent passiert man nach ungefähr 10 km die reizvolle **Bucht von Marine de Giottani**. Es gibt einen weiten Kiesstrand und beim Hotel Marinella einen Strandparkplatz.

Etwa 5 km weiter führt die Straße unmittelbar vorbei an den grauen Ruinen einer verlassenen Fabrikanlage am

Nonzas markanter Festungsturm

Steilhang. Hier wurde nach dem Zweiten Weltkrieg bis 1965 Asbest abgebaut bzw. verarbeitet. Insgesamt über 300.000 Tonnen des fasrigen Minerals wurden hier gefördert.

Marine d'Albo liegt sehr einladend an einer Bucht mit breitem Kiesstrand.

Das hübsche **Nonza** mit weit weniger als 100 Einwohnern breitet sich hoch über dem Meer aus. Es wird überragt von einem weithin sichtbaren **Festungsturm**, diesmal kein Wehrturm aus genuesischer Zeit. Dieser Turm auf einem Felsen hoch über dem Meer entstand erst im 18. Jh. zu Zeiten Pasquale Paolis. Es lohnt, zum Turm hinaufzuspazieren. Die Aussicht von dort ist grandios.

Über den Turm erzählt man sich die Geschichte des paolitreuen, heldenhaften Jacques Casella, der 1768 völlig auf sich alleine gestellt und darüberhinaus auch noch verwundet, durch eine geniale Anordnung von Gewehren auf dem Festungsturm, die anstürmenden Franzosen lange aufhalten konnte.

Falls geöffnet, sollte man einen Blick in die **Église-Ste-Julie** werfen. Die barocke Kirche mit ihrer ockerfarbenen Fassade stammt aus dem 16. Jh. und liegt an der Dorfstraße. Beachtung im Kircheninneren verdienen der Hochaltar und die Orgel.

Geweiht ist die Kirche der Heiligen Julie. Sie soll im frühen 4. Jh. n. Chr. von Nordafrika als Sklavin nach Korsika gekommen und unterhalb der Kirche auf Grund ihres christlichen Glaubens grausam ermordet worden sein.

Ganz in der Nähe der Kirche führt ein Treppenweg hinab zum Brunnen **Fontaine Ste-Julie**, vor dem die Heilige den Märtyrertod am Kreuz erlitt. Ein Gemälde in der Kirche stellt diese Szene dar.

Man kann den steilen Treppenweg noch weiter hinab gehen und kommt dann zum schattenlosen Strand von Nonza.

Wenn man besser parken könnte, wäre das lauschige Straßencafé unter Platanen oben an der Hauptstraße ein herrlicher Platz für eine Rast.

Unterhalb von **Marine de Farinole** erstreckt sich ein schöner langer Sandstrand.

Gut 10 km weiter südlich kommt man vorbei an Patrimonio.

Patrimonio liegt in einem ausgedehnten Weinanbaugebiet, das vor allem feinen **Vins de Muscat** (Wein, rot und weiß, aus der Muskatellertraube) in hoher biologischer Qualität hervorbringt. Siehe auch unter „Essen und Trinken – Korsischer Wein" weiter hinten im Buch.

Einige der zahlreichen **Weinkellereien** in und um Patrimonio können besichtigt werden, wie z. B. Domaine Orenga de Gaffory, Zufahrt von der Straße nach St-Florent, geöffnet tgl. 8.30 - 19.30 Uhr; www.orengadegaffory.com.

Wer sich näher mit der Weinbaukultur im Patrimonio befassen will, sollte sich im Touristenbüro in St-Florent Informationen zur Weinstraße „La Route des Vins" und zu den diversen Weinkellereien besorgen.

Ein skulptierter über 3.000 Jahre alter Menhir weist darauf hin, dass schon in der Frühzeit Menschen in der Gegend um Patrimonio gesiedelt haben. Der Stein, der noch Spuren eines eingemeißelten menschlichen Gesicht trägt, wurde erst Mitte des vergangenen Jahrhunderts entdeckt.

Sehenswert ist die auf einer Anhöhe gelegene **Kirche St-Martin** mit ihrem markanten Turm.

Ein besonderes musikalisches Erlebnis versprechen die **Gitarrennächte von Patrimonio „Les Nuits de la Guitare de Patrimonio"**.

Jedes Jahr im Juli veranstaltet die Gitarrengesellschaft von Patrimonio eine Woche lang ein volles Musikprogramm, das von namhaften Musikern und Gitarrenvirtuosen nicht nur aus Korsika oder Frankreich, sondern auch aus Spanien, Italien, England etc. bestritten wird. Auf dem Programm der Open-Air-Konzerte stehen Flamenco natürlich und Salsa, aber auch Rock, Jazz und Blues. Infos, Termine und Veranstaltungskalender unter www.festival-guitare-patrimonio.com.

St-Florent/San Fiorenzu ist die alte Hauptstadt der Nebbio-Region, die darüber hinaus beinahe fünfzehn Jahrhunderte lang bis ins 18. Jh. auch Bischofssitz war.

Lange war der Orte von malariaverseuchtem Sumpf- und Marschland umgeben. Das änderte sich zu Beginn des 15. Jh. als sich Genua des Fischerdorfes bemächtigte, Wehranlagen und eine Garnison etablierte und damit begann, die Sümpfe trocken zu legen. Wirklich besiegt wurde die Malaria hier aber erst viel später.

Heute ist St-Florent ein Städtchen mit kaum mehr als 1.500 Einwohnern während des Jahres, das aber im Juli und August aus allen Nähten zu platzen droht, wenn St-Florent einmal mehr zum meistbesuchten Ferienort im Nordwesten Korsikas wird. Anziehungspunkte sind die weiten, fantastischen Strände westlich der herrlichen Bucht Golfe de Saint-Florent, dann natürlich der große Jachthafen, der größte Sporthafen Korsikas, und die Tatsache, dass St-Florent ein beliebter Ausgangspunkt für Tauchgänge in der vorgelagerten Bucht ist.

Parkplätze findet man am ehesten am Jachthafen am Südrand der Stadt **[WP 020 / N 42° 40' 42.7" E 9° 18' 08.3"]**. In den Sommermonaten können einige Parkflächen aber mit Einfahrtshöhenbeschränkungen versehen sein!

Die hübsche **Altstadt** mit ihren engen winkeligen, verkehrsberuhigten Gassen dehnt sich gleich hinter der Promenade vom Place des Portes bis über den kleinen Place Doria bis zur Genueserzitadelle aus.

Am Nordrand der Stadt findet man **La Citadelle**, einen runden Festungs-

St-Florent mit der Zitadelle im Hintergrund

bau, der – wie so viele Wehranlagen auf Korsika – Mitte des 15 Jh. von den Genuesern errichtet worden ist und der im 18. Jh. manchem Bombardement trotzen musste. Heute dient das etwas erhöht gelegene Gebäude in den Sommermonaten Juli und August als Ausstellungs- und Veranstaltungsort.

St-Florents alte **Kathedrale Santa Maria Assunta**, die **Ancienne Cathedral de Nebbio [WP 021 / N 42° 40' 24.7" E 9° 17' 49.8"]**, liegt etwa 1 km außerhalb östlich der heutigen Stadt, dort wo sich einstmals das ursprüngliche St-Florent erstreckte, als es unmittelbar am Meer noch zu sumpfig war.

Der dreischiffige Kirchenbau ohne Turm stammt aus dem 12. Jh. und ist im Stil Pisaner Romanik gehalten. Bemerkenswert sind die Fresken und die Säulenkapitelle im Inneren.

Sehr variable Öffnungszeiten! Meistens ist die sehenswerte Kirche nur zwischen Mai und September von 9 Uhr bis 12 Uhr und von 15 Uhr bis 18.30 Uhr geöffnet.

Als großer Kirchenschatz gilt die **Reliquie des Heiligen Flor**. Die sterblichen Reste des Saint Flor, angetan mit einem perlenbesetzten Prokatumhang werden in einem kunstvoll gearbeiteten Reliquiar aus reich vergoldetem Zedernholz mit Glasscheiben aufbewahrt.

In seinem irdischen, vermutlich sehr gottgefälligen Leben soll der Heilige Flor im 3. Jh. Dienst als Soldat in Rom getan haben.

Im 18. Jh. dann kam der damalige Bischof der Diözese Nebbio, Monsignore Guasco, auf die Idee, seinem Bischofssitz zu einer würdigen Reliquie zu verhelfen. Der Kirchemann wandte sich an Rom, an Papst Clemens XIV. Dort hielt man die Gebeine des römischen Soldaten für eine würdige Reliquie für das ferne korsische Bistum, und sandte sie nach Saint-Florent, wo sie seitdem als Schutzheiliger der Stadt verehrt wird.

Ein großes Fest zu Ehren des Stadtpatrons Saint Flor wird alle drei Jahre am Pfingstmontag gefeiert.

PRAKTISCHE HINWEISE - SAINT-FLORENT

Office Municipal de Tourisme de Saint-Florent [WP 019 / N 42° 40' 55.6" E 9° 18' 16.5"], Centre Administratif, BP 53, 20217 Saint-Florent, neben dem Postamt und dem Rathaus an der Hauptstraße im nördlichen Stadtbereich; Tel. 04 95 37 06 04, www.corsica-saint-florent.com; *ganzjährig Mo - Fr, Juli + Aug. auch Sa geöffnet.*

Fest: **La chasse de St-FLorio** – Fest zu Ehren de hl. Flor, alle drei Jahre am Pfingstmontag. Die nächsten Feste finden 2012, 2015, 2018 etc. statt.

Zwischen Juli und September werden **Konzerte** veranstaltet, In denen die Tradition der korsischen Vokal- und Instrumentalmusik gepflegt wird.

RESTAURANTS

La Rascasse, Promenade des Quais, Tel. 04 95 37 06 99; in schöner Lage am Port de Plaisance, Terrasse mit Ausblicken über den Bootshafen. Wechselnde Menüs, gute Qualität. Täglich geöffnet, außer von Nov. bis Feb.

La Gaffe, Port Plaisance, Tel. 04 95 37 19 17; die Spezialitäten hier sind natürlich alles Leckere aus dem Meer, fangfrisch und täglich wechselnd. Im Winter geschlossen.

HOTELS

Hotel Dolce Notte ***, 25 Zi., Route de Bastia, Tel. 04 95 37 06 65, www.hotel-dolce-notte.com; im korsischen Stil eingerichtetes gutes Mittelklassehotel, direkt am Kiesstrand gelegen, ca. 500 m vom Stadtzentrum entfernt. Zimmer zum Meer mit Balkon. Parkplatz. Geöffnet 1. Apr. – Ende Okt. Hotel garni.

Hotel Demeure Loredana ****, 17 Zi., Cisterninu Suttanu, Tel. 04 95 37 22 22, www.demeureloredana.com; elegantes Firstclasshotel mit Schwimmbad. Man serviert Frühstück und Mittagsimbiss. Parkmöglichkeit. Teuer.

Hotel Bellevue ***, 15 Zi., Tel. 04 95 37 00 06, www.bellevue.com.fr; angenehmes Mittelklassehotel, ca. 200 m vom Ort entfernt, mit Garten und Schwimmbad am Meer. Parkplatz. Geöffnet Apr. – Okt. Hotel garni.

CAMPING

Camping Kalliste, [WP 022 / N 42° 40' 24.7" E 9° 17' 49.8"], Route de la Plage, Tel. 04 95 37 03 08, www.campingkalliste.fr; 1. Apr. – 30. Okt.; am westlichen Ortsrand von der D-81 gleich nach der Brücke rechts meerwärts abzweigen und noch etwa 500 m; ausgedehnter, ebener Platz, durch Hecken, Bäume und Büsche in Stellflächen aufgeteilt, Schatten durch hohe Laubbäume; 3 ha – 180 Stpl.; einfache, nicht mehr ganz zeitgemäße Standard-Sanitärausstattung. Restaurant, Laden. Zum Strand über einen Privatweg. In Gehnähe zur Stadt Saint-Florent.

Camping La Pinède [WP 023 / N 42° 40' 17.6" E 9° 18' 00.1"], Tel. 04 95 37 07 26, www.camping-la-pinede.com; Mitte Mai – Anf. Okt.;

Abzweig von der D-81 westlich des Ortes nach der Brücke links und noch rund 600 m unbefestigte Zufahrt; ebenes Gelände mit Baumschatten, bis zum Sandstrand reichend; 3 ha – 100 Stpl.; einfache Standard-Sanitärausstattung. Schwimmbad, Laden, Tennis. Mietbungalows. In Gehnähe zur Stadt Saint-Florent.

Camping d'Olzo [WP 018 / N 42° 41' 35.7" E 9° 19' 30.3"], Ortsteil Strutta, Tel. 04 95 37 03 34, www.campingolzo.com; Ende März – 30. Sept.; zwischen Saint-Florent und Patrimonio von der D-81 meerwärts abzweigen; ebenes, durch Pinien und Platanen gut schattiges Wiesengelände unterhalb der Straße, am Meer, parzelliert; 2 ha – 120 Stpl.; Standard-Sanitärausstattung. Imbiss , Schwimmbad, Fahrradverleih, WLAN im Rezeptionsbereich, Internetecke. **V & E für Wohnmobile**. Mietbungalows.

Marine de Farinole bei Patrimonio

Camping-Caravaning A Stella [WP 017 / N 42° 43' 45.2" E 9° 20' 33.2"], Tel. 04 95 37 05 76, www.campingstella.com; Ende Mai – Ende Sept.; ca. 5 km nördlich Patrimonio Abzweig von der D-80 meerwärts, unterhalb der D-80 gelegen, steile, enge Zufahrt; geneigtes Gelände, teils mit Baumbestand, teils schattenlos, Zelte auf Terrassen im niederen Buschwald; 8 ha – 100 Stpl.; Mindest-Sanitärausstattung. Imbiss. Bis an den Kiesstrand reichend. Mietbungalows.

Ausflug per Boot zu den Stränden Plage de Loto und Plage de Saleccia

Traumhaft schöne Strände liegen an der Nordküste der Désert des Agriates nordwestlich von St- Florent, allen voran die **Plage de Loto** und die **Plage de Saleccia**. Feiner weißer Sand, eingerahmt von Felspartien, dahinter Pinien und Macchia haben manchen Enthusiasten schon an Südseestrände erinnert.

Erwarten Sie aber keine Robinsonade, weder am Plage de Saleccia und schon gar nicht am Plage de Loto, der näher zu St- Florent liegt. Die Strände sind überaus beliebt und nicht nur im Sommer gut besucht! Vor allem der Strand von Saleccia ist bei FKK-Anhängern sehr beliebt.

Ein Fußpfad verbindet die beiden Strände, Gehdauer etwa 30 Minuten.

Ausflugsboote verkehren zwischen Anfang April und Ende September von St-Florent aus zu den Stränden. Auf dem Wege dahin passieren die Boote den Genueserturm an der Punta Mortella.

Abfahrten ab Hafen St-Florent gibt es ab 8.45 Uhr (Juli – Sept.) bzw. 9/10 Uhr (Apr. – Juni) bis 15 Uhr bis zu sechs mal (Juli u. Aug. Schnellfähre bis zu 8 mal) am Tage. Die Fahrt dauert nur etwa 30 Minuten. Es verkehren auch Schnellboote, die die Strecke zum Plage de Loto in nur 15 Minuten schaffen.

Nehmen Sie sich einen Imbiss und etwas zu trinken mit, falls Sie den ganze Tag am Strand bleiben wollen.

Die letzte Fähre vom Plage de Loto zurück nach St-Florent legt um 17.30 Uhr, im Juli und August um 20.15 Uhr ab. Erkundigen Sie sich aber besser vorher nochmals nach den neuesten Zeiten!

Bootstouren veranstalten

Agriate marittima, Tel. 06 17 50 65 58, www.agriate-marittima.com. Hat auch Schnellboote und ein Boot mit Cafeteria.

Le Popeye, Tel. 04 95 37 19 07. www.lepopeye.com.

Wanderweg an der Agriates-Küste

Westlich von St-Florent, an der **Plage de la Roya** beim Campingplatz Kalliste, beginnt ein Wanderweg, der auf den Spuren eines alten Zöllnerpfades (sentier de Douaniers) an der Küste der Désert des Agriates entlang zu den erwähnten Stränden und weiter über **Ghignu** bis nach **Ogliastro/Ostriconi** an der N-197 führt.

Alleine für das Wegstück von der Plage de la Roya westlich von St-Florent bis zur Plage de Saleccia (entspricht rund einem Drittel des gesamten Weges) werden Sie nicht viel weniger als rund 6 Stunden benötigen. Mindestes zwei, besser drei ganze Tage für die gesamte Strecke des alles in allem nicht schwierigen Weges sollten Sie also einplanen.

Gute Wanderausrüstung, festes Schuhwerk, eine Kopfbedeckung und ein gehöriger Wasservorrat (zumindest im Sommer) sind eigentlich unerlässlich. Hilfreich sind darüber hinaus Schlafsack und Iso-Matte.

Es gibt recht einfache **Unterkunftsmöglichkeiten**, z. B. am **Strand Saleccia (Camping-Restaurant U Paradiso** mit Mietbungalows, Tel. 04 95 37 82 51, ganzjährig, Bungalowreservierung sehr ratsam!) oder in **Ghignu** in Form von rustikalen ehemaligen Schäferhütten (April – Sept., Anmeldung und Reservierung notwendig, Tel. 04 95 37 09 86).

Schließlich findet man am Ende des Weges an der D-81 und in Strandnähe den **Campingplatz l'Ostriconi,** Tel. 04 95 60 1005, www.village-ostriconi.com; geöffnet von Ostern bis Mitte/Ende September, Mietbungalows.

Eine Kurzbeschreibung des Weges hält gewöhnlich das Touristenbüro in St-Florent bereit.

Abstecher nach Murato

Sehr lohnend ist ein Abstecher von St-Florent nach Südosten auf der D-82 über **Oletta [WP 023a / N 42° 37′ 46.3″ E 9° 21′ 15.0″]** (bekannt für seinen Käse, der dem Roquefort ähnelt) hinauf auf den Col de St-Stefano

San-Michele-de-Murato

(368 m) und von dort weiter auf der D-5 nach **Murato**.

Kurz vor dem 470 m hoch gelegenen Ort Murato sieht man linkerhand die wegen ihres hell-dunkel gemusterten Mauerwerks markante Kirche **San-Michele-de-Murato [WP 024 / N 42° 35' 09.5" E 9° 19' 57."3]** recht malerisch alleine mitten auf einer erhöhten Wiese stehen. Beachtung verdienen besonders die Friese und Gestalten z. B. an den wenigen Fenstern und am Portalbogen.

Details an der Kirche San-Michele-de-Murato

Der Portalbogen, der gleichzeitig die Basis für den schlanken Kirchturm bildet, ist ein seltenes Architekturmerkmal romanischer Kirchen.

Der Kirchenraum ist gewöhnlich nicht zugänglich, was nicht allzu schlimm ist, da der Reiz dieses Sakralbaus in seinem Äußeren liegt. Wer die Église San Michele auch innen besichtigen will, muss sich beim Bürgermeisteramt in Murato den Schlüssel holen *(geöffnet Mo - Fr 9 - 12 Uhr, 14 - 17 Uhr)*.

Ein kurzer Spaziergang durch den kleinen Ort Murato lohnt allemal. So verblüfft die Pfarrkirche Sant-Jean-l'Évangeliste durch ihren dreieckigen Kirchturm. Und in Murato sollen während der Regierungszeit Paolis die ersten korsischen Münzen geprägt worden sein.

Solche Kirchen im Stil der **Pisaner Romanik** wie San-Michele-de-Murato entstanden in der Zeit zwischen dem 11. und 13. Jahrhundert, der Zeit, als der Stadtstaat Pisa über Korsika herrschte. Damals kamen Baumeister vor allem aus der Toskana auf die Insel und brachten einen typischen Baustil mit, der durch die Verwendung unterschiedlicher Materialien, wie heller Kalkstein und dunkler, grünlich-schwarzer Granit bzw. Serpentin auszeichnet. So entstand eine ganz typische Mauerstruktur mit quer verlaufenden schwarz-weissen Bändern.

Insgesamt sind Kirchen aus jener Zeit recht kleine Gotteshäuser mit perfekt aufeinander abgestimmten Proportionen.

Viele dieser Kirchen und Kapellen, oft in abgeschiedener Lange, sind im Laufe der Jahrhunderte längst im Dschungel der Macchiawälder untergegangen. Zu den schönsten noch erhaltenen Beispielen dieses Architekturstils zählen neben San-Michele-de Murato die Kirche **Église Romane St-Jean-Baptiste** in Carbini, die **Alte Kathedrale von Nebbio** in Saint-Florent oder die **Kapelle La Trinité** in Aregno.

Vom Parkplatz mit Brunnen vor der Kirche San-Michele-de-Murato hat man einen prächtigen Blick auf St-Florent und die Berge.

Auf dem Weg zurück nach St-Florent kann man vom Col de St-Stefano einen Abstecher ostwärts auf die D-62 (Gewichtsbegrenzung 3,5 t!) und hinein ins Tal **Défilé de Lancone** unternehmen.

ST-FLORENT – LA BALAGNE – CALVI

Länge der Tour: Rund 100 km, ohne Abstecher.

Die Route: Über die D-81 bis **Monetta** – N-1197/197 bis **Lozari** – N-197 bis **Belgodère** – D-71 bis **Cateri** – D-151 bis **l'Île-Rousse** – N-197 bis **Calvi**.

Reisedauer: Mindestens ein Tag.

Abstecher: Nach **Calenzana** und zum **Cirque de Bonifato**.

Höhepunkte: Die **Balagne** *** – ein Bummel durch **Calvis Zitadelle** * – eine Fahrt mit der **Balagne-Nostalgiebahn** ** – **Wandern am Cirque de Bonifato** ***, auf dem Weg **Mare e Monti** oder auf dem **GR20** ***.

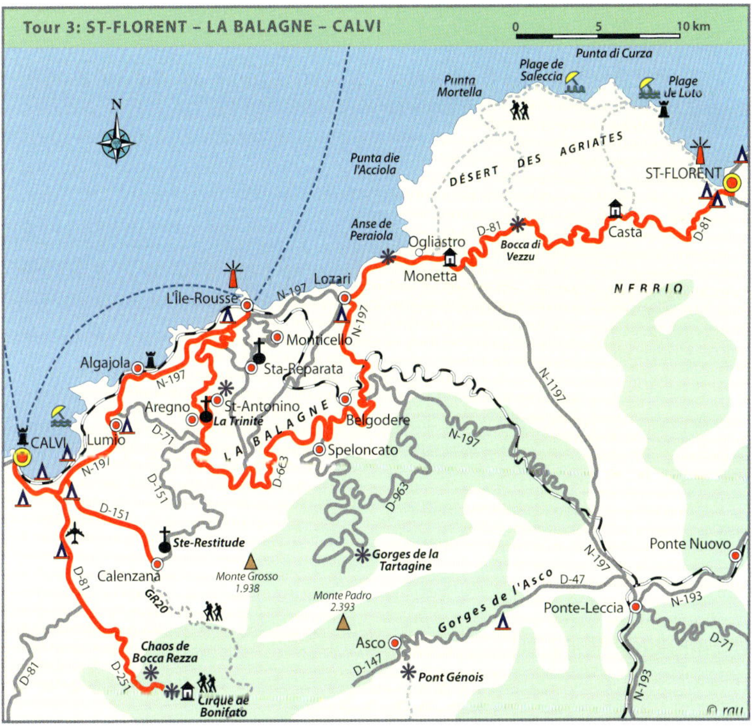

Reizvolle Fahrt auf der D-81 durch die Berglandschaft des **Nebbio**. Die weiten Ausblicke reichen z. B. von der Anhöhe **Bocca di Vezzu** (311 m) nach Norden bis zum Cap Corse und nach Süden bis zu den Gipfeln des Monte Cinto Massivs.

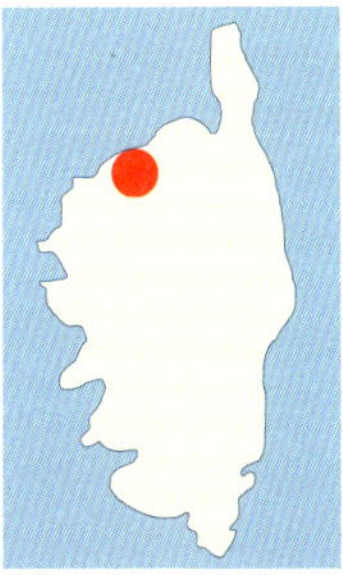

Teile dieser Tour führen durch **Les Agriates**, eine Landschaft, die sich nördlich der Straße bis zur Küste ausdehnt. La Désert des Agriates, heute eine steinige, von Macchia überwucherte, so gut wie menschenleere Wüstenei fast ohne Wasser,

HOTELS

Casta

Hotel-Restaurant Relais de Saleccia, Tel. 04 95 37 14 60, www.hotel-corse-saleccia.com, geöffnet April bis September; unweit westlich von Casta an der D81. Kleines, aber einladendes Haus in ansprechender Lage mit 11 einfachen, ordentlichen Zimmern, sehr schöne Terrasse mit Blick über die „Wüstenei" Les Agriates. Moderate Zimmer- und Restaurantpreise.

Das Haus vermietet **Mountain Bikes**, falls Sie zur Plage de Saleccia oder zur Plage de Loto fahren wollen. Man ist auf dem rund 12 km langen, erdig-sandigen, streckenweise sehr ausgewaschenen Feldweg, der durch eine recht hügelige, im Frühjahr berauschend duftende Landschaft führt, bis zum Strand rund zwei Stunden unterwegs (je nach Wegzustand auch länger!). Und der Weg zurück nimmt noch ein gutes halbes Stündchen mehr Zeit in Anspruch.

Monetta

Ferme-Auberge Pietra Monetta [WP 026 / N 42° 38' 49.2" E 9° 05' 32.3"], Palasca, 4 Zi., Tel. 04 95 60 24 88, an der N1197 (Ogliastro-Ponte Leccia) im Dorf Monetta am Rande der Agriates-Berge, altes Gemäuer einer ehemaligen Postkutschenstation aus 19. Jh., das komplett in rustikalem Stil renoviert wurde. Restaurant mit korsischer Küche, Spezialität Milchlamm und Schafskäse. Schöne Laubenterrasse.

war in früheren Jahrhunderten aber die Kornkammer Korsikas. In dem rund 160 qkm großen Gebiet deuten – außer den wenigen Häusern im Weiler **Casta** (sehr einladendes Hotel, siehe oben) – heute nur ein paar Hirtenhütten auf menschliche Präsenz hin.

Der landwirtschaftliche Niedergang der bis ins ausgehende 19. Jh. hinein fruchtbaren Region ist auf eine generationenlange Ausbeutung des Bodens und auf das Abbrennen der abgeernteten Felder (damals als Kultivierung und Düngung des Bodens gedacht) zurückzuführen. Und der beständig wehende und im Winterhalbjahr oft stürmische Wind verwehte schließlich die ungeschützte fruchtbare Erdkrume.

Eines der größten Feuer in der jüngeren Vergangenheit suchte Les Agriate im Spätsommer des Jahres 1992 heim.

Sehr einladend dagegen sind die **Strände Plage de Loto** und **Plage de Saleccia** an der Nordküste der Agriates. Die abgelegenen Ufer in einer recht urigen Küstenszenerie sind wunderschön und bestechen durch einen langen, blendend weißen Sandstrand, der im Kontrast zum türkisblauen Meer steht.

Der Saleccia-Strand übrigens war 1960 Drehort für einige Szenen des Films „Der Längste Tag".

Am bequemsten sind die Strände immer noch per Boot zu erreichen. Von St-Florent aus werden Tagesausflüge angeboten (siehe auch unter St-Florent).

Obwohl unfestigte Pisten von der Straße D-81 hinab an die Küste führen (z. B. beim Hotel-Restaurant Relais de Saleccia zur Plage de Saleccia, oder von der Anhöhe Bocca di Vezzu hinab nach Ghignu) , sollten Sie erst gar nicht daran denken, mit Ihrem Pkw oder Wohnmobil hier an die Küste zu fahren. Ohne Vierrad-Antrieb und gehöriger Bodenfreiheit geht hier gar nichts.

Balagne-Landschaft bei Belgodère

Und selbst Offroader haben auf den nach Regen tief ausgewaschenen, steinigen Pfaden ihre Schwierigkeiten.

ROUTE: Rund 28 km westlich von St-Florent trifft man auf die N1197. Ihr folgen wir westwärts zunächst bis **Lozari**.

Von der Anhöhe **Bocca de Vezzu** (311 m, Piste zum Strand Malfalcu-Ghignu) mit Parkplatz hat man einen weiten Blick über die Landschaft Désert des Agriates bis zur Küste.

Weiter westlich lädt die **Bucht von Lozari** mit weitem Sandstrand zu einem Stopp ein.

La Balagne Rundfahrt

Die Balagne mit ihren von Oliven, Eichen, Zitrusbäumen und Weinbergen überzogenen sanften Höhen ist uraltes Kultur- und Siedlungsgebiet, in dem schon zur Römerzeit Landwirtschaft betrieben wurde.

Die prosperierende, durchaus wohlhabende Gegend war immer wieder das Ziel von Piratenüberfällen, bis die Stadtrepublik Pisa sich im 11. Jh. auf der Insel Korsika engagierte und an der Nordwestküste befestigte Wachtposten einrichtete.

Später ließen sich hier Mönche des Benediktinerordens nieder, die die für die Region so bedeutende Landwirtschaft, allen voran den Weinbau, weiter ausbauten. Die Balagne wurde wieder zum „Garten Korsikas". Bis ins 12. und 13. Jh. wurden zahlreiche Kirchen errichtet, auch ein Hinweis auf den Wohlstand in der Balagne.

Auch unter der späteren Herrschaft Genuas über Korsika wurde die Landwirtschaft der Balagne gepflegt und ausgebaut. Neben Wein wurde nun auch feinstes Olivenöl über die Häfen Calvi und später auch L'Île-Rousse exportiert.

Vor allem im vergangenen Jahrhundert erlebte die landschaftlich so reizvolle Region der Balagne vor allem durch Landflucht, aber auch durch immer wieder auftretende Waldbrände einen Niedergang seiner bäuerlichen Kultur. Viele versuchten im aufstrebenen Tourismusgeschäft an der Küste ein einfacheres Auskommen zu finden.

Damit nun auch das Hinterland vom Tourismus profitieren konnte, kam man auf die Idee, die **Route des Artisans/Strada di l'Artigiani** zu etablieren.

Auf Initiative diverser Kunsthandwerker, Ateliers, Wein- und Spezialitätenproduzenten wurde die speziell ausgeschilderte Route des Artisans/ Strada di l'Artigiani durch die Balagne geschaffen. An der Straße oder in deren Nähe findet man Töpfereien, Glasbläsereien, Kunsthandwerkstätten, Hersteller typisch korsicher Messer, Wein-, Öl- und Honigproduzenten, Korbflechter u. a. Die meisten Ateliers sind ohne Voranmeldung zwischen 10 und 12 Uhr und wieder von 14/15 Uhr bis 18/19 Uhr geöffnet. Französischkenntnisse sind sehr von Vorteil.

Wer sich dafür Interessiert, sollte sich in den Fremdenverkehrsämtern nach der kostenlosen Broschüre „Strada di l'Artigiani/La route des Artisans de Balagne" erkundigen oder im Internet bei www.routedesartisans.fr vorbeischauen.

ROUTE: Bei Lozari auf der N-197 landeinwärts und hinauf nach ***Belgodère****, das recht malerisch auf einer Anhöhe thront.*

Achtung! Falls Sie mit einem großen Caravan oder ausladenden Wohnmobil (größer als Sprinter-, Ducato-Kastenwagen etc.) unterwegs sind, sollten Sie wissen, dass in Speloncato eine sehr schmale Ortsdurchfahrt mit in die Straße ragendem Balkon (Durchfahrtshöhe ca. 2,6 m!) zu meistern wäre. Zwischenzeitlich ist die Durchfahrt durch Speloncato für Wohnmobile gesperrt! Und in Monticello ist ein schmales und nur 3 m hohes Stadttor zu passieren.

Alternative: Speloncato kann man auf der D-71 und Monticello auf der D-151umgehen.

Gespannfahrern möchte ich diese Tour nur solo, also ohne Wohnanhänger, empfehlen!

Und starten Sie möglichst mit vollem Kraftstofftank! Im Inselinneren findet man entlang der weniger befahrenen Straßen kaum Tankstellen!

Belgodère, eine kleine Landgemeinde mit kaum 400 Einwohnern, liegt umgeben von Olivenhainen und Terrassenfeldern an den im Osten aufragenden Berghängen, die bis auf über 1.000 m ansteigen. Beachtung verdient die **Thomaskirche** aus dem 16 Jh. mitten im Ort.

ROUTE: In Belgodère weiter auf der D-71 über ***Ochiatana*** *und* ***Ville-di-Paraso****. Bei Ville-di-Paraso Abzweig auf D-63 nach* ***Speloncato*** *(4 km).*

Eine schmale Bergstraße führt hinauf nach **Speloncato** (enge Ortsdurchfahrt siehe oben, für Wohnmobile gesperrt!). Seinen Namen hat der Ort von den vielen Höhlen (spilunca), die in den umliegenden Bergen zu finden sind.

Die Gegend um Speloncato war

schon zu Zeiten der Sarazenen bewohnt. Spuren aus jener Zeit wurden auf dem 1.285 m hohen Cima, dem Hausberg von Speloncato, entdeckt. Malapensa hatte dort um das Jahr 1000 eine Festung errichtet.

Damals war Speloncato auch einer der blutigen Schauplätze einer Vendetta zwischen den Savelli aus Speloncato und den Savelli aus Sant'Antonio.

Rund um den Dorfplatz liegen das einladende **Hotel A Spelunca** (Tel. 04 95 61 50 38, www.hotel-a-spelunca.com), das **Restaurant Le Gallieni**, sowie die stattliche Kirche. Das Hotel ist übrigens im ehemaligen Palais von Kardinal Savelli eingerichtet, der zu Zeiten Papst Pius IX. (Pontifikat 1846 – 1878) Vertreter des Heiligen Stuhls auf Korsika war. Ein Porträt des geistlichen Herrn ziert noch heute den Salon des Hauses.

In Speloncato

ROUTE: Weiterreise auf der D-71 und über **Feliceto** *und* **Muro (Muru)** *zunächst bis* **Cateri**.

Der weitere Verlauf unserer Rundfahrt geht durch die grüne Balagne, den „Garten Korsikas". Die Straße führt in Halbhöhenlage unterhalb des bis 2.393 m hohen Monte Padro Massivs in einem weiten Bogen an den Hängen des ausgedehnten Beckens des Regino-Flusses entlang. Die Hänge sind überzogen von üppigen Oliven-, Feigen- und Zitronenhainen. Früher waren die Erträge so üppig, dass Obst aus der Balagne über die nahen Häfen wie Calvi auf des Festland exportiert werden konnten. Und die Dörfer hier liegen alle an Steilhängen an denen sich die Häuser festzuklammern scheinen.

Feliceto fällt durch seine mächtige Kirche auf.

Unterkunft bietet das sehr einladende **Hôtel Mare et Monti** mit Restaurant, Tel. 04 95 63 02 00, www.hotel-maremonti.com.

Weit über den Ort hinaus und in der ganzen Balagne bekannt ist das **Restaurant U Mulinu**, Tel. 04 95 61 73 23.

Etwa auf halbem Wege von Muro nach Cateri liegt das Dorf **Avapessa** besonders malerisch unterhalb der Straße. Die romantischen Gassen und Treppenwege des Ortes lassen sich aber nur zu Fuß erkunden.

In **Cateri** bietet sich Gelegenheit zu einem lohnenden Abstecher hinauf zum Dorf **Sant'Antonino [WP 031**

Avapessa, Balagne

/ N 42° 35' 20.1" E 8° 54' 21.6"] (ca. 2,5 km), das über 450 m hoch imposant wie ein Adlerhorst auf einer Bergkuppe thront.

Unterhalb des Ortes, dessen Ursprünge ins 9. Jh. zurückreichen und in dem heute kaum noch 100 Menschen leben, gibt es an der Kirche zwar einen großen, gebührenpflichtigen **Parkplatz**, aber nur für Pkw (Zufahrtshöhe 2,5 m). Größere Fahrzeuge bleibt nur der Fahrbahnrand als Parkmöglichkeit.

Ein Spaziergang (gutes Schuhwerk ist empfehlenswert) auf den kopfsteingepflasterten Treppengassen durch das überaus romantische Gemäuer lohnt sehr! Man geht durch ein Dorf, das in manchen Winkeln fast noch mittelalterlich anmutet, „wo einsames Gras die Glorie vergräbt", wie ein Dichter über Sant'Antonio schrieb.

Ganz oben erwartet Sie das **Restaurant I Scalini**, von dessen Terrasse man eine herrliche Aussicht genießt.

Von der **Capella di Lavasina** an der kleinen Piazza Savelli Spinola hat man einen prächtigen Blick in die Balagnelandschaft und hinab zur Bucht von Île-Rousse.

In Cateri kann man die Fahrt über die kurvenreichen Bergstraßen etwas abkürzen und hinab zur Nationalstraße N-197 fahren, die man nördlich von **Lumio** (Camping s. u. Calvi) erreicht.

Lumio ist ein reizvolles Küstenstädtchen, das sich an den Hängen über der Küste, umgeben von Weinbergen ausdehnt. Bekannt ist Lumio auch für seine Messerschmiede.

In der Antike soll Lumio Zentrum eines mystischen Sonnenkults gewesen sein. Damals hieß Lumio noch „Ortis Culis", was angeblich soviel wie „wo die Sonne aufgeht" bedeuten soll.

Wenige Kilometer südlich des Ortes ist die in Pisaner Romanik errichtete **Kapelle San Pietro** aus dem 11. Jh. zumindest für Freunde mittelalterlicher Architektur eine Sehenswürdigkeit.

Der kleine Hafenort **Algajola**, rund 3 km nördlich von Lumio gelegen, war im 16. Jh. Sitz des Bischofs von Korsika.

Von einem der Kirchenvertreter aus jener Zeit erzählt man sich, dass er während einer Predigt, die auch dazu dienen sollte, eine Vendetta zwischen zwei Familien zu schlichten, angegriffen und ermordet wurde. Die Pfarrgemeinde sah dies als Sakrileg an. Und als Algajola 1643 während eines Piratenangriffs fast bis auf die Grundmauern zerstört wurde, war man in Algajola der Überzeugung, dass dies die Strafe Gottes für den Mord am Bischof war.

Sehenswert ist die Zitadelle von Algajola und die St. Georgskirche.

Von Lumio ist L'Île-Rousse 14 km und Calvi knapp 7 km entfernt.

ROUTE: Der Hauptweg unserer Tour aber führt von Cateri auf der D-151 nordwärts [WP 032 / N 42° 34' 09.6" E 8° 53' 47.4"] und über **Aregno** *und* **Pigna** *(nur zu Fuß zu besichtigen, mehrere Kunsthandwerkateliers) nach* **Corbara**.

Einen näheren Blick lohnt die **Friedhofskapelle La Trinité**, die am Südrand von **Aregno** rechts der Straße auftaucht. Auffallend an der Kapelle ohne Glockenturm, aber mit kleiner Apsis an der Ostseite, ist ihr zweifarbiges Mauerwerk. Beeindruckend sind darüberhinaus ein schöner Fries und Figuren an der Westfront.

Corbara war lange Sitz des in der Balagne einflussreichen Savelli Familienclans.

Ein Mitglied der Familie, Nicolas Savelli, im 15. Jh. Bischof von Corbara, gründete Mitte des 15. Jh. ein Heim für Findelkinder, das sich später zu einem Kloster entwickelte und seit dem ausgehenden 18. Jh. von Dominikanerpadres geführt wird.

Das Kloster **Convent de Saint-Dominique** liegt knapp 3 km südlich von Corbara etwas abseits der D-151. Besucher können die Klosterkirche außerhalb der Gebetszeiten besichtigen. Führungen durch die Kirche und den Kreuzgang werden von den Padres im Juli und August nachmittags zwischen 15 und 17 Uhr angeboten.

Wer gerne wandert, kann vom Kloster aus in einer knappen Stunde hinauf auf den 562 m hohen **Monte Sant'Angelo** gehen, weite Ausblicke.

In Corbara ist die **Église de l'Annonciation** (Mariä Verkündigung) sehenswert, ein Barockbau aus dem ausgehenden 17. Jh. Beachtung verdienen die Taufkapelle, die schon zwei-

In St-Antonino

Die romanische Kapelle La Trinité bei Aregno

hundert Jahre früher entstand, dann der **Altar**, der Chor, das Chorgestühl und die Orgel.

Im **Kirchenmuseum** werden sakrale Kunstgegenstände und liturgische Geräte ausgesellt *(geöffnet Mitte Apr. - Ende Sept. 10 - 13 Uhr, 16 - 19 Uhr, Mi vormittags geschlossen)*.

Ganz in der Nähe der Kirche kann man die private **Sammlung Savelli** besichtigen *(geöffnet Apr. - Okt. 15 - 18 Uhr; kein Eintritt, Spende willkommen)*. Guy Savelli, ein Sohn der Stadt, sammelt seit Jahrzehnten leidenschaftlich Kunstgegenstände, aber auch andere interessante Sachen, Dokumente, Waffen, Möbel und tausend andere Dinge, die von historischem Interesse sind und im Zusammenhang mit Korsikas Vergangenheit stehen.

Eine der Kostbarkeiten der Sammlung ist eine Originalausgabe von „Account of Corsica", in der der schottische Schriftsteller James Boswell seine Reise durch Korsika und sein Zusammentreffen mit Pasquale Paoli beschreibt.

Ein Spaziergang führt hinauf zur **Kapelle Notre-Dame-des-Sept-Douleurs** (Unsere Liebe Frau von den Sieben Schmerzen), die die Ruine der Burg von Corbara überragt. Lohn der Mühe ist ein weiter Blick bis zum Meer.

Eine legendäre Frauengestalt aus Corbara ist Davia Franceschini, die Tochter eines Köhlers, die es im 18. Jh. auf abenteuerlichen Wegen bis an die Seite eines reichen maurischen Sultans gebracht haben soll.

ROUTE: In Corbara führt die Straße D-263 ***[WP 030 / N 42° 36' 43.9" E 8° 54' 30.8"]****, eine schmale Bergstraße, an der Nordflanke des 562 m hohen Monte Sant Angelo hinauf nach* **Sta-Reparata-di-Balagna** *und weiter nach* **Monticello.**

Santa-Reparata-di-Balagna liegt schön auf einer Anhöhe. Vom Platz vor der Dorfkirche hat man einen weiten Blick zur Küste bis nach L'Île-Rousse und die vorgelagerte Île de la Pietra.

Wie weiter oben schon erwähnt, ist in **Monticello** ein schmales Stadttor mit einer lichten Durchfahrtshöhe von nur 3 m zu passieren.

Die Straße führt vorbei am hübschen Dorfplatz, um dann als D-63 hinab nach Isola Rossa/l'Île-Rousse an die Küste.

Unterwegs hat man einen herrlichen **Blick auf l'Île-Rousse**, seinen Hafen und die vorgelagerte Île de la Pietra.

Verzichtet man auf den Weg über Monticello, nimmt man ab Corbara den direkten Weg hinab zur Hauptstraße N-197.

Die Hafenstadt **L'Île-Rousse (Isola rossa)** ist im Vergleich mit anderen korsischen Städten eine relativ junge Stadt. Erst 1758 ist sie von keinem Geringeren als von Pascal (Pasquale) Paoli, dem „Vater des Vaterlandes" und Korsikas großem Freiheitskämpfer, gegründet worden. Paoli wollte damit dem wohlhabenden, unter der Herrschafft der verhassten Genuesen stehenden Calvi, einen Konkurrenten schaffen. Und anfangs hieß die Stadt auch nicht L'Île-Rousse, sondern *Paolina*, nach ihrem Gründer Paoli.

Dass Paoli auf die Herren aus Genua nicht gut zu sprechen gewesen sein kann, geht auch aus einem überlieferten Zitat hervor. Paoli hat angeblich vor den ersten in der Stadt errichteten Häusern Galgen aufstellen lassen. Den verdutzten Bewohnern ließ er ausrichten, dass er an den Galgen „Calvi aufhängen" wolle.

Zentrum der Stadt mit ihren recht winklig angelegten Straßenzeilen ist denn auch der **Place Paoli.** Hier findet sich bestimmt ein Café unter schattigen Platanen, das Ihnen für einen kurzen Stopp zusagt. Mitten auf dem Platz sprudelt ein Springbrunnen mit einer Büste Paolis, dem Stadtgründer.

An der Nordseite des Platzes schließt die hübsche **Markthalle Marché couvert** an. Wenn Sie morgens hierher kommen, können Sie fangfrischen Fisch und Produkte (Gemüse, Obst, Würste etc.) aus der Region in bester Qualität kaufen.

Einladende Küsten und Strände findet man an der der Stadt vorgelagerten **Île de la Pietra**, die nicht nur wegen ihrer roten Felsen und Küstenklippen, sondern auch wegen ihrer feinsandigen Strände und der beständigen Wetterlage bekannt ist. Ein Fahrdamm führt auf die Insel mit ihren schön gelegenen Leuchttürmen. Einen großen **Parkplatz** findet man beim Hotel La Pietra.

Calvi mit annähernd fünfeinhalbtausend Einwohnern ist die größte und lebhafteste Stadt der Balagne Region.

Auf dem Weg in die Stadt findet man am östlichen Stadtrand bei der Total-Tankstelle am großen Kreisverkehr mit Springbrunnen einen großen öffentlichen **Parkplatz [WP034 / N 42° 33' 43.4" E 8° 45' 18.1"]**.

Als Ausgangspunkt für eine Besichtigung der Oberstadt eignet sich aber

L'ÎLe-Rousse und und die Île de la Pietra im Hintergrund

PRAKTISCHE HINWEISE - L'ÎLE-ROUSSE

Office de Tourisme Intercommunal de L'Île-Rousse [WP 028 / N 42° 38' 01.9" E 8° 56' 23.6"], 7, place Paoli, 20220 L'Île-Rousse, Tel. 04 95 60 04 35, www.balagne-corsica.com. *Geöffnet Mo - Sa 9 - 12 Uhr, 14 - 18 Uhr, Juli + Aug. Mo - Sa 9 - 19 Uhr, So 10 - 13 Uhr.*

Office de Tourisme l'Île-Rousse-Balagne, BP 42, Avenue Calizi, 20220 L'Île-Rousse, Tel. 04 95 60 04 35, www.balagne-corsica.com.

RESTAURANTS

A Quadrera, 8, rue Napoléon, Tel. 04 95 60 44 52, kleines, uriges Lokal, beliebt bei Einheimischen und Touristen mit Tagesmenü, korsische Küche. Sonntagmittags geschlossen.

HOTELS

L'Amiral ***, 20 Zi., Blvd. Charles Marie Savelli, Tel. 04 95 60 28 05, www.hotel-amiral.com; ca. 150 m vom Stadtzentrum entfernt und 20 m vom Kiesstrand entfernt. WLAN. Parkplatz. Hotel garni. Geöffnet Apr. - Sept.

La Pietra ***, 42 Zi., Chemin du Phare, Tel. 04 95 63 02 30; www.hotel-lapietra.com, komfortables Mittelklassehotel in sehr ansprechender Lage an der Nordostküste der Île de la Pietra. Restaurant, Parkplatz. Von Mitte November bis Mitte Januar geschlossen.

Best Western Hotel Santa Maria ***, Route du Port, Tel. 04 95 60 32 48, www.korsika-hotel-santa-maria.com; Mittelklassehotel in schöner Lage an Bucht mit Leuchtturm, nahe des Bootshafens, mit eigenem Strand. Restaurant, Bar, Schwimmbad, Solarium, WLAN. Parkplatz. Ganzjährig geöffnet.

CAMPING

Lozari bei L'Île-Rousse
Camping Le Clos des Chênes [WP 027 / N 42° 37' 38.6" E 9° 00' 39.9"], Route de Belgodère, Tel. 04 95 60 41 27, www.closdeschenes.fr; 1. Mai – 30.Sept.; Abzweig von der N-197 östlich von Lozari auf die N197 Richtung Belgodère landeinwärts, noch 2 km; geneigtes, naturbelassenes Gelände in einem niederstämmigen Korkeichenhain. Größe und Lage der Stellplätze werden durch den Stand der Bäume bestimmt; 5 ha – 180 Stpl.; Standard-Sanitärausstattung, Restaurant, Imbiss und Laden in Saison, Schwimmbad, Tennis, **V & E für Wohnmobile**. Zum Meer 1,5 km. Mietbungalows.

Camping Le Belgodère [N42° 38' 16" E9° 01' 11"], Belgodère, Tel. 04 95 60 20 20, www.de.camping-belgodere.com; Anf. Mai - Ende Sept.; von der N-197 (Ponte Leccia – Calvi) am bei Lozari am Kreisverkehr Abzweig Richtung Palasca und weiter zum Campingplatz; Gelände am Hang, schattig durch Pinien, von Mietbungalows geprägt, begrenzte Stellflächen im Eingangsbereich für Touristen; 2,5 ha – 120 Stpl.; einfache Standard-Sanitärausstattung. Zum Strand 500 m.

Corbara bei L'Île-Rousse
Camping Le Bodri [WP 029 / N 42° 37' 25.7" E 8° 54' 59.9"], Tel. 04 95 60 10 86, www.campinglebodri; Anf. Apr. – Ende Sept.; ca. 1

km südwestlich von L'Ile Rousse von der N-197 Richtung Calvi abzweigen, unterhalb der N-197 gelegen; teils steiniger, teils sandiger zum Meer geneigter Terrassenplatz mit Eukalyptus- und Pinienbäumen; 15 ha – 300 Stpl.; einfache Standard-Sanitärausstattung. Zum Felsstrand 200 m.

Ganz in der Nähe des Platzes liegt übrigens ein Haltepunkt der Küstenbahnlinie, mit der sich Île-Rousse, Calvi auch die Strände in der Nähe bequem erreichen lassen.

eher der **Parkplatz vor der Zitadelle [WP 036 / N 42° 34' 05.5" E 8° 45' 30.5"]**, siehe dort.

Kaum in einer anderen Stadt Korsikas bilden Vergangenheit und moderne Gegenwart einen so augenscheinlichen Kontrast. Während sich unten an der immer lebhaften Promenade am bunten, palmengesäumten Jachthafen Autos und Besucher drängen, kann man oben in der Altstadt oft fast ungestört durch die Gassen der Zitadelle spazieren.

Der kahle Felsen, auf dem sich Calvis gewaltige Zitadelle erhebt, ist uraltes Siedlungsgebiet, das schon zu Zeiten der Phönizier, Griechen und Römer bewohnt, aber auch immer umkämpft war.

Erst als sich Truppen und Kaufleute aus Pisa hier im 11. Jh. niederließen, begann sich der Ort und sein geschützter Hafen zu entwickeln.

Bald gab es Auseinandersetzungen zwischen rivalisierenden Adlesgeschlechtern, die schließlich ausgangs des 13. Jh. Genua um Truppen zum Schutz ihrer Stadt baten. Genua kam diesem Ersuchen gerne nach, begann mit dem Bau der trutzigen Zitadelle und behielt – trotz massiver Widerstände und Angriffe im 16. Jh. durch Korsikas Freiheitskämpfer Sampiero Corso, später im 18. Jh. durch Paoli und schließlich durch die Engländer unter Admiral Nelson, der während einer Bombardierung von Calvi durch unglückliche Umstände ein Auge verlor – die Herrschaft über Calvi doch bis ins 18. Jh.

„Civitas semper fidelis" – „Die immer getreue Stadt" (an Treue zu Ge-

Calvi und seine dominierende Zitadelle

*CALVI – **1** Touristeninformation – **2** Bahnhof – **3** Boote nach L'Île-Rousse und Lokalfähren – **4** Tour de Sel – **5** Kolumbusdenkmal auf dem Place C. Colombo – **6** Sampiero Kaserne – **7** Kathedrale St-Jean-Baptiste – **8** Geburtshaus von Chr. Kolumbus, Plakette – **9** Oratoire de la Confrèrie St-Antoine – **10** Rathaus – **11** Kirche Ste-Marie-Majeuer – **12** Postamt – **13** Fähren nach Nizza, Marseille, Savona*

nau ist hier wohl gedacht) steht über dem mächtigen Stadttor, durch das man die gewaltige Zitadelle in **Calvis Oberstadt Haute Ville** betritt. Die genuesische Festung ist das steingewordene Symbol für das heitere Selbstbewusstsein, das den Einwohnern von Calvi nachgesagt wird. Stolz ist Calvi auch darauf, dass kein geringerer als Christoph Kolumbus, der große Amerikaentdecker in spanischen Diensten, angeblich in Calvi das Licht der alten Welt erblickt haben soll. Verbrieft und bewiesen ist diese Theorie allerdings nicht. Aber die Stadt hat auf jeden Fall schon mal ein eindrucksvolles **Kolumbus-Denkmal** an der Festungsmauer der Zitadelle, ganz in der Nähe des oben erwähnten Tores, errichten lassen.

Vor der Zitadelle findet man einen großen, bislang noch ohne Höhenbeschränkung versehenen, gebührenpflichtigen **Parkplatz** (Parkscheinautomat) **[WP 036 / N 42° 34' 05.5" E 8° 45' 30.5"]**.

Vor allem in der Sommersaison empfiehlt es sich, wenn möglich, eine Besichtigung der Oberstadt und der Zitadelle auf den frühen Vormittag oder in die Abendstunden zu verlegen. Die Straßen und Gassen sind dann leerer und die Temperaturen angenehmer.

Vom Stadttor führen Gassen und Treppenwege vorbei am dominanten Komplex des Palais des Gouverneurs (15. Jh.) hinauf zur **Kathedrale St-Baptiste.** Die Kirche liegt auf dem höchsten Punkt der Oberstadt und überragt die Zitadelle.

Die Kathedrale, ein Bau aus dem 18. Jh., beherbergt, neben einem beachtenswerten **Taufbrunnen**, ein bemerkenswertes **Triptychon** aus dem 15. Jh., eine reich ornamentierte **Kanzel**, sowie eine, in der Karwoche prächtig geschmückte, ursprünglich aus Spanien stammende **Madonnenfigur** aus dem 18. Jh.

Noch ein kurzes Stück weiter nördlich in der Rue du Fil liegt linkerhand das sog. **Maison de Christophe Colombe**. Aber auch hier werden Sie nicht zweifelsfrei erfahren, ob Kolumbus nun ein Sohn der Stadt Calvi ist oder nicht. Das Haus soll eher eine Gedenkstätte an den großen Amerikaentdecker sein. Ob Kolumbus in Calvi oder gar in diesem Haus geboren wurde, ist nämlich keinesfalls sicher. Belegt ist, dass Kolumbus, bevor er sich nach Portugal und Spanien begab, in Genuas Diensten stand. Und da Genua damals auch die Herrschaft über Korsika hatte, kann auch eine Verbindung zwischen Kolumbus und Korsika bestanden haben.

in Calvis Oberstadt innerhalb der Zitadelle, rechts das Portal der Kathedrale St-Baptiste

Man liest davon, dass in den unergründlichen Archiven des Vatikan Dokumente verwahrt würden, die die Herkunft des Cristoforo Colombo, alias Cristóbal Colón, alias Christoph Kolumbus eindeutig belegen sollen. Aber eher geht wohl ein Kamel durch ein Nadelöhr, als dass der Vatikan seine Archive öffnet.

Geht man um die Kathedrale herum und wieder hinab Richtung Stadttor, kommt man an der Bar Chez Tao vorbei. Von der kleinen Terrasse neben dem Lokal hat man einen sehr schönen Blick hinab auf den neueren Stadtteil von Calvi, auf den Tour de Sel (rechts), auf den Jachthafen Port de Plaisance und auf die Promenade dort. Der Blick geht weiter über die große Bucht bis zum 5 km langen Strand, in dessen Hintergrund die bis in den Sommer

Kolumbus-Denkmal an Calvis Zitadelle

hinein schneebedeckten Berge Monte Cinto Massivs aufragen.

Schließlich passiert man auf dem Weg zurück zum Tor noch das **Oratoire de la Confrèrie St-Antoine**, ein einfaches Bethaus der St. Antonius Bruderschaft (Wandfresken aus dem 15. Jh. sowie Ausstellung sakraler Kunst aus der Balagne).

Fremdenlegionäre übrigens, die lange die gesamte Zitadelle für sich in Beschlag genommen hatten, sieht man heute kaum noch in den Gassen der Oberstadt.

Nach einem Stadtspaziergang kann man sich in einem Café am Quai Landry, Calvis **Promenade am Jachthafen** bei einem Eis, einem Kaffee oder ähnlichem von den Anstrengungen erholen. Es ist nicht gerade billig hier, dafür umso unterhaltsamer, wenn man den flanierenden Damen und Herren zusieht.

Am Nordende der Promenade sieht man am Jachthafen unterhalb der Festungsmauer einen runden Wehrturm, der durch einen portalartigen Bogen mit der Festungsmauer verbunden ist und den Zugang zum Porte de Commerce und dem Fähranleger bildet.

Es wird davon ausgegangen, dass der runde Steinturm, der **Tour du Sel**, der **Salzturm**, die erste genuesische Befestigung an Calvis Hafen war. Später diente der Turm als Salzlager.

Falls Sie nach einem Aussichtspunkt suchen, von dem aus Sie einen prächtigen Blick auf Calvi und seine Zitadelle haben, fahren Sie hinauf zur **Kapelle Notre-Dame-de-la-Serra.** Man fährt von Calvi auf der Straße D-81B 4 km nach Westen Richtung Galéria und nimmt die enge Landstraße links (ostwärts) bis zur Kapelle, 2 km. Man kann auch auf dem Parkplatz in der Nähe des Abzweigs parken und dann zu Fuß hinauf zur Kapelle gehen.

Besonders **schöne lange Sandstrände** liegen nordöstlich der Stadt in der Bucht von Calvi Richtung **Lumio**. Die Strände bei Lumio sind mit der Balagne-Bahn leicht zu erreichen.

Die Strände vor Lumio und etwas weiter nördlich sind eine gelungene Mischung aus Sand, Felsen, auch mal Kies und kleinen Buchten. Hier findet man auch Strandcafés und Restaurants.

Mit dem Bähnchen „Tramway de Balagne" unterwegs

Wenn Sie etwas Zeit mitbringen, sollten Sie einen Ausflug mit der Bahn durch die Balagne machen! In der Zeit

PRAKTISCHE HINWEISE - CALVI

Office Municipal de Tourisme de Calvi - Office de Pôle Balagne [WP 042 / N 42° 33′ 54.6″ E 8° 45′ 24.1″], Port de Plaisance, BP 97, 20260 Calvi, Tel. 04 95 65 16 67, www.balagne-corsica.com. *Geöffnet im Sommer tgl. 9 - 12.30 Uhr, 15 - 18.30 Uhr, übrige Jahreszeit Mon - Fr 9 - 12 Uhr, 14 - 18 Uhr, Apr. - Sept. auch Sa).*

Flughafen

Aéroport Calvi Sainte Catherine, Tel. 04 95 65 88 88. Flugverbindungen mit Air France und CCM Airlines.

Air France verkehrt regelmäßig zwischen Calvi, Bastia, Ajaccio und Paris-Orly und Lyon.

CCM Airlines (auch Air Corsica) fliegt zischen Calvi, Bastia, Ajaccio und Marseille, Nizza, Lyon, Nantes und Paris, hauptsächlich Charterflüge.

Fähren

Corsica Ferries, Tel. 08 25 09 50 95, www.corsicaferries.fr, fährt Calvi – Nizza, Calvi – Savona (Genua), L'Île-Rousse – Toulon.

SNCM, www.sncm.fr, fährt Calvi – Nizza und Calvi – Marseille.

Bahn

Chemins de fer Corse – Bahnhof in Calvi, Tel. 04 95 65 00 61 und in L'Île-Rousse, Tel. 04 95 60 00 50. Ganzjährig täglich zwei Abfahrten nach Ajaccio, Corte und Bastia.

Tramway de Balagne – Lokaler Triebwagenzug, verkehrt von April bis Oktober täglich mehrmals (im Juli und August fast stündlich) zwischen Calvi und L'Île-Rousse und hält an allen Stränden zwischen den beiden Städten. Fahrplan im Touristenbüro. Fahrkarten am Bahnhof oder direkt im Zug.

Bus

Compagnie les Beaux Voyages, Tel. 04 95 65 11 35. Abfahrten ab **Place de la Porteuse d'eau**. Direktbusse ganzjährig nach Bastia, Abfahrt morgens 6.30 Uhr am Montag, 7.15 Uhr Dienstag bis Samstag. Verbindungen nach Corte und Ajaccio mit Umsteigen in Ponte-Leccia.

In der Sommersaison Abfahrten nachmittags nach Galéria und nach Calenzana.

RESTAURANTS

Restaurant Le Calellu, Quai Landry, Tel. 04 95 65 22 18, hübsch am Hafen gelegen, Meeresfrüchte aller Art serviert man innen und auf einer Terrasse. Montags geschlossen.

Restaurant Emile's, 34, rue Clémenceau, Tel. 04 95 65 09 60, www.restaurant-emiles.fr; Feinschmeckerrestaurant mit einem Michelin-Stern in Hafennähe gelegen, vorzüglicher Service, teuer.

Restaurant U San Carlu, 10 Place Saint-Charles, Tel. 04 95 65 92 20, gut und relativ preiswerte, einladende Gartenterrasse.

HOTELS

Hotel Balanea ***, 38 Zi., Port de Plaisance, 6, rue G. Clemenceau, Tel. 04 95 65 94 94, www.hotel-balanea.com; in der Nähe des Hafens gelegenes Mittelklassehotel. WLAN. Parkmöglichkeit. Geöffnet 1.Apr. - 30. Okt., Hotel garni.

Hotel Saint Christophe, 47 Zi., Place Bel Ombra, Oberstadt gegenüber der Zitadelle , Tel. 04 95 65 05 74; www.hotelsaintchristophe.com; März bis Oktober; Restaurant, Parkmöglichkeit

Grand Hôtel, 59 Zi., 3, bd Wilson, Tel. 04 95 65 09 74; www.grand-hotel-calvi.com; April bis Oktober; Restaurant.

Hotel l'Abbaye, 43 Zi., Tel. 04 95 65 04 27; www. hostellerie-abbaye.com; April bis Oktober, Parkmöglichkeit.

CAMPING

V&E

Lumio bei Calvi

Camping Le Panoramic [N42° 35' 2" E8° 50' 50"], Route de Lavatoggio, Tel. 04 95 60 73 13, www.le-panoramic.com; 1. Mai - 30. Sept.; in Lumio von der D71 nordostwärts Richtung Lavatoggio/Belgodère, dann beschilderter Abzweig; steiniges, unebenes Terrassengelände, von den oberen Stellplätzen Meerblick; 6 ha - 100 Stpl.; Standard-Sanitärausstattung. Restaurant und Imbiss in Saison, Laden, Schwimmbad. Mietcaravans.

Calvi

Camping Dolce Vita [N 42° 33' 15" E8° 47' 20"], Route de Bastia, Tel. 04 95 65 05 99, www.dolce-vita.org; 1. Mai - 30. Sept.; von der N197 (Calvi-L'Ile Rousse) ca. 3 km östlich von Calvi beschilderter Abzweig; naturbelassenes Gelände mit Schattenbäumen an der Mündung des Figarella-Flusses ins Meer; 6 ha - 180 Stpl.; Standard-Sanitärausstattung. Imbiss, Laden, WLAN auf dem Gelände, Tennis, Volleyballplatz. **V & E für Wohnmobile**. Mietbungalows.

Camping Paduella [N 42° 33' 8" E 8° 45' 51"], Route de Bastia, Tel. 04 95 65 06 16, www.campingpaduella.com; Mitte Mai - Mitte Okt.; ca. 1,5 km östlich von Calvi von der N197 direkt zum Platz abzweigen; Terrassen auf hügeligem, felsigem Gelände mit Eukalyptus- und Nadelbäumen; 4 ha - 160 Stpl.; Standard-Sanitärausstattung. Imbiss. Restaurant und Laden 300 m entfernt. WLAN im Rezeptionsbereich, Internetecke. **V & E für Wohnmobile**. Mietbungalows. Zum Strand 300 m. Neben gleichnamigem Hotel.

Camping Bella Vista [N42° 33' 9" E8° 45' 23"], Route de Pietramaggiore, Tel. 04 95 65 11 76, www.camping-bellavista.com; Anf. Apr. - Ende Sept.; östlich von Calvi von der N197 landeinwärts Richtung Pietra-Major abzweigen; ebenes, steiniges, sandiges Gelände mit schattigen Bäumen und Oleanderbüschen; 6 ha - 150 Stpl.; Standard-Sanitärausstattung. Imbiss. Laden 1 km, Restaurant 700 m entfernt. **V & E für Wohnmobile**. Mietbungalows. Keine Hunde.

Camping La Pinède [WP 037 / N 42° 33' 13.3" E 8° 46' 07.2"], Route de la Pinède, Tel. 04 95 65 17 80, www.camping-calvi.com; 1. Apr. – 31. Okt.; im Osten von Calvi an der Straße N-197 Richtung Bastia; ebenes Pinien- und Eukalyptuswaldgelände, teils sandiger Untergrund, nummerierte Stellplätze markiert durch weiße Steine; 5 ha – 260 Stpl.; Standard-Sanitärausstattung. Restaurant, Imbiss, Laden,

Schwimmbad, Tennis, Minigolf, Volleyballplatz. **V & E für Wohnmobile**. Zum Strand ca. 400 m. Neben einem Mobilhomepark.

V&E

Calenzana bei Calvi

Camping Paradella [WP 040 / N 42° 30' 09.2" E 8° 47' 30.6"], Route de la Forêt de Bonifato, Tel. 04 95 65 00 97, www.camping-paradella.fr; Mitte Apr. – Ende Sept.; 9,5 km östlich von Calvi Abzweig am Kreisverkehr von der N-197 auf die D-81 Richtung Galéria/Porto/Bonifato/l'Aéroport und noch 6 km; ebenes, steiniges und sandiges Gelände, gut schattig durch Eukalyptus und Pinienbäume; 5 ha – 130 Stpl.; Standard-Sanitärausstattung. Imbiss, Schwimmbad, Tennis. WLAN im Rezeptionsbereich. **V & E für Wohnmobile**. Mietbungalows- und Caravans. Keine Hunde. Zum Meer 3 km.

zwischen April und Oktober verkehrt das rumpelnde Bimmelbähnchen zwischen Calvi und L'Île-Rousse immer schön an der Küste entlang. Offiziell gibt es unterwegs 15 Haltepunkte. Gestoppt wird aber nur, wenn sich Passagiere, meist Wanderer, gelegentlich auch ein Mountainbiker, durch kräftiges Winken bemerkbar machen. Tickets gibt es im Zug. Und der Schaffner/die Schaffnerin wird beim Kassieren des Fahrpreises auch fragen, ob und falls ja, wo Sie unterwegs aussteigen möchten. Die Fahrt dauert rund 50 Minuten und kostete zuletzt für die einfache Fahrt rund 5 Euro.

Einer der Reize einer Fahrt mit dieser Nostalgiebahn ist u. a. schlicht das charmante Alter des Geräts, über dessen Modernisierung schon oft debattiert, aber (glücklicherweise) nie eine Entscheidung getroffen wurde – auch nicht darüber, ob die Bahn nun endgültig stillgelegt werden soll. Eisenbahnfans sollten also das Glück der Stunde nutzen, solange die alte Balagne-Bahn noch fährt.

Auf jeden Fall können Sie auf der Fahrt zwischen Calvi und L'Île-Rousse Küstenlandschaften genießen, die man sonst von Land aus nicht so ohne weiteres zu Gesicht bekommt.

Der **Bahnhof in Calvi** befindet sich übrigens am Port de Plaisance gleich neben dem Touristenbüro und **in L'Île-Rousse** am westlich Ortsrand an der Rue du Port.

Abstecher nach Calenzana

Rund 4 km östlich von Calvi bietet sich Gelegenheit zu einem Abstecher auf der D-151 südostwärts ins 8 km entfernte **Calenzana**.

Dieses mit annähernd 1.750 Einwohnern einwohnerstärkste Städtchen der gesamten Balagne liegt malerisch an den Hängen der Westausläufer des 1.938 m hohen Monte Grosso. Und es ist bekannt für seine landwirtschaftlichen Produkte wie Wein, Oliven und deftige Wurstwaren.

Zu den Sehenswürdigkeiten des Ortes zählen die **Kirche Saint-Blaise**, ein **Stadthaus** aus dem ausgehenden 17. Jh. mit beachtenswerter Barockfassade, die **Heiligkreuzkapelle Saint-Croix** und schließlich der **Campanile** auf dem Place 1er janvier 1732.

Der Platz ist auch bekannt als *Campo dei Tedeschi* und erinnert an 500 deutsche Söldner in genuesischen Diensten, die 1732 auf dem Platz hingemetzelt und begraben wurden.

In diesem Zusammenhang muss erwähnt werden, dass Calenzana im 18. Jh. ein starkes Widerstandsnest korsischer Patrioten gegen die genuesische Besatzungsmacht und ein Zentrum der korsischen Aufstände Mitte des 18. Jh. war.

Heute ist Calenzana vor allem eine Station für Wanderer. Hier beginnt, bzw. endet Korsikas längster **Fernwanderweg GR20,** ebenso wie der nördliche Zweig des **Wanderweges Mare e Monti**.

Wichtige Informationen über die Wanderwege und über den **Park Naturel Régional de Corse (PNRC)** bietet das **Maison du GR20**, Tel. 04 95 62 87 78, *geöffnet Mai bis Mitte Okt. 10 - 12, 15 - 18 Uhr.*

Die Unterkunfts- und Verpflegungsmöglichkeiten in Calenzana sind zwar vielfältig, aber doch eher auf die Bedürfnisse von Wandersleuten ausgerichtet.

So liegt gleich neben dem Maison du GR20 das **Gîte Municipal**, Tel. 04 95 62 77 13, *geöffnet Apr. - Okt.*; eine Herberge der einfacheren Art mit Mehrbettzimmern. Es gibt allerdings Warmduschen und die Möglichkeit sich zu verpflegen.

Außerdem kann man hier auch sein Zelt aufschlagen und man darf bei der Herberge sein Auto bis zu zwei Wochen lang parken, wenn man sich z. B. den GR20 unter die Sohlen nehmen will.

Knapp 1 km östlich von Calenzana findet man an der Straße D-151 nach **Zilia** (bekannte Mineralwasserquelle, Abfüllstation) die romanische Kapelle **Sainte-Restitude / Santa Restituda.** In der Krypta unter dem Chor steht ein Marmorsarkophag, die letzte Ruhestätte der sterblichen Reste der Heiligen Restitude, einer Märtyrerin, die im 4. Jh. in Calenzana enthauptet worden ist. Wenig später erkoren die Bewohner von Calenzana die Heilige zu ihrer Schutzpatronin.

Bei der Kapelle gibt es einen lauschigen Picknickplatz.

Den Schlüssel zur Kapelle muss man sich in Calenzana besorgen und zwar im „Bureau de tabac de Calenzana" bei der Kirche Saint-Blaise. Als Pfand wird gewöhnlich ein Ausweis verlangt (Änderung möglich).

Ein gutes Stück weiter nördlich von Calenzana (von Calvi aus fast einfacher zu erreichen) liegt **Montemaggiore**. Der Ort ist jedes Jahr am ersten Wochenende nach dem 14. Juli Schauplatz des **Olivenfestes „Fiera di l'alivu"**, einem bunten Bauernmarkt, bei dem Olivenöl natürlich, Gegenstände aus Olivenholz und andere landwirtschaftliche Produkte im Mittelpunkt stehen.

Abstecher zum Cirque de Bonifato

ROUTE: *Südöstlich von Calvi auf der D-81 und vorbei am Flughafen südwärts und auf der D-251* **[WP 039 / N 42° 32' 59.3" E 8° 47' 00.1"]** *(unterwegs nicht Richtung Porto abzweigen!) weiter bis* **Bocca Rezza**.

Etwa 14 km nach dem Flughafen liegt links der Straße das „Felsenmeer" **Chaos de Bocca Rezza** mit Aussichtspunkt.

Eine schmale Teerstraße mit ausgefransten Rändern (für Gespanne nicht empfehlenswert) führt noch 10 km hinauf in den Bergkessel **„Cirque de Bonifato"** (Bonifato bedeutet soviel wie gutes Leben) und endet in 526 m Höhe am Eingang zum Forêt de Bonifato am **Berggasthof Auberge de la Forête [WP 041 / N 42° 26' 32.9" E 8° 51' 15.7"]**, 5 Mehrbettzimmer, Tel. 04 95 65 09 98, geöffnet zwischen Anfang April und Ende Oktober. Restaurant mit großer Terrasse. Nach Absprache mit dem Hotel, können Wanderer gegen Gebühr hier auch ihr Zelt aufschlagen oder im Wohnmobil übernachten.

Die abgelegenen, bis in Höhen von fast 2.000 m reichenden Bergwälder von Bonifato, mit ihrer artenreichen Flora (vor allem Eichen und Laricio-kiefern) und Fauna – hier leben zahlreich u. a. Wildschweine, Füchse und Bartgeier – wurden vor allem im vergangenen Jahrhundert wegen des erfrischenden Klimas und der reinen Luft aufgesucht.

Vom **Parkplatz** (in der Saison gebührenpflichtig) unterhalb der Augerge de la Forête aus sind **zwei Wanderungen** sowie der Einstieg in den Fernwanderweg GR20 möglich:

Der kürzere Weg **„Boucle d'Erbaghiolu"** (Markierung Rot/Orange) zweigt an der Brücke nach rechts ab. Für die Wegstrecke (für die man wegen des streckenweise recht steinigen Pfades gut zu Fuß sein sollte) hin und zurück sollte man bei gemütlicher Gehweise eine Stunde einplanen.

Der Wanderweg führt durch bergige Wald- und Macchia-Landschaft des Forête de Calenzana, passiert die Reste des Anwesens von Pierre Bonaparte und endet wenig später an einem Aussichtspunkt. Für anspruchsvolle Wanderer ein empfehlenswerter Ausflug.

Pierre Bonaparte wird in Beschreibungen als eine recht schillernde Figur, Fremdenlegionär und Politiker geschildert, der 1815 in Korsika geboren worden war und bis zu seinem Tode 1881 als Vertreter Korsikas hauptsächlich in Paris lebte.

Der zweite Wanderweg, der **Sentier de Spasimata** (gelbe Markierung), führt von der Brücke bei der Auberge nach links und führt lange an einem wilden, steinigen Flussbett entlang.

Dieser Weg ist allerdings kein Waldspaziergang, sondern eine herausfordernde Bergwanderung! Entsprechende Kondition, Ausrüstung und Kartenmaterial sind hier unerlässlich!

Der Weg, auf dem auch mal Wildbäche überquert werden müssen, nimmt hin und zurück etwa viereinhalb bis fünf Stunden in Anspruch. Am Ende des Weges liegt auf rund 1.200 m das Bergdorf **Spasimata** mit der **Schutzhütte Refuge de Caruzzu** (1.392 m).

Man sollte sich vor Antritt der Wanderungen in der Auberge nach den aktuellen Wegsituationen erkundigen! Und machen Sie sich keinesfalls gänzlich unvorbereitet auf den Weg, auch wenn Sie nur eine Tagestour vorhaben. Eine zweckmäßige Ausrüstung (auch für einen Wettersturz), gutes Kartenmaterial und ein Vorrat an Essen und Trinken sollten nicht fehlen!

Man kann von der Auberge de la Forête auf der gleichen Strecke zurück nach Calvi fahren, oder knapp 5 km südlich des Flughafens nach Südwesten auf die D-81 abzweigen, die an die Küste bei Galéria und zur D-81B führt. Man erspart sich so die kurvenreiche Küstenstraße zwischen Calvi und Galéria!

Die Bucht Anse de Recisa bei Calvi

CALVI – PORTO

Länge der Tour: Rund 90 km, ohne Abstecher nach Piana.

Die Route: Über die D-81b (etwas einfacher über die D-81) bis **Porto.**

Alternativroute: Porto – Cargèse – Ajaccio.

Reisedauer: Mindestens ein Tag.

Abstecher: Nach **Piana.**

Höhepunkte: Die **Bucht von Porto** ** – die **Fahrt nach Piana** *** – die **spektakuläre Felslandschaft „Les Calanche"** *** – das **Capo Rosso** **.

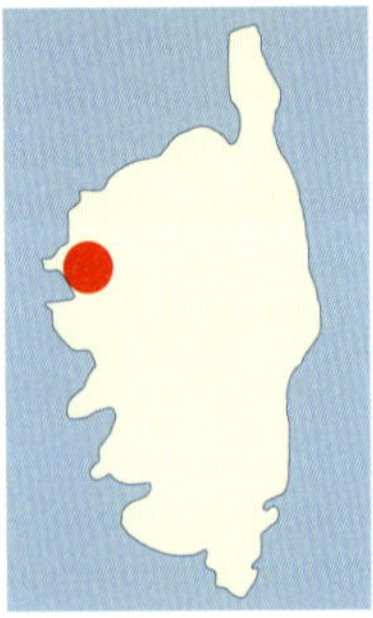

ROUTE: Auf der Weiterreise von Calvi südwärts kann man wählen zwischen der Küstenstraße D-81b und der weiter landeinwärts verlaufenden, nicht ganz so kurvenreichen, weniger nervenaufreibenden und auch besseren und einfacher zu befahrenden D-81.

Der Weg unserer Hauptroute folgt allerdings der D-81b Richtung **Galéria.**

Die Fahrt auf der D-81b führt hoch über dem Meer entlang schöner Felsküsten. Große Durchschnittsgeschwindigkeiten sind nicht zu erreichen, zumal die schmale Straße abschnittsweise ziemlich schlecht und ausgefahren ist.

Nach 34 km kann man westwärts auf die D-351 nach **Galéria** abzweigen. Der Ort ist eines der Etappenziele des 10-tägigen Wanderweges Mare e Monti nach Cargèse.

Am östlichen Ortsrand von **Galéria** liegt ein **Terrassenparkplatz [WP 043 / N 42° 24′ 59.9" E 8° 39′ 25.6"]** oberhalb de der Bucht, .

Wohnmobilsten können auf einer freien, schattenlosen Wiese am Ortsrand **[WP 044 / N 42° 24′ 42.9" E 8°**

38' 44.0"] gegen eine nicht gerade geringe Gebühr übernachten (zuletzt 15,- Euro pro Nacht, Änderung möglich!). Es stehen aber keinerlei Einrichtungen zur Verfügung!

Gleich am Ortseingang findet man das allerdings nur zwischen Anfang Juni und Ende September geöffnete **Restaurant L'Artigiana**. Neben kom pletten Menus kann man hier auch nur ein Sandwich bekommen.

Abstecher ins Vallée du Fango

Wer Zeit mitbringt, macht 6 km östlich von Galéria einen **Abstecher ins Tal** des **Fango**. Die Fahrt über die D-351 geht entlang eines romantischen Wildwassers im **Forêt du Fango,** einem der größten zusammenhängenden Eichenwälder auf der Insel. Der Fluss hat im Laufe von Jahrtausenden immer wieder Vertiefungen aus dem rötlichen Granitgestein gegraben, die an heißen Tagen als willkommene Badepools genutzt werden.

Ab **Pirio** (Parkmöglichkeit) kann man nach Süden ein Stück in den Eichenwald hinein wandern.

HAUPTROUTE

Auf der Weiterfahrt südwärts über die kurvenreiche Straße D-81, die dem Fahrer höchste Aufmerksamkeit abverlangt, nach Porto, passiert die D-81 rund 17 km nach Galéria den **Col de Palmarella** (408 m, herrlicher Blick zum Golfe de Girolata) und nach weiteren 11 km und nach atemberaubender Fahrt die Anhöhe **Col de la Croix** (270 m) oberhalb des Dorfes **Orsani**.

PRAKTISCHE HINWEISE – GALÉRIA

Information – Galéria
Syndicat d'Initiative de Galéria, 20245 Galéria, Tel. 04 95 62 02 27, www.ot-galeria.com. *Nur im Sommer Mo – Sa 9 – 12, 14 – 17 Uhr geöffneter Infoposten an der Hauptstraße D-81.*

HOTEL

Galéria
Hotel Palazzu, Tel. 04 95 62 03 61; www.hotelpalazzu.com; Uferstraße route du bord de mer; ganzjährig geöffnetes, komfortables Haus mit moderaten Zimmerpreisen, ca. 100 m vom Meer entfernt, Meerblick, Schwimmbad, Zimmer mit Klimaanlage, Parkplatz.

CAMPING

Argentella
Camping Morsetta [N 42° 27' 55" E 8° 40' 57"], Tel. 04 95 65 25 28, www.lamorsetta.net; 1. Mai – 30. Sept.; ca. 23 km südl. von Calvi von der D-81b beschilderter Abzweig; hügeliges, terrassiertes sowie ebenes Gelände mit Laubbäumen, an ein Naturschutzgebiet grenzend, langer Strand; 5 ha – 180 Stpl. + 100 Dau.; Standard-Sanitärausstattung. Restaurant, Imbiss, Laden, Tennis. **V & E für Wohnmobile**. Mietbungalows.

Galéria
Camping Les Deux Torrents [WP 045 / N 42° 24' 46.5" E 8° 41' 26.8"], Tel. 04 95 62 00 67; Anf. Mai – Ende Okt.; Zufahrt ca. 6 km östlich von Galéria von der Straße D-81, Einfahrt bei der Bachbrücke; überschaubares, sandig-erdiges, ebenes Gelände mit etwas Baumschatten; 1,5 ha – 100 Stpl.; Mindest-Sanitärausstattung. Mietbungalows. Zum Meer 4 km.

Blick vom Col de Palmarella auf den Golfe de Girolata

Von der Anhöhe hat man einen prächtigen Blick nach Westen in die weite Bucht des **Golfe de Girolata**.

Die schönen **Strände von Girolata** sind auf dem Landwege nur zu Fuß oder aber von See her zugänglich. Dieser Umstand sorgt dafür, dass die Strände hier selbst in der sommerlichen Hochsaison nicht allzu überlaufen sind, was in der Ferienzeit zwischen Mitte Juli und Mitte August von anderen, leichter zugänglichen Stränden an Korsikas Küste bestimmt nicht behauptet werden kann.

Vom Col de la Croix ist man zu Fuß nach Girolata gut zwei Stunden unterwegs. Trittsicherheit, gutes Schuhwerk und Getränke für unterwegs sind empfehlenswert.

Je mehr man sich Porto nähert, umso rötlicher wird das Gestein.

Und ca. 5 km vor Porto führt die Straßentrasse halsbrecherisch an senkrechten, roten Felsen entlang und hinab nach Porto. Auch hier empfiehlt sich höchste Aufmerksamkeit beim Fahren!

Porto liegt in der wunderschönen Bucht Anse de Castagne, dem Ostende des weiten Golfe de Porto. Herrlicher breiter **Sandstrand** gleich südlich des Hafens und etwas nördlich der Stadt am **Plage de Bussaglia**.

Bitte beachten Sie evtl. Hinweistafeln oder Flaggen, die ein Badeverbot signalisieren. Die Gewässer an den Kiesstränden sind nicht ungefährlich

Übrigens: Porto und seine Bucht stehen auf der Liste des UNESCO-Weltkulturerbes.

Das touristische, etwas beengte Zentrum von Porto, dessen Einwohnerzahl in der äußerst betriebsamen Sommersaison zwischen Juli und August schon mal um das Zehnfache auf annähernd 9.000 Menschen anschwellen kann, erstreckt sich an der Mündung des Flüsschens Porto und an der **Marine de Porto**.

Überragt wird das Ortszentrum, das ein gutes Stück westlich der Durchgangsstraße D-81 liegt, von einem markanten **Genueserturm** hoch auf einer Felsklippe. Hier entlang der Pro-

Porto mit seinem markanten Genueserturm

menade reihen sich die Hotels, Restaurants, die Boutiquen und Kneipen, Autovermieter und Fahrradverleihs etc. Für Wohnmobile ist die Zufahrt hinab zur Marine de Porto allerdings verboten!

Besichtigen kann man den **Genuesertrum La Tour Génoise** *(geöffnet April – Ende Sept. tgl. 11 – 19 Uhr, Juli + Aug. 9 – 21 Uhr, im Winterhalbjahr geschlossen)*, ein Bollwerk mit quadratischem Grundriss, was auffällt, da die meisten der Wachttürme an Korsikas Küste aus der Genueserzeit rund sind.

Ungefähr 70 dieser Genuesertürme, ursprünglich als Wacht- und Signaltürme, aber auch als Zisternen zum Auffangen und Speichern von Regenwasser genutzt, sieht man heute noch an markanten Kaps und Küsten rund um die Insel.

Von dem 1993 restaurierten Turm aus dem Ende des 16. Jh. hat man einen schönen Blick auf die Stadt, den Hafen, die Küste und die dahinter aufragenden Berge. Romantisch veranlagte Naturen kommen abends gerne hierher zurück, um den Sonnenuntergang zu genießen.

In einem Gebäude neben dem Turm ist das **Musée de la Bruyère**, das „Heidemuseum" *(geöffnet April – Sept. tgl. 11 – 19 Uhr, Juli + Aug. 9 – 21 Uhr)* untergebracht. U. a. kann man hier eine interessante Ausstellung über Bruyère-Holz sehen. Aus diesem Wurzelholz, das nach entsprechender Bearbeitung eine wunderschöne Maserung zeigt, wurden und werden auch heute noch hochwertige Köpfe für Tabakspfeifen hergestellt. Bis ins vergangene Jahrhundert hinein lebten in Porto viele Menschen von diesem Handwerk bzw. von der Aufbereitung des Wurzelholzes.

Das Meeresaquarium **Aquarium de la Poudrière** *(geöffnet Ende Apr. - Ende Okt. tgl. 8 - 19 Uhr, Nov. - März Mo - Fr 8 - 17 Uhr)* liegt unterhalb des Felsens mit dem markanten Genueserturm und lohnt allemal einen Besuch. Zu sehen sind Beispiele der Fauna und Flora aus der Unterwasserwelt rund um Korsika.

PRAKTISCHE HINWEISE – PORTO

Office Municipal de Tourisme d'Ota Porto, Place de la Marine, 20150 Porto, Tel. 04 95 26 10 55, www.porto-tourisme.com. *Geöffnet Mai – September Montag bis Samstag 9 Uhr bis 18 Uhr. Im Juli und August bis 19 Uhr und auch sonntags geöffnet. Oktober bis April Montag bis Freitag 9 bis 16 Uhr.*

RESTAURANTS

Restaurant La Tour Genoise, Chemin de la Tour, Quartier la Marine, Tel. 04 95 26 17 11, gute Küche und hübsche Lage gegenüber dem Genueserturm, Terrasse. 16. Okt. – 31. März geschlossen.

Restaurant Le Soleil Couchant, Quartier la Marine, Tel. 04 95 26 10 12, nahe des Genueserturms hübsch gelegen, mit zwei Terrassen, Spezialität sind Gerichte mit Meeresfrüchten. 1. Nov. – 31. März geschlossen.

Restaurant Le Romantique, Quartier le Port, La Plage, Tel. 04 95 26 10 85, oberhalb des Strandes gelegen mit schöner Aussicht auf Hafen, Strand und Capo d'Orto, man serviert korsische Spezialitäten und Fischgerichte. 10. Okt. – 19. Apr. geschlossen.

HOTELS

Hotel Brise De Mer **, 18 Zi., Porto Marine, Tel. 04 95 26 10 28, www.brise-de-mer.com; oberhalb der Mündung des Portobergbaches in die Bucht von Porto, mit Restaurant. Geöffnet Apr. – Okt.

Hotel Kalliste ***, 59Zi., Place de la marine, Tel. 04 95 26 10 30, www.hotel-kalliste.com; Mittelklassehotel am nördlichen Ortsrand oberhalb der Felsküste, in einem aus für die Gegend typischen rötlichen Granit errichteten Gebäude. Schöne Terrasse mit Blick zum Genueserturm. Bar. Parkplatz. Geöffnet Apr. – Mitte Okt.

Hotel Bella Vista ***, 17 Zi., Route de Calvi, Tel. 04 95 26 11 08, www.hotel-corse.com; oberhalb des Ortes an der D-81 gelegenes Mittelklassehotel mit gemütlichem Ambiente. Restaurant, Bar, Solarium, Hotelgarten. Parkplatz.

Hotel Capo d'Orto ***, 39 Zi., Route de Calvi, Tel. 04 95 26 11 14, www.hotel-capo-dorto.com; Hotel garni, an der Straße D-81 gelegen mit schöner Aussichtsterrasse und Schwimmbad. Geöffnet Anf. Apr. – Anf. Okt.

CAMPING

Camping Sole e Vista [WP 046 / N 42° 15' 46.2" E 8° 42' 35.6"], Route d'Ota, Tel. 04 95 26 15 71, www.camping-sole-e-vista.com; Apr. –Ende Okt.; Zufahrt am östlichen Ortsrand von Porto von der D-81 ca. 200 m vom SPAR-Supermarkt bei der Flussbrücke, steile Platzauffahrt; Terrassenanlage mit dichtem, schattenspendendem, teils niedrigem Laubbaumbestand. In einem weiten, von hohen Felsgipfeln umgebenen Tal des Bergbaches Porto. Viele der Terrassen sind nur für Zelte geeignet, da mit Autos nicht zugänglich. Für Wohnmobile ab 7 m Länge nur wenig Stellmöglichkeiten. Standard-Sanitärausstattung, nur Kaltwasser in den Waschbecken. Mietbungalows. Neben Camping Les Oliviers. Zur Strandbucht etwa 3 km.

Camping Les Oliviers [WP 047 / N 42° 15' 43.6" E 8° 42' 36.2"], Route d'Ota, Tel.04 95 26 14 49, www.camping-oliviers-porto.com; Ende März – Anf. Nov.; Zufahrt östlich des Ortes ca. 200 m nach dem SPAR-Supermarkt bei der Flussbrücke; schattige Terrassen in Steilhanglage, teils mit niederen Laubbäumen, in einem weiten, von hohen Felsgipfeln umgebenen Tal des Bergbachs Porto. Viele Terrassen nur für Zelte geeignet, da mit Autos nicht zugänglich. Für Wohnmobile über 7 m Länge wenig Stellmöglichkeiten. Teils steile Platzauffahrt; Komfort-Sanitärausstattung. Restaurant, Imbiss, Laden, Tennis, Schwimmbad und Wellnessbereich mit Sauna, Dampfbad, Whirlpool Fitnessstudio. WLAN auf dem Gelände. Tauchschule. Zahlreiche Mietbungalows. **V & E für Wohnmobile**. Zur Strandbucht etwa 3 km.

Camping Funtana a l'Ora, Route d'Évisa, Tel. 04 95 26 11 65, www.funtanaalora.com; Anf. Apr. – Ende Okt.; 1,4 km auf der D-84 Richtung Évisa; unebenes, felsiges, bewaldetes Terrassengelände am Talhang des Bergbaches Porto; 2 ha – 70 Stpl.; Standard-Sanitärausstattung. Imbiss. Schwimmbad. Mietbungalows.

Camping Municipal [WP 050 / N 42° 15' 48.2" E 8° 42' 00.6"], Tel. 04 95 26 17 76; Mitte Mai – Mitte Sept.; am südöstlichen Stadtrand von der D-81 (Porto – Piana) Abzweig hinab zur Bucht, vor dem Strandparkplatz „Rives Gauches" rechts ab zum Platz; weitläufiges, ebenes, teils sandiges Wiesengelände mit Büschen und Laubbäumen, in einem weiten, von hohen Bergen umgebenen, sich zum Meer hin öffnenden Talkessel am Bergbach Porto; ca. 90 Stpl.; einfache Sanitärausstattung. Warmduschen. **V & E für Wohnmobile.** Zum Strand rund 700 m. Einer der wenigen Plätze in der Gegend mit relativ ebenen Stellmöglichkeiten.

Strandparkplatz
Abzweig (wie Camping Municipal) von der D-81 (Porto – Piana) ca. 500 m nach der Flussbrücke zum **Strandparkplatz „Rives Gauches" [N 42° 15' 51.0" E 8° 41' 37.6"]** mit Strandbar und Restaurant „U Pescara". Vom Parkplatz rund 300 m zum Meer. In der Vor- und Nachsaison wurde der Parkplatz bislang von Wohnmobilfahrern als Stellplatz genutzt. Bei unserem jüngsten Besuch war die Zufahrt zum Strand für Wohnmobile lt. Beschilderung aber nicht mehr gestattet! In der Saison ist die Zufahrt zum Parkplatz mit ca. 1,9 m hohen Einfahrtsbegrenzungen versehen!

Schiffsausflüge

Empfehlenswert ist ein Schiffsausflug von Porto zu den überwältigend schönen, rötlichen Klippen der zerklüfteten, steilen Felsküste **Les Calanche**, die über 300 m hoch aus dem Meer ragt.

Bei längerem Aufenthalt bietet – besonders bei schönem, ruhigen Wetter – eine Bootstour in die **Bucht von Girolata** unvergessliche Eindrücke. Alleine der Anblick der Bucht, die ja nur zu Fuß oder Booten zu erreichen ist, ist wunderschön. Und der Strand animiert geradezu zu einem Badeaufenthalt.

Bootstouren an die Les Calanche-Küste bzw. nach Girolate, mit oder ohne Badeaufenthalt in Girolata, werden gewöhnlich zwischen Ende März/ Anfang April (Ostern) und Ende Oktober/Anfang November von diversen Unternehmen angeboten. Dauer der

Exkursionen (ohne Landgang) zwischen zwei und drei Stunden.

Die neuesten Fahrpläne und aktuellen Preise erfährt man im Touristenbüro oder bei den Unternhemen

Comagnie Nave Va, Tel. 04 95 26 15 16, www.naveva.com

Corse Émotion, Tel. 06 68 58 94 94, www.corse-emotion.com

Compagnie Porto Linea, Tel. 06 08 16 89 71, www.portolinea.com.

Abstecher nach Piana

Die Straße zwischen Porto und Piana ist nur für Fahrzeuge bis 3,5 t zu befahren.

Die 11 km lange Fahrt von Porto nach Piana durch die zerklüftete, rötliche Felsenlandschaft **Les Calanche** hoch über dem Meer, mit ihren bizarr geformten Klippen, ist einfach grandios und stellenweise richtiggehend spektakulär. Schriftsteller und frühere Reisenden haben die Gegend schon als „Teufelsgarten", oder als „Wald aus rosa Granit" beschrieben. Die Ausblicke sind atemberaubend! Eine herrliche Fahrt – wenn nicht allzuviele Besucher auf den gleichen Gedanken kommen. Dann wird es auf der teils doch recht schmalen Straße eng und in Piana zu parken wird dann problematisch.

Auf dem Weg nach Piana passiert man **Les Roches Bleus**, eine Cafeteria-Bar mit Parkmöglichkeit. Der Platz ist Ausgangspunkt für mehrere Spaziergänge und Wanderungen, z. B. zum Aussichtspunkt **Château**, in luftiger Höhe über der senkrecht abfallenden Steilküste.

Man kann sich leicht vorstellen, dass ein Sonnenuntergang hier an der Calanche-Küste ein unvergessliches Erlebnis sein kann – wenn an einem schönen Sommerabend nicht gerade halb Porto auf die gleiche Idee kommt. Der Autofahrer hat dann jedenfalls nichts von der romantischen Stimmung! Er hat dann alle Hände voll zu tun, sein Gefährt unbeschadet um sonnentrunkene Fußgänger zu lenken.

Oberhalb der Bar beginnt der blaumarkierte **Maultierpfad**, der alte Weg zwischen Porto und Piana.

Spektakulär, die Felsenküste „Les Calanche" zwischen Porto und Piana

Das hübsche **Piana [WP 051 / N 42° 14' 17.8" E 8° 38' 12.1"]** liegt11 km südwestlich von Porto in 448 m Höhe auf einem Felsplateau einer herrlichen, mediterranen Bergregion. Es zählt zu den „Les plus beaux villages de France" und darf sich neben Sant'Antonino in der Balagne mit diesem Titel schmücken. Die hübsche Kirche Sainte-Marie und die engen Gassen laden zu einem Bummel ein.

Ein recht hübsches, einladendes Hotel ist das „Capo Rosso" am Ortsbeginn von Piana.

Und eine kulinarische Spezialität aus Piana ist der „brocciu", ein weit über die Region hinaus bekannter und beliebter frischer Ziegenkäse.

Wen's hinab zum blau heraufschimmernden Meer zieht, und wer schmale, schlechte, kurvenreiche, ja schwindelerregende Küstensträßchen nicht scheut (nur mit Pkw möglich), kann hinab zu einem (zumindest außerhalb der Sommerferien) lauschigen Strand an der von Felsen eng eingerahmten Bucht **Anse de Ficajola** fahren. Parkplatz. Das letzte Stück muss man zu Fuß gehen, knapp 10 Minuten. Die Zufahrt beginnt südwestlich von Piana an der Straße D-81 (Piana – Cargése) und der D-824 zum Plage d'Arone.

PRAKTISCHE HINWEISE – PIANA

Office du Tourisme de Piana, Place de la Mairie, 20115 Piana, Tel. 04 95 27 84 42, www.otpiana.com.

RESTAURANTS

Restaurant La Voûte, Place de la Fontaine, Tel. 04 95 27 80 46, mitten im Dorf Piana findet man das gemütliche Restaurant, wo man eine gutbürgerliche, regionale Küche kredenzt.

Restaurant Le Casabianca, Plage d'Arone, Tel. 04 95 20 70 40, ein nettes Strandrestaurant mit Terrasse, die Küche bietet neben Pizzen auch Gerichte mit Krusten- und Schalentieren. Parkgelegenheit.

HOTELS

Hotel Capo Rosso ****, 46 Zi., Route des Calanche, Tel. 04 95 27 82 40, www.caporosso.com; ca. 10 km von Porto entfernt am Ortsrand von Piana gelegenes Firstclasshotel in schöner Lage, Bar und Fischspezialitätenrestaurant, Terrasse und Poolbereich mit herrlichem Ausblick. WLAN. Parkplatz. Geöffnet Apr. – Okt.

Hotel Les Roches Rouges **, Zi., Tel. 04 95 27 81 81, www.lesrochesrouges.com; alteingesessenes Hotel mit dem etwas verblassten Charme des frühen 20. Jh. (1912) und einem eleganten Restaurant-Saal, der zu den historischen Denkmälern gehört. Prickelnde Lage mit prächtigem Ausblick zum Golf von Porto. WLAN. Parkplatz. Geöffnet Mitte März – Mitte November.

CAMPING

Camping Plage d'Arone, Route Danièle Casanova, Tel. 04 95 20 64 54; 15. Mai – 30. Sept.; von Piana 11,5 km südwestwärts auf der schmalen Straße D-824 zur Bucht Plage d'Arone hinab; hügeliges Gelände mit Terrassen unter schattigen Oliven und Eukalyptus-Bäumen; 2 ha – 80 Stpl.; einfache Standard-Sanitärausstattung. Laden. Zum Sandstrand ca. 500 m.

Ein wesentlich einfacher zu erreichender, **breiterer Sandstrand** in einer weiten, halbrunden, von Felsen begrenzten Bucht findet sich, wenn man der D-824 noch 12 km weiter bis an deren Ende am **Plage d'Arone** folgt.

Die Bucht von Arone taucht in der Geschichte des korsischen Freiheitskampfes auf. 1943 brachte das U-Boot „Casabianca", dessen Turm heute als Denkmal in Bastia steht, Munition und Waffen in die Bucht (Denkmal). Und die Straße D-824, die an den Strand führt, trägt den Beinamen „Route Danièle-Casanova", nach einem bekannten korsischen Widerstandskämpfer.

Wem der Sinn nach einer Wanderung steht, kann etwa auf halbem Wege zwischen Piana und Plage d'Arone auf einem bislang so gut wie nicht markierten Pfad hinaus zum **Capo Rosso** wandern. Hoch auf dem Kap (331 m) steht der alte Wachtturm **Tour de Turghju.** Prächtige Aussicht. Der etwa 3 km lange Weg ist zwar streckenweise etwas steinig, aber nicht schwierig. Dennoch sollte man gut zu Fuß sein! An einem heißen Sommertag ist der Weg nicht die reine Erholung und eigentlich keine gute Idee. Einen Wasser- oder Getränkevorrat sollte man immer mit auf den Weg nehmen. Am Beginn des Weges an der D-824 gibt es einen Parkplatz und eine Getränkebar. Dauer der Wanderung bis zum Wachtturm und zurück etwa 3 Stunden.

Ein anderer Wanderweg, der vor allem in der Sommerhitze und wegen des gewaltigen Höhenunterschieds von rund 1.000 m sehr anstrengend (und dann eigentlich nicht zu empfehlen) ist, weil der Sonne ausgesetzt, und für den man einen halben Tag einplanen sollte, führt unweit nördlich von Piana von der Straße D-81 aus nach Osten hinauf auf den 1.294 m hohen **Capo d'Orto**. Der Panoramablick von dort oben ist grandios. Gehörigen Getränkevorrat nicht vergessen!

ALTERNATIVROUTE PORTO – CARGÈSE – AJACCIO

Dieser direkte Weg entlang der Küste nach Ajaccio kürzt die in diesem Reiseführer beschriebene Rundreise durch Korsika erheblich ab.

ROUTE: Von Porto auf der D-81, über die Felsenküste **Les Calanche** *und über* **Piana** *(siehe oben) nach* **Cargèse**, *32 km.*

Die Straße nach Porto

Cargèse liegt auf einer felsigen Halbinsel, flankiert von herrlichen Buchten und Stränden. Die Klippen und Kaps der hiesigen Küsten sind ein Eldorado für Tauchsportler.

Cargèse wird gelegentlich scherzhaft auch „das Griechenstädtchen" genannt. Tatsächlich sind viele der Einwohner griechischer Abstammung. Ihre Vorfahren flohen im 17. Jh. vor der Knute der Ottomanischen Herrscher über das Mittelmeer nach Korsika.

Die kleine byzantinische Kirche der griechisch-orthodoxen Gemeindemitglieder liegt gleich neben der katho-

PRAKTISCHE HINWEISE – CARGÈSE

Office de Pôle Quest Corsica, rue du Docteur Dragacci, 20103 Cargèse, Tel. 04 95 26 41 31, www.cargese.net, www.ouestcorsica.com.

RESTAURANT

Restaurant Le Cabanon de Charlotte, Port de Plaisance, Tel. 06 81 23 66 93, im Jachthafen gelegen, schöne Terrasse mit Blick auf Meer und Stadt. Man serviert fangfrische Krusten- und Schalentiere, aber auch Pasta oder Salate. Geöffnet Apr. – Okt.

HOTELS

Hotel Les Lentisques ***, 14 Zi., Plage du Péro, Tel. 04 95 26 42 34, www.leslentisques.com; ca. 800 m von Cargèse und 100 m vom Strand entfernt liegt das angenehme gute Mittelklassehotel in ruhiger Lage, manche Zimmer mit einer Loggia zum üppigen Garten mit Schwimmbad. Restaurant mit schöner Terrasse im Sommer. Geöffnet 1. Mai – Okt.

CAMPING

Cargèse

Camping Torraccia [N 42 09 45.1 E 8 35 53.4], Tel. 04 95 26 42 39, www.camping-torraccia.com;1. Mai – 30. Sept.; Zufahrt von der D-81 rund 4 km nördl. von Cargèse. Terrassen an einem stark abfallenden Hang, teils mit Baumbestand, teils schattenlos. Ansprechende Lage. Ca. 3 ha – 100 Stpl.; einfache Sanitärausstattung; Laden, Imbiss in Saison, Schwimmbad. Zu Fuß geht man zum Strand rund 20 Minuten.

Sagone

Camping Le Sagone [N 42 07 49.7 E 8 42 21.1], Route de Vico, Tel. 04 95 28 04 15, www.camping-sagone.com; 1. Mai – 30. Sept.; von der D-81 in Sagone auf die D70 Richtung Vico abzweigen und noch 2 km zum über 30 ha großen Gelände mit Oliven- und Zitrusplantagen. Das Campingareal ist eben, gut schattig, unübersichtlich und groß mit kommerziellem Gepräge; 9 ha – 300 Stpl.; Standard-Sanitärausstattung. Supermarkt, Restaurant, Imbiss, Tennis, Schwimmbad, Sportaktivitäten. **V & E für Wohnmobile**. Mietbungalows.

Vico

Camping La Sposata [N 42° 9' 52.43 E 8° 47' 14.29"], Col de St-Antoine, Tel. 06 31 68 18 41, www.lasposata.fr; 1. Juni – 30. Sept.; am südlichen Ortsbeginn von Vico an der der D-70 Richtung Evisa; kleine Terrassenanlage im Olivenhain; 1 ha – 30 Stpl.; Mindest-Sanitärausstattung.

lischen barocken Dorfkirche. Vom Vorplatz der Kirche genießt man einen schönen Meerblick.

ROUTE: *13 km östlich von Cargèse liegt* **Sagone**.

Sagone, eine altes Küstenstädtchen, das auf römische und frühchristliche Ursprünge zurückblicken kann, wartet mit einem langen Sandstrand auf.

Besonders vorsichtig sollte man aber am Strand von Santana am östlichen Stadtrand sein. Aufgrund starker Strömungen kommt es hier gelegentlich zu Badeunfällen.

ROUTE: *Weitereise von Sagone auf der D-81 Richtung Ajaccio. Nach knapp 6 km zweigt man noch vor* **Tiuccia** *landeinwärts ab auf die D-25 Richtung* **Casaglione**. *Nach etwa 1 km passiert man Camping U Sommalu und nochmals rund 3 km weiter liegt Camping Les Couchants.*

HOTELS UND CAMPINGS ZWISCHEN SAGONE UND AJACCIO

HOTELS

Tiuccia
Hotel Roc e Mare **, 18 Zi., Tel. 04 95 52 23 86, www.rocemare-tiuccia.com; Mittelklassehotel nahe der Felsküste, man logiert entweder in Appartments oder Studios oder in Pavillons, Schwimmbad, Hotelgarten. Parkplatz.

Calcatoggio
Hotel Castel d'Orcino ***, 30 Zi., Baie de la Liscia, Tel. 04 95 52 50 50, www.casteldorcino.com; an der Felsküste bei Calcatoggio findet man das angenehme Mittelklassehotel, Restaurant, schöne Terrasse und Pool am Meer. Parkplatz. Geöffnet Apr. - Okt.

CAMPING

Bei Tiuccia
Camping U Sommalu [N 42° 04' 13.9" E 8° 43' 51.5"], Tel. 04 95 52 24 21; 1. März – 30. Sept.; ca. 2 km westl. von Tiuccia Abzweig von der D-81 auf D-25 und noch 1 km Richtung Casaglione. So gut wie ebenes Wiesengelände mit hohen Pappeln und Eukalyptusbaumreihen. Ca. 6 ha – 200 Stpl.; einfache Santiärausstattung. Cafeteria in Saison, Schwimmbad, zahlr. Mietbunglows. Zum Meer rund 1km.

Camping Les Couchants [N 42° 04' 45.7" E 8° 44' 51.1"], Tel. 04 95 52 26 60; Ende Apr./Anf. Mai – Mitte Okt. (Änderung möglich!); ca. 2 km westl. von Tiuccia Abzweig von der D-81 auf D-25 und noch 3 km Richtung Casaglione. Größere Terrassen an einem Talhang mit Busch- und Baumbestand, in ansprechender, ruhiger Lage. Ca. 5 ha – 150 Stpl.; Standard-Sanitärausstattung; Imbiss, Restaurant. Mietbungalows.

Bei Calcatoggio
Camping La Liscia [N 42° 2' 49.48" E 8° 45' 17.22], Tel. 04 9552 20 65, www.la-liscia.com; Anf. Apr. - Ende Sept.; zwischen Calcatoggio und Tiuccia unterhalb der D81 am Golfe de la Liscia gelegen, teils ebenes, teils terrassiertes Gelände, durch Palmen und andere Bäume gut schattig; 3 ha - 100 Stpl.; Standard-Sanitärausstattung. Laden, Pizzeria, Imbiss, Bar, Fahrradverleih, Mietcaravans- und Studios. **V & E für Wohnmobile**.

PORTO – CORTE

Länge der Tour: Rund 100 km, ohne Abstecher.

Die Route: Über die D-124 (bis 5,5 t) sonst D-84 bis **Évisa** – D-84 über **Calacuccia** bis **Francardo** –N-193 **Corte**.

Reisedauer: Mindestens ein Tag.

Abstecher: Durch die **Gorges de la Restonica** ins Bergmassiv **Monte Rotondo.** Ausflug in die **Landschaftsregion Le Bozio.**

Höhepunkte: Die **Genueserbrücken** ** **Pianella** und **Zaglia** in der **Gorges de Spelunca** *** – **Wandern** *** in der Gorges de Spelunca – **Wandertour zum Monte Cinto** *** – die Schlucht **Scala di Santa-Regina** *** – **Cortes Altstadt** *, die **Zitadelle** ** und das **Musée de la Corse** **– die **Gorges de la Restonica** ** – **Wandern am Monte Rotondo** ***.

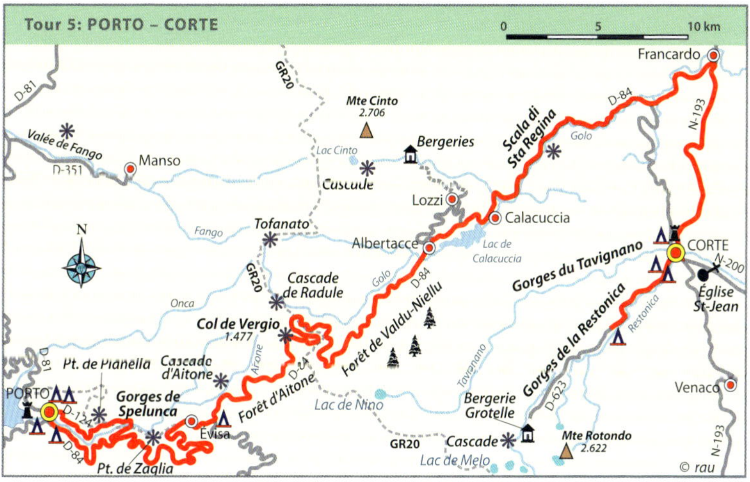

ROUTE: *In Porto Abzweig auf die D-124, um über* **Ota** *auf schmaler Landstraße landeinwärts in die* **Gorges de Spelunca** *zu fahren. Die Straße ist für Fahrzeuge über 5,5 t und für Wohnmobile gesperrt!*

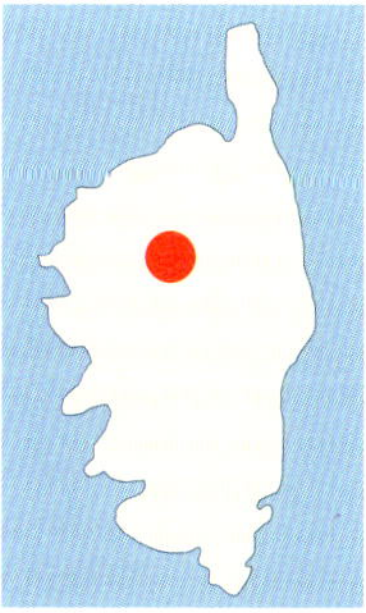

Die Fahrt über Ota zur Gorges de Spelunca ist für Fahrzeuge über Sprintergröße wohl machbar, aber beschwerlich. Caravanern würde ich diesen Weg nur ohne Anhänger empfehlen. Sie nehmen besser die D-84, die an der Südseite des Porto-Tales nach Osten nach Évisa führt, aber nicht minder kurvenreich ist.

Und „einfach" geht auf der Insel vor allem für Wohnmobilfahrer oder für große Caravangespanne kaum etwas. Viele Sehenswürdigkeiten wie hübsche Dörfer, Ausblicke oder Küsten müssen mühsam und „hart erfahren" werden.

Ota

Dennoch ist die Reise durch das Tal des Porto-Flusses angesichts der Gipfel des Capo d'Ortos eine schöne Fahrt.

Wenige Kilometer östlich von **Ota** mit seiner engen Ortsdurchfahrt, einem korsischen Dorf wie aus dem Bilderbuch, erreicht man auf schmaler, teils auch steiler Straße die unterhalb der Straße im grünen, wildromantischen Tal des Flüsschens Porto gelegene **Pont de Pianella [WP 053 / N 42° 15′ 22.1″ E 8° 45′ 43.7″].** In einem eleganten Bogen überspannt die Brücke in einem Schwung den Wasserlauf. Entstanden ist sie zu Zeiten der genuesischen Herrschaft über Korsika.

Unweit östlich beginnt an der neueren Straßenbrücke ein gut beschilderter **Wanderweg**, der nach Osten weiter hinein in die Spelunca-Schlucht **Gorges de Spelunca** führt. Auf dem Weg trifft man nach rund 1 km auf die **Pont de Zaglia**, eine weitere malerische Genueserbrücke.

ROUTE: *Später überquert die Straße auf der eben erwähnten moderneren Brücke das Flüsschen Porto und führt nun an der südlichen Talseite schmal und schlecht hinauf zur Straße D-84. Dieser wilden Bergstraße folgen wir Richtung* **Évisa**. *Unterwegs hat man vom Aussichtspunkt* ***Tombalo*** *(ganz kleine Haltebucht) nochmals prächtige Ausblicke in die Spelunca-Schlucht.*

Hier auf der Straße nach Évisa können Ihnen – wie auf manchen anderen Bergstraße auf Korsika – halbwilde Hausschweine mitten auf der Straße begegnen. Versuchen Sie nicht, die Tiere zu streicheln. In der Hoffnung auf Fressbares können die Schweine recht zudringlich werden.

Évisa liegt 900 m hoch und recht malerisch an einem Berghang. Das 200-Seelen-Dorf ist bekannt für seine frische Bergluft. Und auch im Sommer wird es hier oben nicht allzu warm.

Der Ort ist günstiger Ausgangspunkt für Wanderungen in die Spelunca-Schlucht.

CAMPING – ÉVISA

Camping L'Acciola [N 42° 15' 11.7" E 8° 49' 10.6"], rue de la Costa, Tel. 04 95 26 23 01, www.acciola.com; Anf. Juni – Anf. Sept.; 1 km östlich von Évisa auf die D-70 Richtung Sagone; unebenes, naturbelassenes Hanggelände mit schmalen Terrassen, mit Büschen und Bäumen; 2,5 ha – 70 Stpl.; einfache Ausstattung. Restaurant mit hübscher Terrasse. „Camping wie zu Opas Zeiten", hat man nur noch selten.

Auf der Weiterfahrt von Évisa ostwärts durch den **Forêt d'Aitone** mit mächtigen Kiefern passiert man wenige Kilometer hinter Évisa einen Waldparkplatz. Von dort führt ein Fußweg zum Wasserfall **Cascades d'Aitone**.

Der ausgehnte Forêt d'Aitone, einer der schönsten seiner Art auf der ganze Insel, ist bekannt für seine gigantischen **Laricio-Kiefern**. Die himmelhohen, oft kerzengerade gewachsenen Nadelbäume, auch als **„Korsische Schwarzkiefer"** bekannt, wussten schon die Römer zu nutzen. Sie zimmerten aus den Stämmen Masten für Ihre Schiffe.

Später erreicht die hier gut ausgebaute D-84 die Baumgrenze und den 1.477 m hohen **Col de Vergio/Bocca di Verghju [WP 055 / N 42° 17' 24.9" E 8° 52' 42.5"]**, Korsikas höchsten Straßenpass. Links sieht man eine **Christusstatue**.

Auf der Passhöhe beginnen, bzw. queren mehrere Wanderwege, darunter der korsische Fernwanderweg GR20.

Vom Pass führt ein relativ einfacher Wanderweg nordwärts zum Wasserfall **Cascades de Radule**. Der Weg, für den man hin und zurück etwa zwei Stunden brauchen wird, folgt dem Fernwanderweg GR20 sowie einem alten Transhumanzweg, den die Hirten auf ihren Viehtrieben im Zusammenhang mit der Wanderweidewirtschaft benutzen. Etwa 15 Gehminuten vom

Die Genueserbrücke Pont de Pianella

Wandern in der Gorges de Spelunca

Wasserfall entfernt liegt die Sennerei Bergeries de Radule. Von dort führt der Weg hinab zum Wasserfall.

Die Weiterfahrt vom Col de Vergio führt durch ein Wintersportgebiet mit dem Hotel de Vergio talwärts.

Gut 10 km östlich des Passes bietet sich bei der **Forststation Popaghia** Gelegenheit zu einer **ausgedehnten Wanderung** von der Straße D-84 südwärts durch den wunderbaren Kiefernwald **Forêt de Valdu-Niellu** zum **Lac de Nino**. Wie es heißt, sollen einzelne der Korsischen Schwarzkiefern hier an die 400 Jahre alt sein und einen Stammumfang an der Basis von 5 m erreicht haben.

Wegmarkierung Gelb. Ansteigendes Terrain, erreicht am Col de Stazzona 1.762 m, Gehzeit ca. 2 Stunden für einen Weg.

Etwa auf halbem Weg kommt man an der Alm Colga vorbei. Ab der Almhütte wird der Weg schwieriger, sehr steinig und steil. Über gutes Schuhwerk ist man hier sehr froh.

In der über 1.700 m hoch gelegenen Ebene um den Nino-See findet man die seltenen, aber für diese Region typischen **pozzi** oder **pozzu**. Dies sind Wasserlöcher, die in der moorigen Hochfläche als Tränke für das weidende Vieh dienen. Wer sich für Botanik interessiert, findet an den Rändern dieser rar gewordenen Feuchtbiotope Pflanzen wie den Sonnentau, eine seltene, fleischfressende Pflanze.

1 km westlich von **Albertacce** sieht man unterhalb der Straße eine alte Genueserbrücke **[WP 056 / N 42° 19′ 11.4″ E 8° 58′ 35.8″]**.

Die Landschaft zwischen dem Col de Vergio und der Schlucht Scala di Santa-Regina im Osten und den südöstlichen Ausläufern des Monte Cinto Massivs nördlich davon ist als **Le Niolo** oder **U Niólu** bekannt. Durch diese Region fließt der Golo, immer noch Korsikas größter Fluss, auch wenn er zwischenzeitlich bei Calacuccia gestaut ist. Hier dehnen sich die weitesten Wälder mit den meist kerzengeraden, ebenmäßig hochgewachsenen Lariciokiefern (z. B. im Forêt de Valdu-Niellu).

In den Dörfern der Gegend, unter ihnen die höchstgelegenen der Insel, werden noch heute alte Traditionen gepflegt. Darüber hinaus ist die Le Niolo Region ein wichtiges Zentrum der Ziegen- und Schafszucht und der Käseproduktion.

PRAKTISCHE HINWEISE – CALACUCCIA

RESTAURANT

La Corsica, Tel. 04 95 48 01 31, geöffnet Mitte April bis Anfang Oktober; an der D-84 im südwestlichen Ortsbereich Nähe Hotel L'Acqua Viva und neben dem Kloster Saint-Françoise, gute, bodenständige korsische Küche zu erschwinglichen Preisen.

HOTEL

L'Acqua Viva, 12 Zi., Tel. 04 95 48 06 90; www.acquaviva-fr.com; an der D-84 am südwestlichen Ortsrand von Calacuccia, zeitgemäßes, komfortables Mittelklassehotel in ansprechender Lage, Parkplatz.

CAMPING

Camping Acquaviva [N 42° 20' 01.8" E 9° 00' 30.4"], Tel. 04 95 48 00 08, www.acquaviva-fr.com; 15. Apr. – Mitte Okt.; Zufahrt auf der schmalen, kurvenreichen D-84 (Évisa – Calacuccia), 500 m südwestlich des Ortes oberhalb des Calacuccia-Stausees gelegen; welliges, baumbestandenes, naturbelassenes Hügelgelände nahe des Dorfes, Einfahrt gegenüber einer Tankstelle; 3 ha – 50 Stpl.; Mindestausstattung. Imbiss und Laden 200 m entfernt. **V & E für Wohnmobile**.

Kurz vor Calacuccia liegt links der Straße das **Kloster Saint-Françoise**. Eine Stele dort erinnert an 11 Freiheitskämpfer von 1774. Das 812 m hoch gelegene **Calacuccia** am gleichnamigen Stausee, eines der höchstgelegenen Dörfer Korsikas, ist Ausgangspunkt für Wandertouren in der Niolo-Region und an die Nordostseite des Monte Cinto Massivs.

Am Col de Vergio

Tour zum Monte Cinto

Mit dem Auto kann man zwar über **Lozzi** bis in die Nähe der **Cesta-Schäferei** fahren (D-218, rund 10 km), möglich ist das aber nur mit einem geländegängigen Fahrzeug. Aber der Weg lohnt natürlich auch zu Fuß sehr, da die Almen hier oben herrliche Wandergebiete sind.

Der Weg vollends hinauf bis zum Gipfel des 2.707 m hohen Monte Cinto ist allerdings weniger eine einfache Wanderung, als vielmehr eine anspruchsvolle Bergtour, die für sich schon einen Tag in Anspruch nimmt, sowie Bergerfahrung, Kondition und eine entsprechende Ausrüstung voraussetzt! Z. B. ist hier oben bis weit in den Sommer hinein und schon wieder ab Oktober mit Schnee zu rechnen. Und wer nicht schon über wirklich große Bergerfahrung verfügt, sollte sich lieber einem Bergführer anschließen! Ausgangspunkt für die Gipfeltour ist die **Berghütte Ercu** (gewöhnlich unbewirtschaftet und nur zu Fuß erreichbar).

ROUTE: Der weitere Verlauf der Route folgt am Ende des Stausees Lac de Calacuccia weiter der Straße D-84 nach Nordosten.

Nach wenigen Kilometern passiert man auf schmaler Straße hoch über dem Bergbach Golo die Schlucht **Scala di Santa-Regina**. Die Straße klebt förmlich an den Felsen, was die Passage durch die Schlucht zu einer der spektakulärsten Fahrten auf der Insel macht, und evtl. schwache Autofahrernerven doch etwas strapaziert.

Spektakuläre Landschaftsbilder wie die Santa-Regina Schlucht, die frühere Generationen nur unter Gefahr durchqueren konnten, sind immer Grund zur Legendenbildung.

Über die Scala di Santa-Regina erzählt man sich, dass der Teufel im Kampf mit dem Heilige Martin (Symbol für den Kampf zwischen Gut und Böse) während eines Streits über die Bestellung eines Feldes dem Heiligen das Ackergerät entriss und es ins Tal des Goloflusses schleuderte. Darauf

Corte und seine dominierende Zitadelle

öffnete sich die Erde und die Schlucht entstand, die der Heilige Martin der Himmelskönigin Maria Santa Regina weihte.

ROUTE: Rund 14 km weiter trifft man in **Francardo** *auf die Hauptstraße N-193, der wir südwärts nach* **Corte** *folgen, 13 km.*

Corte, eine lebhafte Universitätsstadt mit annähernd 7.000 Einwohnern (weit über die Hälfte davon sind Studenten), liegt wunderschön in einem Hochtal vor der Kulisse malerischer Bergzüge.

Zwischen 1755 und 1769, als Pascal (Pasquale) Paoli die Geschicke Korsikas mitbestimmte, war Corte die Hauptstadt der Insel. Paoli machte aus Korsika einen eigenständigen Staat mit demokratischer Verfassung, Gewaltenteilung und dem Volk als Souverän. Paoli war mit Jean-Jacques Rousseau befreundet und es gilt als wahrscheinlich, dass Rousseau Paoli einen ersten Entwurf zu einer demokratischen Verfassung zur Verfügung stellte.

Und Corte verdankt Paoli auch seine Universität, die erste und immer noch einzige auf Korsika. Mehr über Pascal Paoli siehe unter Tour 12!

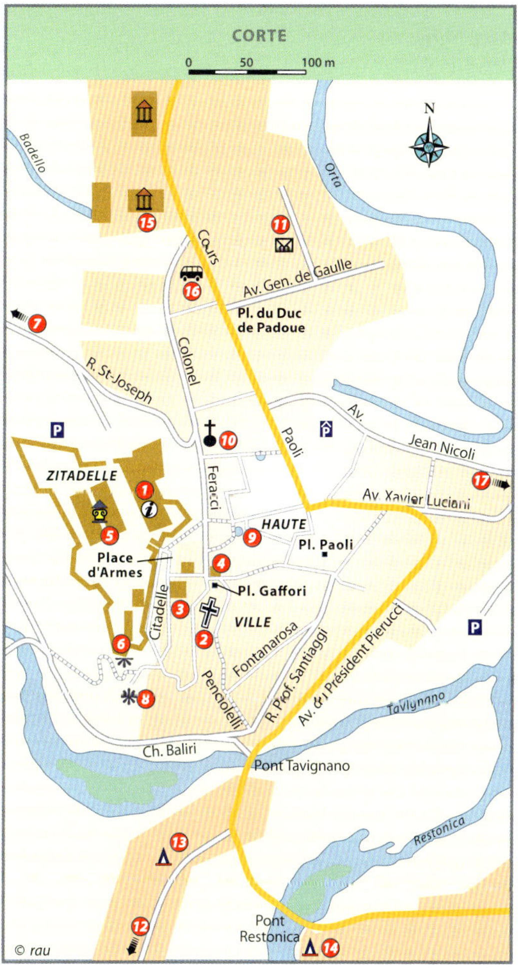

*CORTE – **1** Touristeninformation in der Zitadelle – **2** Église de Annonciation – **3** Nationalpalast – **4** Haus Nr. 1 – **5** Musée de la Corse – **6** Adlernest Nid d'aigle – **7** Start des Wanderweges in die Gorges du Tavignano – **8** Belvédère – **9** Fontaine des Quatre-Canons – **10** Kapelle Ste-Croix – **11** Hauptpost – **12** zur Gorges de la Restonica und zum Bergmassiv Monte Rotondo – **13** Camping U Sognu – **14** Camping l'Alivetu – **15** Rathaus – **16** Busbahnhof – **17** zum Bahnhof*

Tipps zur Stadtbesichtigung

Wer mit einem Pkw unterwegs ist, steuert am besten das **Parkhaus** in der Av. Jean Nicoli unweit östlich der Altstadt an.

Straßenparkplätze sind in Corte tagsüber kaum zu ergattern.

Einen größeren öffentlichen Parkplatz findet man weit unterhalb der Altstadt an der Westseite des Universitätsgeländes (Änderungen möglich!).

Und der öffentliche Parkplatz an der Nordseite der Zitadelle ganz in der Nähe des Musée de la Corse ist nur über enge Straße zu erreichen und darüber hinaus oft belegt.

Generell muss davon abgeraten werden mit dem Auto hinauf in die Altstadt fahren zu wollen. Einen Stadtrundgang macht man am besten zu Fuß.

Mein Tipp! Falls Sie in Corte Station machen und evtl. Camping l'Alivetu oder auch Camping U Sognu als Übernachtungsstop aussuchen, bietet es sich an, das Fahrzeug auf dem Campingplatz zu lassen und von dort zu Fuß zur Stadtbesichtigung aufzubrechen.

In den Sommermonaten Juli und August kann ein mittäglicher Spaziergang durch Corte wegen der hohen Temperaturen allerdings ziemlich anstrengend sein. Der frühe Vormittag oder die Zeit ab dem Spätnachmittag, wenn es auch in den Straßencafés wieder lebhafter wird, eignen sich da besser.

Bequem ist eine Besichtigungsfahrt mit dem **Touristenbähnchen U Trenu** durch die Altstadt mit Erklärungen in französischer und englischer Sprache. Dauer etwa eine halbe Stunde. Abfahrt in der Sommresaison am Place Paoli, in der übrigen Zeit startet das Bähnchen am Bahnhof.

Place Gaffori, Gaffori-Denkmal, Corte

Spaziergang durch Corte

Ausgangspunkt für einen Stadtspaziergang kann am Südrand der Stadt die Brücke über das Flüsschen Tavignano sein.

Wenn Sie noch ein paar hundert Meter entlang der Hauptstraße weiter nach Süden gehen und die nächste Brücke über das Flüsschen Restonica überqueren haben Sie einen schönen Blick auf die Stadt und die dominierende, auf einem Felssporn thronende Zitadelle.

Von der Tavignano-Brücke gehen wir die Straße Chemin de Baliri nur ein kurzes Stück westwärts (flussaufwärts), um uns an der nächsten Möglichkeit rechts stadteinwärts in die Rue Prof. Santiaggi zu wenden.

Schon nach wenigen Metern geht links die Treppengasse Rue Cdt. Penciolelli ab, der wir hinauf in die malerische **Altstadt** oder Oberstadt **Ville Haute** folgen.

Schon nach wenigen Minuten kommt man zum Place St-Théophile und zur linkerhand gelegenen Verkündigungskirche **Église de Annonciation.** Die Kirche mit ihrem markanten, die Altstadt überragenden Kirchturm stammt aus der Mitte des 15. Jh., gilt als eines der ältesten Bauwerke der Stadt, erfuhr aber im Laufe ihres Bestehens immer wieder bauliche Veränderungen.

Sehenswert im Inneren sind die **Kanzel**, die **Kreuzkapelle** mit einem Holzkreuz aus dem 17. Jh. sowie die **Orgel**.

An der Nordseite der Verkündigungskirche schließt der **Place Gaffori** an. Hier liegt auch der Eingang in die Kirche.

An manchen wegen ihres maroden Charmes schon wieder reizvollen Hausfassaden am Place Gaffori lassen sich noch die Einschläge von Kanonenkugeln während der Unabhängigkeitskämpfe Mitte des 18. Jh. erkennen.

Die Denkmalsstatue auf dem Platz erinnert an **General Jean-Pierre Gaffori**. Gaffori, eigentlich Arzt von Beruf, wurde 1745 in den Verteidigungsrat Korsikas berufen und zum „General der Nation" ernannt. Ihm gelang es im Jahre 1746 durch eine Belagerung der Zitadelle, die Genueser zum Abzug zu zwingen und so Corte von den ungeliebten Besatzern zu befreien. 1753 wurde Gaffori verraten und von eigenen Landsleuten heimtückisch ermordet.

In Zusammenhang mit der Belagerung der Zitadelle erzählt man sich eine Legende über Faustine Gaffori, die heldenhafte Frau des Generals. Es heißt, der kleine Sohn der Gafforis sei von den Genuesen gekidnappt und in der Zitadelle festgehalten worden. Als die Truppen Gafforis wieder einmal gegen die Besatzer anrannten, hielten diese den Sohn in den Kugelhagel der Angreifer, die daraufhin das Feuer einstellten. Als Faustine davon erfuhr, soll sie die korsischen Soldaten mit den Worten angefeuert haben: „Schießt, denkt an unser Vaterland und nicht an meinen Sohn!" Tatsächlich waren die Korsen siegreich und der Junge blieb unverletzt.

Vom Place Gaffori geht man westwärts am **Nationalpalast** vorbei hinauf zum **Place d'Armes** unmittelbar vor den Mauern und dem Tor zur Zitadelle. Der Nationalpalast war lange Sitz der genuesischen Präfekten und Mitte des 18. Jh. Amtssitz und Residenz von

Haus Nr. 1 in Cortes Altstadt Ville Haute

Pasquale Paoli. Heute sind hier einige Abteilungen der Universität von Corte untergebracht.

Das **Haus Nr. 1** (blaue Hausnummer 5) gleich rechterhand am Place d'Armes macht zwar einen ziemlich maroden Eindruck, ist aber dessen ungeachtet ein historisches Gemäuer. Napoléons Eltern, Charles-Marie und Letizia Bonaparte, lebten in dem Haus, als ihr erster Sohn und ältester Bruder

Napoléons, Joseph Bonaparte, hier am 7. Januar 1768 geboren wurde. Joseph wurde später von Napoléon zum König von Neapel und dann zum König von Spanien ernannt. Joseph Bonaparte starb am 28. Juli 1844 in Florenz.

Zehn Jahre später, am 8. März 1778, erblickte hier ein gewisser Jean Thomas Arrighi de Casanova das Licht der Welt, der später Herzog von Padua und ein namhafter General in Napoléons Armee werden sollte. Der General und Napoléon waren verwandt. Ihre Mütter waren Cousinen. Arrighi de Casanova starb am 22. März 1853 in Paris.

Ganz in der Nähe des Festungstors findet man das **Restaurant U Museu**, 1, rampe Ribanella, mit schöner Terrasse.

Durch das mächtige Festungstor gelangt man in den langgestreckten Innenhof unterhalb der Zitadelle.

In dem Gebäudeflügel rechts ist das Touristenbüro untergebracht.

Der moderne Bau links beherbergt das Reginalmuseum Musée de la Corse.

Cortes Zitadelle aus dem 15. Jh., die größte Inlandsfestung Korsikas, beeindruckt noch heute.

Der markante Felsen am Südwestrand der Stadt war schon im frühen Mittelalter befestigt, aber erst zu Beginn des 15. Jh. begann Vicentello d'Istria, Vizekönig im spanischen Aragonien damit, auf der strategisch wichtigen Höhe eine Burg zu erreichten.

Ihr heutiges Ausmaß und Aussehen erhielt die Zitadelle von Corte nach mehreren Phasen des Umbaus und Erweiterung unter Louis Philippe (1773 – 1850), dem französischen „Bürgerkönig".

Der Zugang zur Zitadelle ist nur über das Museumsgebäude, ein moderner Komplex aus Beton und Glas, im unteren Teil der Gesamtanlage möglich. Zu beachten ist, dass der Zugang zur Zitadelle bereits eine Stunde vor Schließung des Museum nicht mehr möglich ist!

Das **Musée de la Corse** lohnt einen Besuch *(geöffnet 1. April - 21. Juni sowie 22. September - 31. Okt. tgl. a. Mo 10 -*

Das Adlernest Nid d'aigle der Zitadelle von Corte

18 Uhr; 22. Juni - 21. Sept. tgl. 10 - 20 Uhr. Winterhalbjahr Di - Sa 10 - 17 Uhr. Parkplätze beim Museum). Es ist in einem Gebäude am Zugang zur Zitadelle untergebracht.

Das Regionalmuseum Korsikas befasst sich auf zwei Etagen mit alten Traditionen und Handwerken Korsikas, mit Aspekten der Kultur- und Sozialgeschichte der Insel und seiner Bewohner.

Vom Museum geht man vorbei an Bastionen und Exerzierplätzen hinauf bis zum sog. **Adlernest Nid d'aigle** mit herrlicher Aussicht. In den Gebäuden und Kasematten hier waren die Garnisonen, Kommandanturen etc. untergebracht. Später nach Abzug der Truppen dienten die Einrichtungen als Gefängnis für politisch unliebsame Zeitgenossen. Während des Zweiten Weltkrieges, als italienische Truppen Corte besetzt hatten, waren in der Zitadelle korsische Widerständler inhaftiert. Und ab 1962, nach Ende des Algerienkrieges, waren hier Einheiten der Fremdenlegion stationiert.

Der erste Grundstein zum „Adlernest" wurde bereits im frühen 15. Jh. von Vincentello d'Istrai gelegt, einer schillernden Figur in Korsikas bewegter Geschichte. Vincentello vertrat als Vizekönig die Sache des aragonischen Königs auf Korsika, was den Genuesern natürlich überhaupt nicht gefiel und Vincentello d'Istria letztendlich auch zum Verhängnis wurde. 1439 wurde er in Genau enthauptet.

Von der Zitadelle startet übrigens der Wanderweg durch die **Gorges du Tavignano**, der von hier über die Rue St-Joseph hinab ins Flusstal führt.

Auf unserem Stadtspaziergang gehen wir vom Museum zurück zum Festungstor.

Außerhalb des Tores führt ein Weg unmittelbar nach rechts (südwärts), an den Festungsmauern entlang zum **Belvédère,** einem formidablen Aussichtspunkt mit prächtigem Blick ins Tal des Flüsschens Tavignano sowie ins Restonica-Tal

Geht man vom Festungstor nach links, gelangt man zurück in die Altstadt. Schon nach etwa 100 m sieht man rechts einen kleinen Platz mit der **Fontaine des Quatre-Canons**. Wer abkürzen will, geht schon hier über die Rue Scolisia hinab zum Place Paoli.

Wer sich für Kirchenarchitektur interessiert, sollte die Rue du Colonel-Feracci noch gut 100 m weiter hinab bis zum Abzweig der Rampe Ste-Croix gehen.

An der Straßenecke gegenüber liegt die **Kapelle Ste-Croix**. Im 17. Jh. wurde hier jedes Jahr im Dezember das Stadtoberhaupt gewählt. Heute ist die Kapelle am Abend des Gründonnerstags Ausganspunkt einer traditionellen Bußprozession.

Falls geöffnet, lohnt ein Blick in das reich dekorierte, einschiffige Kircheninnere mit Tonnengewölbe, bemerkenswertem Barockaltar und Fresken aus früheren Kunstepochen.

An der Kapelle Ste-Croix rechts die Rampe Ste-Croix über einen kleinen Platz mit Brunnen und vorbei an blätternden, aber charmanten Hausfassaden hinab bis zur Hauptstraße Cours Paoli, in die wir nach rechts (südwärts) einbiegen und das kurze Stück bis zum zentralen Platz **Place Paoli** gehen. Hier ist es immer lebhaft, nicht zuletzt der zahlreichen Restaurants (z. B. Au Plat d'Or oder A Scudella), Bars und Weinhandlungen wegen, die den Platz umgeben. Auch das Touristenbähnchen U Trenu macht am Place Paoli Station. Und natürlich erinnert auf dem Platz ein Paoli-Denkmal. an den „Helden Korsikas".

Ein gutes Stück südöstlich der Stadt findet man ein ziemlich romantisches Relikt aus dem 9. Jh. – die Ruinenreste der **Basilika St-Jean** und deren Taufkapelle. Um dorthin zu gelangen verlässt

PRAKTISCHE HINWEISE - CORTE

Office de Tourisme Centru di Corsica, La Citadelle in der Oberstadt Ville Haute, 20250 Corte, Tel. 04 95 46 26 70, www.centru-corsica.com. *Geöffnet Mo - Fr 9 - 12 Uhr, 14 - 17 Uhr, Juli + Aug. bis 19 Uhr.*

RESTAURANTS

L'Osteria di L'Orta, Casa Guelfucci, Tel. 04 95 61 06 41, www.osteria-di-l-orta.com; die junge Wirtsfamilie baut die meisten Zutaten wie Obst und Gemüse selbst an, korsische Gerichte werden aus der hauseigenen Schafzucht zubereitet.

Restaurant U Museu, 1, rampe Ribanelle, Tel. 04 95 61 08 36, in der Altstadt unterhalb der Zitadelle gelegen, einladendes Lokal mit Aussichtsterrasse, gute Küche, korsische Fleisch- und Käsespezialitäten. Beliebte Touristenadresse.

HOTELS

Hotel Dominique Colonna ***, 15 Zi., Vallée de la Restonica, Tel. 04 95 45 25 65, www.dominique-colonna.com; ca. 2 km südwestlich von Corte an der Straße in die Restonicaschlucht, kleines Mittelklassehotel aus Natursteinen am felsigen Hang; mit Schwimmbad und lauschiger Gartenterrasse oberhalb des Bergbaches Restonica. Geöffnet Anf. Apr. – Mitte Nov. Hotel garni. Parkmöglichkeit.

Hotel Arena Le Refuge ***, Vallée de la Restonica, Tel. 04 95 46 09 13, www.hotel-aena-leruge.com; ca. 2,5 km südwestlich von Corte an der Straße in die Restonicaschlucht direkt am Bergbach Restonica gelegen. Relativ einfach ausgestattetes Hotel garni, Frühstück im Zimmer oder auf der Terrasse. Beliebt bei Bergsteigern, Hotel-Shuttle zum Wanderstartpunkt „Bergeries Grotelle". Geöffnet Apr. – Sept.

Hotel Duc de Padoue, 2, pl. du Duc-de-Padoue, Tel. 04 95 46 01 37; www.ducdepadoue.com;

CAMPING

Camping l'Alivetu [WP 059 / N 42° 17' 55.8" E 9° 09' 00.2"], Faubourg Saint Antoine, Tel.04 95 46 11 09, www.camping-alivetu.com; 1. Apr.-15. Okt.; am südlichen Stadtrand beschilderte Zufahrt an der Flussbrücke und vorbei am „Cinema", noch ca. 300 m; von der Platzzufahrt schöner Blick auf die Stadt Corte; so gut wie naturbelassenes, erdig-sandiges Gelände in einem Olivenhain, oberhalb des hörbaren Restonica-Bergbaches. Lichte Zeltwiese unterhalb. Einfache Sanitärausstattung. Miethütten. Imbiss-Café in der Saison. Für das Gebotene verhältnismäßig teuer. In Gehnähe zur Stadt, ca. 1 km.

Camping Aire Naturelle St-Pancrace, Place Saint Pancrace, Tel. 04 95 46 09 22, www.campingsaintpancrace.fr; Mitte Apr. - Mitte Okt.; im nördlichen Ortsbereich von Corte; Camping auf einem Bauernhof mit Schafzucht, auf unebenem, schattigen Wiesengelände, von Bergen umgeben schön in einem Hochtal gelegen; 1 ha – 25 Stpl.; Mindest-Sanitärausstattung.

Camping U Sognu, [WP 061 / N 42° 18' 00.5" E 9° 08' 53.0"], Tel. 04 95 46 09 07; Ende März – Mitte Okt.; am Südrand von Corte am Kreisverkehr von der N-193 Richtung Gorges de la Restonica abzweigen, noch 1 km weiter zum Platz, sehr enge Zufahrtsstraße bis zum Platz. Langgestreckte, leicht gestufte Wiese mit Oliven- und Laubbäumen, teils in Terrassen mit Büschen und Bäumen mit Blick zur Zitadelle; 1,5 ha – 60 Stpl.; Standard-Sanitärausstattung. Laden rund 500 m entfernt. V & E **für Wohnmobile**. Keine Hunde Mai bis Sept. Noch in Gehnähe zur Stadt. Ausgangspunkt für Wanderungen in die Gorges de la Restonica.

Restonicatal

Camping de Tuani [WP 062 / N 42° 16' 33.0" E 9° 06' 28.3"], Tel. 04 95 46 11 65; Anf. Apr. – Anf. Okt.; ca. 4,5 km westlich von Corte; Campingmöglichkeit am Wildbach Restonica unter hohen Kiefern in einem engen, waldreichen Gebirgstal, Bar, Restaurant.

man Corte auf der N-200 südostwärts Richtung Aléria und folgt der Straße nach der Eisenbahnbrücke noch etwa 2 km. Dort zweigt rechts ein holpriges Sträßchen ab und erreicht nach einem knappen Kilometer die Eisbahnlinie. Kurz dahinter liegen die Kirchenruinen.

Und falls Sie Mitte Juni Corte besuchen, können Sie immer am zweiten Wochenende im Juni das **Fest Cavall'in Festa**, einen bunten Bauern- und Pferdemarkt erleben.

Ausflug durch die Gorges de la Restonica ins Bergmassiv Monte Rotondo

ROUTE: Am südlichen Stadtrand von Corte auf der D-623 vorbei am Camping U Sognu nach Südwesten hinein ins Gebirgstal Gorges de la Restonica.

Nach knapp 5 km passiert man die Zufahrt zum Camping de Tuani.

Die Weiterfahrt ist **für Wohnmobile und Caravans gesperrt**, Durchfahrtsbreite 1,9 m. Parken entlang der Straße ist nicht erlaubt!

Ab der Zufahrt zu Camping de Tuani (ab hier sind nur noch Pkw erlaubt!) geht es noch 9 km weiter hinein in den **Parc Naturel Regional de Corse** bis zum gebührenpflichtigen Parkplatz an der fast 1.300 m hoch gelegenen Berghütte **Bergeries de Grotelle** unterhalb des mächtigen **Monte Rotondo** (2.622 m). Die Berghütte ist bewirtschaftet. Hier gibt es vorzüglichen, hausgemachten Käse aber auch prima Würste.

Das Restonica-Tal ist ein sehr beliebtes Ausflugs- und Wandergebiet. In der Saison drängen sich auf den Straßen und Wegen Autos und Wanderer.

Wandermöglichkeiten z. B. vorbei an einem Wasserfall, der im Sommer allerdings oft versiegt, bis zum **Lac de Capitello** (Gehzeit ca. 2 Stunde für einen Weg), zum **Lac de Melo** (Gehzeit rund 1 Stunde 15 Minuten ein Weg) am **Berg Monte Rotondo** (2.622 m). Gute Wanderausrüstung, wetterfeste Kleidung, Proviant etc. auch an einem schönen Sommertag nicht vergessen. Das Wetter in den Bergen ist wechselhaft.

Der Weg auf den Monte Rotondo ist eine selbst für erfahrene Bergsteiger nicht einfache Tour. Es war zu erfahren, dass der Weg auf den Gipfel gut fünf Stunden und der Weg zurück nochmals vier Stunden in Anspruch nehmen soll.

Mein Tipp: Es empfiehlt sich, vor Antritt einer ausgedehnten Bergwanderung im Rotondo-Massiv im **Infor-**

mationsbüro an der D-623 in der Nähe des Hotel Arena vorbeizuschauen (Wetterinfos, Topokarten etc.), Tel. 0495 46 33 92, *geöffnet Juni - Sept. 9 - 12 Uhr, 13 - 16.30 Uhr.*

Ausflug in die Landschaftsregion Le Bozio

Le Bozio ist eine immer noch recht abgeschiedene Landschaft, in der die Dörfer noch sehr ursprünglich sind. Man hängt noch an den alten Traditionen und Bräuchen.

Der Wanderweg Mare a Mare Nord führt von Morinai über die Le Bouzio Landschaft nach Cargèse.

Gut 24 km östlich von Corte liegt das Dorf **Sermano** (Bergstraße D-41). Der Ort ist dafür bekannt, dass bei Messen in der Dorfkirche bei besonderen Anlässen noch eine uralte korsische Art des Kirchengesang ausschließlich für Männerstimmen (a paghiella) gepflegt wird.

Der polyphone, mehrstimmige A-capella-Gesang hat sich angeblich aus einer uralten Hirtentradition entwickelt. Die Schaf-, Ziegen- und Schweinehirten sollen sich einstmals auf diese Weise in der menschenleeren Bergwelt von Anhöhe zu Anhöhe verständigt und „unterhalten" haben.

Die **Kapelle San Nicolao** liegt etwas außerhalb von Sermano (15 Gehminuten) mitten in einem Zypressenhain und wartet (falls geöffnet!) mit beachtenswerten Fresken auf.

Andere typische Dozio-Dörfer sind Castellare-di-Mercurio, Sant'Andrea-di-Boszi oder Erbajolo. Sie sind alle nur über enge Bergstraßen zu erreichen.

Am Riu Porto in der Spelunca-Schlucht

CORTE – AJACCIO

Länge der Tour: Rund 105 km.

Die Route: Über die N-193 und über **Venaco, Vivario, Vizzavona** und **Bocognano**.

Reisedauer: Mindestens ein Tag.

Abstecher: Zum **Kap Pointe de la Parata**.

Höhepunkte: Das **Eisenbahnviadukt in Vivario** * – Wanderung zur **Cascades des Anglais** – für Eisenbahnfans der **Bahnhof von Bocognano** – der **Brautschleier-Wasserfall** * bei Bocognano – **Ajaccio** **, **Place Maréchal-Foch** *, **Napoléons Geburtshaus** *, die **Kathedrale** *, das **Musée Fesch** ***, die **Kaiserkapelle** * – das **Musée A Bandera.**

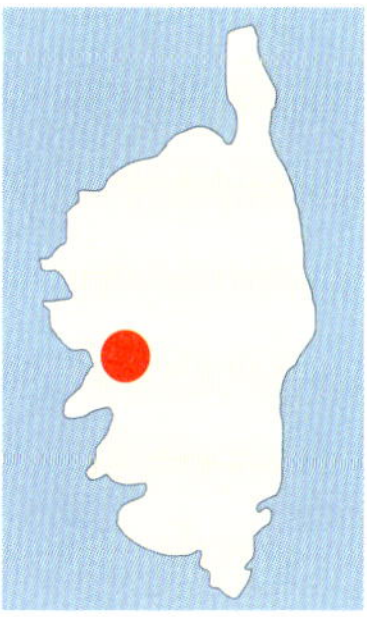

ROUTE: *Von Corte auf der Fernstraße N-193 über* **Vanaco, Vivario, Vizzavona** *und* **Bocognano** *nach* **Ajaccio**, *85 km.*

Nach rund 11 km hat man vom **Col de Bellagranajo** (723 m, Parkplatz) einen herrlichen Blick auf bis weit ins Jahr schneebedeckte Gipfel im Westen einerseits und auf das auf einer Bergkuppe gelegene Riventosa andererseits.

Vivario liegt an der Bahnstrecke Bastia – Corte – Ajaccio.

Unweit nördlich von Vivario ist links der N-193 eine imposante **Brückenkonstruktion** eines 140 m langen **Viadukts** zu sehen, das auf

Der Bahnviadukt bei Vivario

Plänen von Gustave Eiffel (Eiffelturm) beruht. Oben Bahnviadukt unten Straßenbrücke.

Seit 1888 kann man auf **Korsika mit der Bahn** reisen. Das kaum 240 km lange Streckennetz der „Chemins de Fer de la Corse" (CFC) mit 38 Tunnel und 34 Brücken und Viadukten, wie dem bei Vivario, ist als Schmalspur mit 1 m Spurbreite angelegt. Die Bahnlinien verbinden Bastia mit Corte und Ajaccio (vier Abfahrten täglich, Fahrzeit knapp 4 Stunden), sowie Calvi und L'Île Rousse über Ponte-Leccia mit Bastia (täglich 2 Abfahrten, Fahrzeit gut 4 Stunden).

Unter Korsen ist die Strecke zwischen Bastia und Ajaccio auch als „Micheline" bekannt, eine Reminiszenz an einen findigen Unternehmer namens Miccelino, der um 1888 sechs Jahre lang Fracht und Passagiere auf dem noch unfertigen Bahnteilstück bei Vivario mit Kutschen und Fuhrwerken transportierte.

Der höchste Punkt des Streckennetzes wird auf dem 1.163 m hohen Col de Vizzanova auf der Strecke Corte – Ajaccio erreicht.

Die Triebwagenzüge des Bähnchens „U Trinichellu" werden vor allem von Touristen sehr gerne benutzt, kommt man mit der Bahn doch in Gebiete und Landschaften, in die man mit dem Auto nicht und zu Fuß nur recht mühsam gelangt.

Allen Eisenbahnfans kann die Fahrt mit der Bahn zwischen Bastia und Ajaccio nur empfohlen werden. Die Strecke gilt unter Kennern als eine der schönsten und spektakulärsten in ganz Europa!

Infos über den Bahnverkehr auf Korsika findet man im Internet unter http://www.train-corse.com/horaire.php.

12 km südlich von Vivario passiert die Straße N-193 kurz hinter **Vizzavona** den 1.163 m hohen **Col de Vizzavona**. Wer etwas Zeit mitbringt sollte hier oben das Auto abstellen und ein kurzes Stück auf dem Fernwanderweg GR20 nach Westen bis zu den nahen Wasserfällen **Cascades des Anglais**

HOTELS – VIVARIO

Monte d'Oro ***, 30 Zi., Col de Vizzavona, Tel. 04 95 47 21 06, www.monte-oro.com; in den waldreichen Bergen des Forêt de Vizzavona gelegen (N-193), rustikales Berghotel in schöner Lage, mit schattiger Terrasse, Restaurant. Parkplatz. Geöffnet Mai – Okt.
Hotel U Castellu **, 10 Zi., Vizzavona, Tel. 04 95 30 53 00, www.hotel-ucastellu.fr; älteres Haus der Mittelklasse, im Forêt de Vizzavona, schöne Ausblicke zum Monte d'Oro, Terrasse. Hotel Garni.

CAMPING – VIVARIO

Camping Naturelle Le Soleil [WP 064 / N 42° 09' 04.6" E 9° 09' 10.9"], bei Tattone, Tel. 04 95 47 21 16; 1. Jun. – 30. Sept.; ca. 5 km südlich von Vivario in waldreicher Umgebung an der N-193 (Vivario – Bocognano); 2 ha – 30 Stpl.; einfache Sanitärausstattung.

gehen, Gehzeit etwa eine Stunde hin und zurück.

Ein anspruchsvoller, mittelschwer bis schwer eingestufter **Wanderweg** Randonnée découverte Nr. 16, führt mit großen Höhenunterschieden vom Col de Vizzanova südwestwärts bis nach Bocognano. Reine Gehzeit rund 7 Stunden.

Bocognano, rund 650 hoch inmitten von ausgedehnten Kastanienwäldern gelegen, eingerahmt von den Höhen des Monte d'Oro (2.389 m) im Norden und des Monte Renoso (2.352 m) weiter im Südosten, ist das am höchsten gelegene Dorf in der Landschaft Haute Gravon.

Von den kaum mehr als 400 Einwohnern leben viele von Frühjahr bis in den Herbst hinein allerdings nicht im Dorf, sondern gehen der Weidewirtschaft nach und halten sich überwiegend auf den umliegenden Almen und Schäfereien auf.

Das Monte d'Oro Massiv (2.389 m) von Bocognano aus

Begegnung der besonderen Art, verwilderte Hauschweine tummeln sich gelegentlich an und auf der Straße

Sogar in den Geschichtsbüchern Korsikas taucht Bocognano auf. 1794 hielt sich Napoléon, damals noch ein junger Artillerieoffizier der französischen Armee, in Bocognano auf, als er auf dem Weg zu einem Treffen mit dem in Corte weilenden Pascal Paoli war. Paoli kam damals gerade von einem 20-jährigen Exil in England zurück und war immer noch bestrebt, Korsika von Frankreich unabhängig zu machen, wogegen sich Napoléon allerdings vehement sträubte.

Im Ort sieht man an der alten Durchgangsstraße N-193 (die neue N-193 umgeht Bocognano) gleich neben dem Rathaus (Touristenbüro) und gegenüber vom Parkplatz einen großen markanten **Brunnen** an einer mit großen runden Natursteinen gemauerten Wand. Der Brunnen, im Ort als „Funtanone" wurde 1883 eingeweiht.

Ein bemerkenswertes Gebäude in Bocognano ist **U Palazzu**, angeblich das einzige Gebäude auf ganz Korsika überhaupt, das auf Veranlassung von Napoléon errichtet wurde.

Etwas außerhalb nördlich der Stadt in Richtung der imposanten wilden **Gorges A Ricchiusa** liegt die „Bärenmühle" **U Mulinu di l'Orsu**, eine der letzten Mühlen in der Gegend, in der noch heute von Oktober bis weit in den Dezember hinein Kastanienmehl fabriziert wird. Das Wasser zum Betrieb der Mühle, deren Namen angeblich in Erinnerung an den letzten Bären in der Haute Gravona gewählt wurde, wird durch ein ausgeklügeltes Kanalsystem vom Gravona-Fluss hergeleitet.

Oberhalb des Ortes liegt ein hübscher alter **Bahnhof** der Linie Bastia – Corte – Ajaccio, der Eisenbahnfreunde interessieren wird.

Jedes Jahr Ende September feiert man in Bocognano das **„Festimonti"**, das Gebirgsfest, das zusammen mit der **„A fiera di a castagna"**, dem großen Kastanienfest zu den größten Ereignissen im Ort zählt.

Im Sommer, im Juli und August findet jeden Donnerstag ein Spezialitätenmarkt mit Produkten aus dem Umland statt.

PRAKTISCHE HINWEISE – BOCOGNANO

Office de Tourisme de la Haute Gravona [WP 065 / N 42° 04‘ 51.6“ E 9° 03‘ 27.6“], Marie, 26136 Bocognano, Tel. 04 95 27 41 86; www.gravona.com. *Geöffnet Juli - Sept. Mo - Sa 9 - 19 Uhr, So 9 - 14 Uhr, übrige Jahreszeit Mo - Fr 9 - 12 Uhr und 14 - 16.30 Uhr.*

RESTAURANT

Ferme-Auberge A Tanedda, Tel. 04 95 27 42 44, im Ort gegenüber dem markanten Steinbrunnen, mit Ausblicken zum Monte d'Oro, die Speisen hier sind fast alle aus Hausgemachtem, Gemüse, Fleisch und Würste, es werden korsische Weine ausgeschenkt. Geöffnet 15. Apr. – 30. Dez.

HOTEL

Hotel Beau Séjour, 17 Zi., Tel. 04 95 27 40 26, www.hotelbocognano.com; an der N-193 gelegen, bescheidenes Mittelklassehotel im waldreichen Bergland, von alten Kastanienbäumen umgeben, Restaurant, Parkplatz. Geöffnet Apr. – Okt.

Abstecher zum Brautschleier Wasserfall

Außerhalb von Bocognano zweigt von der neuen N-193 am Kreisverkehr die D-27 südwärts **[WP 066 / N 42° 04‘ 57.2“ E 9° 03‘ 06.1“]** Richtung Bastelica ab.

Nach rund 3 km passiert man an der Brücke über den Wildbach Saliciu den Zugang zum Brautschleier-Wasserfall **Cascade du Voile de la Marlée,** auch bekannt als „A Piscia di a Spusata“, der ein gutes Stück weiter links der Straße herabstürzt und von der Straße aus kurz aber unvollständig zu sehen ist. Man parkt am Straßenrand in der Nähe der Brücke.

Vor der Brücke ist der Einstieg in den Wanderweg zum Wasserfall. Ein etwa 40-minütiger, nicht sehr bequem zu begehender, steiniger Fußweg führt zum über 70 m hohen Wasserfall. Höhenunterschied des kaum 500 m langen Weges allerdings rund 100 m!

Bitte beachten! Vor allem bei oder nach Regen, oder durch Sprühnebel in der Nähe des Wasserfalls sind die nassen Steine und Felsstücke eine erhebliche Rutsch- und Unfallgefahr, die nicht zu unterschätzen ist!

Falls Sie zur Weiterreise nicht die nachstehende Alternativroute wählen, bitte weiter mit **„Hauptroute“**.

Alternativroute über Bastelica

Alternativ zur Hauptroute über die N-193 kann man auch auf der D-27 bleiben und über **Bastelica** und durch die wilde **Gorges du Prunelli** (siehe auch Tour 7, Ajaccio – Propria-

Der Brautschleier-Wasserfall

HOTEL – UCCIANI

Chambres d'hôtes L'Ogliastru, 5 Zi., Tel. 04 95 52 97 47, www.ogliastru.com; von der N-193 ca. 12 km südwestlich von Bocognano bei der alten Pont d'Ucciani über den Fluss Gravona auf kleine Landstraße (D-29) und noch ca. 1 km ostwärts; neuere Herberge in schöner Lage im Gravonatal, das Restaurant serviert Fleisch- und Wurstwaren aus der eigenen Schweinezucht. Geöffnet Apr. – Sept.

no). Ab der Passhöhe Col de Scalella (1.193 m) wird die bislang gut zu befahrende Straße schlechter und führt schließlich in noch mehr Kurven hinab nach Bastelica.

In **Bastelica** erinnerte ein großes Monument vor der Kirche am Abzweig nach Cauro an Korsikas großen Befreier, **Sampiero Corso** (1498 – 1567). Siehe auch unter Tour 7.

Rund 5 km südwestlich von Bastelica zweigt rechts (westwärts) die Straße D-3 zur Schlucht **Gorges du Prunelli** ab.

Die Straße D-3, die hoch über der Schlucht des wildromantischen Bergbaches Prunelli entlangführt, ist sehr schmal, bietet nur wenig Ausweichstellen und weist stelleweise Felsüberhänge auf (m. E. für große Wohnmobile und Caravangespanne recht beschwerlich!).

Später trifft man auf die Hauptverbindungstraße N-196 nach Ajaccio.

HAUPTROUTE

Rund 8 km südwestlich von Bocognano und östlich der N-193 findet man die **Statue Menhir de Tavera [WP 067 / N 42° 04' 22.4" E 8° 59' 30.0"]**. Die Beschilderung und die Parkmöglichkeiten an der Straße sind schlecht. Und wegen mangelnder Beschilderung durch das hügelige Wiesengelände sind die prähistorischen, schlanken steinernen Stelen mit noch schemenhaft zu erkennenden menschlichen Antlitzen unter den hohen Laubbäumen auch nur sehr schlecht zu finden. Die ungefähr zweieinhalb Meter hohen Steinsäulen wurden erst 1961 entdeckt.

Bemerkenswert an der N-193 in Höhe des Ortes **Ucciani** ist die alte Brücke **Pont d'Ucciani** (Parkplatz) **[WP 068 / N 42° 03' 34.6" E 8° 57' 56.2"]** aus dem ausgehenden 18. Jh. Marschall Bernadotte, zeitweise Weggefährte Napoléons und späterer Dynastiebegründer des jetzigen Königshauses in Schweden, soll zeitweise die Bauarbeiten an der Brücke überwacht haben.

Bei **Vignola** und bei KM 21 der N-193 kann man zum östlich der Straße gelegenen **Parc A Cupulatta [WP 069 / N 42° 01' 40.2" E 8° 54' 31.8"]** abzweigen. Besichtigungen sind in dem Schutz- und Aufzuchtzentrum von Land- und Wasserschildkröten möglich.

Ajaccio (rund 59.000 Einw.) liegt sehr schön an der Nordseite der weiten Bucht Golfe d'Ajaccio.

Begeisterte Reisenden haben die Bucht schon mit der von Neapel verglichen. Tatsächlich bietet die buchtenreiche Küste mit eingelagerten Stränden und die dahinter aufragenden Bergzüge ein prächtiges, unvergessliches Panorama.

Ajaccio ist eine Gründung der Genueser, die sich hier 1492 niederließen. In der inneren Altstadt findet man immer noch rot gedeckte Häuser mit bunten Fassaden, die oft den Eindruck hinterlassen, als wären sie seit Napoléons Zeiten, der hier seine frühe Kindheit verbrachte, unverändert geblieben. Angeblich soll es Napoléons energische Mutter Letizia gewesen sein, die ihren Sohn bat, seiner Geburtsstadt Ajaccio das Privileg

Der Place Maréchal-Foch in Ajaccio

Hauptstadt Korsikas zu verleihen.

Parken – Parken in Ajaccios Innenstadt ist ein wahres Problem, vor allem für Besucher, die mit Wohnmobilen (geschweige denn Caravans) unterwegs sind.

Straßenparkplätze tagsüber während der Geschäftszeiten zu ergattern ist so gut wie aussichtslos. Dann gibt es zwar Tiefgaragen und einen offenen, öffentlichen Parkplatz ganz in der Nähe des zentralen Place Maréchal-Foch. Aber weder Tiefgarage noch Parkplatz sind wegen **begrenzter Einfahrtshöhe** für Autos über Pkw-Größe zugänglich.

Bleibt der öffentliche, gebührenpflichtige **Parkplatz [WP 071 / N 41° 55' 38.8" E 8° 44' 23.4"]** nördlich der Innenstadt zwischen Bahnhof und Fährenterminal. Von dort ist der Place Maréchal-Foch gut 1 km entfernt und man wird dorthin zu Fuß schon 20 Minuten unterwegs sein.

Noch ein wenig weiter, etwa 3 km nördlich der Innenstadt, gibt es im Stadtteil **Les Salines** auch für **Wohnmobile zugängliche Parkplätze [WP 070 / N 41° 56' 00.8" E 8° 44' 40.3"]** an der Schnellstraße Richtung Flughafen, gegenüber der Supermärkte Super U und Carrefour in Les Salines, zwischen Schnellstraße und Meer.

Sehenswertes in Ajaccio

Der **Place Maréchal-Foch [WP 074 / N 41° 55' 07.7" E 8° 44' 16.8"]**, im südlichen Hafenbereich oberhalb der Anlegestellen der Ausflugsboote, ist das eigentliche Zentrum, das Herz der Stadt. Der Platz mit seinen Palmen, seinem Denkmalsbrunnen und den Restaurants und Bars ist seit jeher der Treffpunkt der Einheimischen. Hier nimmt man seinen Pastis bevor man zum Essen geht, trifft Freunde, genießt die Zeit und beobachtet das Treiben auf dem Platz.

Am Südostende des Platzes ist die Abfahrtsstelle des Touristenbähnchens **„Le Petit Train d'Ajaccio"**. Zwischen April und Oktober starten die Bähnchen in kurzen Abständen zu 45-minütigen Rundfahrten durch die

Napoléon und Korsika

Die Bonapartes (damals noch Buonaparte, nach italienischer Schreibweise), eine nicht unvermögende Familie aus dem niederen toskanischen Landadel, kamen im Zuge der Übernahme Korsikas durch Genua im 16. Jh. nach Korsika. Man siedelte sich in Ajaccio an.

Carlo Bonaparte (1746 – 1785), Napoléons Vater, wurde in Ajaccio geboren.

Die Familie der Ramolinos, der Napoléons Mutter Maria Letizia (1750 – 1836) entstammt, zählte zu den alteingesessen, wohlhabenden korsischen Familie. Und die junge Letizia, die später am kaiserlichen Hof in Paris als „Madame mère" sehr einflussreich werden sollte, galt in Ajaccio als wahre Schönheit und als sehr gute Partie.

Im Juni 1764 wurden Carlo und Letizia im jugendlichen Alter von 18 Jahren (Carlo) bzw.14 Jahren (Letizia) verheiratet.

Interessant ist, dass die Familien der beiden Brautleute politisch eigentlich gegensätzliche Positionen vertraten. Die Ramolinos standen seit jeher auf der Seite Genuas, die Bonapartes dagegen setzten sich unverholen für die Unabhängigkeit Korsikas ein und pflegten gute Kontakte zu Pasquale Paoli. Diese Positionen waren explosiver Zündstoff auf der Insel des 18. Jh. Und in Ajaccio soll es damals kein Geheimnis gewesen sein, dass die Bonapartes der Heirat nur zugestimmt hatten, weil Letizias Mitgift an Vermögen, Immobilien und Ländereien ganz beträchtlich gewesen sei.

Letizia und Carlo Bonaparte hatten zwölf Kinder, vier Söhne und vier Töchter. Vier Kinder starben schon als Säuglinge bzw. als Kleinkinder.

Napoléon war nach Josèph, dem Erstgeborenen, der zweite Sohn der Familie. Napoléon erblickte am 15. August 1769 in Ajaccio das Licht der Welt.

Im Alter von nur neun Jahren verließ Napoléon seine Heimatstadt, um sich im französischen Brienne in der Militärakademie einschreiben zu lassen. Die folgende Militärkarriere war steil. Schon mit 16 Jahren schließt Napoléon seine Ausbildung an der Pariser Militärakademie als Artillerieleutnant ab und kehrt zurück nach Ajaccio.

Anfangs liebäugelte Napoléon lediglich mit einem stattlichen Militärposten auf Korsika, der ihm auch seine politischen Ambitionen verwirklichen helfen sollte. Die Chance dazu bot sich, als Napoléon zum Oberstleutnant der korsischen Nationalgarde gewählt wurde.

Als bewaffnete Einheiten der Nationalgarde unter dem Befehl Napoléons gegen protestierende Bürger Ajaccios vorgingen und bekannt wurde, dass Napoléon keineswegs ein von Frankreich unabhängiges Korsika favorisierte und er auch kein glühender Anhänger der Unabhängigkeitsgedanken Paolis war, schwand das Ansehen Napoléons und der Familie Bonaparte in Ajaccio.

Als es dann noch zu Aufständen gegen die französische Vorherrschaft kam, sahen sich Napoléon und die Familie Bonaparte im Sommer 1793 gezwungen, nach Frankreich zu fliehen.

Natürlich hatten sich in Korsika längst auch andere politische Gruppierungen etabliert. Pasquale Paoli (1725 – 1807) z. B., Korsikas berühmter Freiheitskämpfer und ab 1755 Initiator der Aufstände korsischer Widerständler gegen Genua, aber auch gegen Frankreich, war ein vehementer Gegner des agilen, aufstrebenden Oberstleutnant Napoléon.

In Frankreich verdient sich Napoléon 1793 erste militärische Meriten bei Aktionen gegen britische Truppen während deren Belagerung der Stadt Toulon.

Der Zugang des jungen, zwischenzeitlich in ganz Frankreich populären Korsen in die herrschenden Kreise des Landes war nun frei – 1799 Konsul auf Lebenzeit und schon fünf Jahre später, 1804, mit 35 Jahren Krönung zum „Kaiser der Franzosen". Und der weitere Werdegang Napoléons sollte bald ganz Europa erschüttern.

Innenstadt. Es werden auch Rundfahrten zum Kap Pointe de la Parata angeboten (siehe auch weiter hinten).

Von den Kais unweit südlich des Platzes legen **Ausflugsboote** zu Rundfahrten im Golf von Ajaccio, nach Porticcio, nach Girolata, nach Bonifacio und zu den Sanguinaires Inseln unweit westlich von Ajaccio. Eine abendliche Fahrt zum Sonnenuntergang bei den Inseln ist ein Erlebnis.

Tickets und Fahrpläne gibt es bei den Ausflugsunternehmen *Nave Va*, Tel. 04 95 51 31 31, www.naveva.com und bei *Découvertes Naturelles*, Tel. 04 95 73 12 66, www.decouvertes-naturelles.net. Beide haben Büros am Kai.

Und gleich gegenüber, an der Nordseite des Place Maréchal-Foch, Ecke Quai de la République, sieht man das **Hôtel de Ville**, das Rathaus von Ajaccio. Im Rathaus ist der **Salon Napoléon** eingerichtet, ein kleines Museum, das an den großen Korsen und späteren Kaiser Frankreichs erinnert. Ausgestellt sind – neben einer Münzsammlung – die Taufurkunde Napoléons, sowie Statuen, Porträts und Büsten Napoléons und seiner Familie, seiner Mutter Letizia z. B. (*geöffnet 9 - 12, 14.30 - 17.30 Uhr, Winterhalbjahr 14 - 17 Uhr*).

Gleich hinter dem Rathaus etabliert sich jeden Morgen geräuschvoll ein bunter **Markt**. Nirgendwo können sie Lebensmittel, Früchte, Gemüse, Käse, Gebäck, Frittiertes u.v.a. frischer kaufen als hier auf dem Markt.

Am oberen Ende des Place Maréchal-Foch erhebt sich unübersehbar ein **Napoléondenkmal**, das den großen Korsen in der Pose eines römischen Kaisers zeigt, von liegenden Löwen bewacht.

Gehen Sie am Denkmal die Rue Bonaparte nach Westen, vorbei an der **Feinkostmetzgerei U Stazzu** (feins-

*AJACCIO – **1** Touristeninformation – **2** Ausflugsboote nach Îles Sanguinaires, Porticcio u. a. – **3** Hôtel de Ville (Rathaus) und Salon Napoléon – **4** Maison Bonaparte – **5** Kathedrale – **6** Kirche St-Érasme – **7** Musée du Capitellu – **8** Casino – **9** Musée A Bandera – **10** Musée Fesch, Chapelle Impérial, Bibliothek – **11** Kirche Petit St-Roch – **12** Kirche St-Roch – **13** Busbahnhof – **14** Fährterminal – **15** Kongresshalle – **16** Postamt – **17** Büro des PNRC Parc Naturel Régional de Ccorse – **18** Präfektur*

te Wurst- und Fleischwaren, vor allem von freilaufenden Schweinen aus den Bergregionen um Bocognano).

Schon nach ca. 100 m gehen Sie rechts in die Rue St-Charles zum Place Letizia. Das Haus linkerhand, vor dem eine Büste von Napoléons Sohn, Napoléon II. und König von Rom (1811 - 1832) steht, ist das **Maison Bonaparte**, genauer das **Musée National de la Maison Bonaparte [WP075 / N 41° 55' 05.1" E 8° 44' 18.5"]** *(geöffnet Apr. - Sept. tgl. a. Mo 9 - 12, 14 - 18 Uhr; Winter tgl a. Mo 10 - 12, 14 - 16.30 Uhr, letzter Einlass 30 Min. vor Schiießung).* Im Eintrittspreis ist die Benutzung eines mehrsprachigen Audioguides inklusive.

Napoléons Elternhaus, das von der Familie Bonaparte seit dem 17. Jh. bewohnt wurde, liegt mitten in der **Altstadt Vieille Ville** in einem Viertel, in dem man im 17. und 18. Jh. die besseren Wohnadressen in Ajaccio fand.

Hier erblickte Napoléon Bonaparte am 15. August 1769 das Licht der Welt. Das Maison Bonaparte ist voll mit Erinnerungstücken an den „Großen Korsen" und seine Familie und wird täglich von Scharen von Schulklassen und Touristen besucht.

Die Ausstellungen erstrecken sich über zwei Etagen.

Man beginnt die Besichtigung im zweiten Stock. Bemerkenswert ist hier die große Landkarte über Korsika im 18. Jh. Büsten erinnern an Letizia Bonaparte, an ihren berühmten Sohn Napoléon und an dessen Brüder. Darüber hinaus sieht man Leuchter aus Muranoglas sowie Möbel im Stil Louis XVI.

Im ersten Stock sieht man ein Zimmer, das als Geburtszimmer Napoléons bezeichnet wird. Die Einrichtung ist aber nicht mehr original. Der Raum wurde 1793 von Engländern und Gegnern der Bonapartes verwüstet, als sich die Familie aufgrund von Aggressivitäten von Anhängern Paolis gezwungen sah, aus Ajaccio zu fliehen. Auch das meiste der übrigen Möblierung im Haus, einst hauptsächlich von Napolóns Vater Carlo-Maria Bonaparte erworben, und sogar Teile des Hauses wurden damals zerstört. Napoléon selbst kam in das Maison Bonaparte angeblich nur noch einmal kurz, als er 1799 von seinem wenig erfolgreichen Ägyptenfeldzug auf dem Weg zurück nach Frankreich war.

Napoleóns ältester Bruder Joseph möblierte das Haus neu. Spätere Generationen veräußerten das meiste aber wieder, so dass der heutige Besucher kaum noch Originalgegenstände aus der Zeit Napoléon Bonapartes im Haus vorfindet.

Die Besichtigung endet im Untergeschoss.

Wenn Sie vom Maison Bonaparte noch ein kurzes Stück nach Westen gehen und die Rue Roi-de-Rome überqueren, kommen Sie zur **Kathedrale** von Ajaccio **[WP 076 / N 41° 55′ 02.3″ E 8° 44′ 15.4″]**. Der Kirchenraum ist gewöhnlich über die Mittagszeit bis 14.30 Uhr geschlossen. Keine Besichtigungen während der Gottesdienste.

Der ockerfarbene Kirchenbau aus dem späten 16. Jh. mit einer Fassade im Renaissancestil wurde nach Plänen von Giacomo Della Porta errichtet.

Innen sehen Sie gleich rechts vom Eingang das **Taufbecken** über dem Napoléon am 21. Juli 1771, damals schon zwei Jahre alt, das Sakrament der Taufe erhielt.

Bemerkenswert – neben dem prächtigen Hochaltar mit seinen gedrehten schwarzen Marmorsäulen – sind die Seitenkapellen. In der ersten Seitenkapelle links z. B. kann man das Gemälde „Jungfrau vom Heiligen Herzen“ von Eugène Delacroix (franz. Maler, 1798 – 1863) bewundern. Die dritte Kapelle links ist die Grabkapelle der Familie Bonaparte. Einer Inschrift in der Kirche ist der letzte Wille Napoléons zu entnehmen, der hier in Ajaccio beige-

Ajaccios Kathedrale

setzt werden wollte, falls man ihm ein Begräbnis in Paris verwehren sollte.

Von der Westseite der Kathedrale gehen wir links die Rue Forcioli-Conti hinab, vorbei an der **Kirche St-Érasme** (17. Jh., dem Schutzpatron der Seefahrer geweiht, im Inneren Votivschiffe) bis zum Place Spinola vor den Mauern der **Zitadelle**. Das einstige Castello der Genuesen wurde 1492 auf einem felsigen Vorland zum Schutz der Stadt und des Hafens angelegt und im 16. Jh. ausgebaut und mit Bastionen und Türmen verstärkt. Besichtigen kann man das trutzige Gemäuer der Zitadelle von Ajacco nicht.

Vom Place Spinola gehen wird den Boulevard Danielle-Casanova ein kurzes Stück nach Norden bis zur Rue Roi-de Rome. Am Eck liegt das **Hotel San Carlu** (s. u. Hotels weiter hinten).

Im **Musée du Capitellu**, 18, blvd Danielle Casanova, kann man der Stadtgeschichte von Ajaccio anhand von Gemälden, historischen Möbeln, kostbarem Porzellan, Silberwaren etc. aus der Sammlung Ottavi-Sampolo folgen *(geöffnet März - Okt. Mo - Sa 10 - 12, 14 - 18 Uhr; So 10 - 12 Uhr).*

Auf der Rue Roi-de-Rome durchqueren wir die Altstadt, vorbei an Restaurants wie das **L'Estaminet** (7, rue du Roi-de-Rome, Tel. 04 95 50 10 42, gemütliches Ambiente, Gutes aus Küche und Keller, meist nur abends geöffnet) bis zur Hauptstraße Avenue E. Macchini, die man beim linkerhand gelegenen **Restaurant Le 20123** (2, rue Roi-de-Rome, s. u. Restaurants weiter hinten) erreicht.

Westlich der Straße erstreckt sich der **Place Général-de-Gaulle** (früher auch als Place du Diamant bekannt), an dessen Südseite sich ein Napoléon Denkmal, Napoléon hoch zu Ross, erhebt.

Gleich hinter dem Denkmal sieht man das **Casino** von Ajaccio.

Die Gegend nördlich und westlich des Place Général-de-Gaulle entlang des Cours Grandval wurde im 19. Jh. modern urbanisiert. Es entstand ein vornehmes Viertel mit mehreren eleganten Hotels und Villen. Der Erfolg blieb nicht aus. Es entwickelte sich ein für die damalige Zeit reger Tourismus. Vor allem in Kreisen der betuchten französischen Gesellschaft und sogar des schottischen Adels war es damals très chic, den Winter in Ajaccio zu verbringen.

Einen guten halben Kilometer westlich des Place Général-de-Gaulle liegt am Ende des von Bäumen gesäumten Cours Général Leclerc der **Place d'Austerlitz**. Auch hier ein monumentales Napoléondenkmal. Auf einer Säule sind die großen Siege Napoléons verewigt - Austerlitz, Wagram und 30 weitere.

An der Nordseite des Place Général-de-Gaulle überqueren wir die Avenue de Paris und gehen am Bistrot Pigale die Rue Général-Campi nordwärts. Gut 100 m weiter führt die Rue du Général-Lévie nach Westen. Am Ende der Straße liegt das **Musée A Bandera,** 1, rue du Général-Levie *(geöffnet Juli - Mitte Sept. Mo - Sa 9 - 19 Uhr, So 9 - 12 Uhr; Mitte Sept. - Ende Juni tgl. a So 10 - 17 Uhr; www.musee-abandera.fr).* Das interessante, besuchenswerte Museum gewährt mit seinen Ausstellungen einen Überblick über die Vielfalt korsischer Kultur, Geschichte und gesellschaftlicher Aspekte.

Im Salle Paul Arrighi geht es um die Zeit von der Frühgeschichte bis ins Mittelalter.

Salle Luce de Casabianca: Sampiero Corso und seine Aera.

Salle Andria Fazi: Das „leuchtende Jahrhundert" der Revolution mit Pasquale Paoli.

Salle René Emmanuelli: Kaiserreiche von Napoléon Bonaparte bis Napoléon III.

Salle du Général Graossetti: Die Zeit von 1914 bis 1943.

Salle de la Lobération: Ajaccio, erste Stadt Frankreichs, die am 9. September 1943 befreit wird.

Am besten geht man vom Museum zurück bis zur Rue Général-Campi, dort rechts Richtung Place Général-de-Gaulle. Schon die nächste Querstraße links, die Rue Géneral-Fiorella, führt ostwärts, quert die Hauptstraße Cours Napoléon und mündet in die immer lebhafte Geschäftsstraße **Rue Cardinal Fesch**, der wir nordwärts bis zum Palais Fesch rechterhand folgen.

Unterwegs passiert man den Abzweig zum **Touristenbüro** am östlich parallel verlaufenden Boulevard Roi-Jérôme.

Auf dem Platz vor dem Palais Fesch liegt links die **Bibliothek** *(geöffnet Mo - Fr 9 - 12 Uhr, 14 - 17 Uhr, Juli + Aug. Mo - Fr 10 - 16 Uhr)*. Es lohnt durchaus einen Blick in die imposante Bibliothekshalle zu werfen. Zu den Kostbarkeiten des Hauses zählt ein Kartenwerk aus der Mitte des 17. Jh., der „Atlas de Blaeu". Da die Bibliothek kein Museum sondern eine Stätte ist, an der gelesen und studiert wird, sollte man die Ruhe im Lesesaal nicht stören!

Rechts liegt die **Chapelle Impériale.** Die **Kaiserkapelle,** die Grabkapelle der Familie Bonaparte, ist im Renaissancestil errichtet und stammt aus dem 19. Jh.

Einen Besuch lohnt vor allem das **Palais Fesch**, 50, rue Fesch, das heute das beachtenswerte Kunstmuseum Musée Fesch beherbergt. Es grenzt im Osten an die Bibliothek und an die Kaiserkapelle.

Das 1827 errichtete Palais war die Residenz von Kardinal Fesch, einem Onkel Napoléons.

Sehr sehenswert ist das **Musée Fesch [WP 072 / N 41° 55' 18.3" E 8° 44' 17.4"]** *(geöffnet Mai - Sept. tgl. a. Di 10.30 - 18 Uhr, Okt. - Apr. tgl. a. Di 10 - 17 Uhr; Do, Fr + So ganzjährig erst ab 12 Uhr geöffnet; www.musee-fesch.com)*. Das Museum mit seiner reichen Gemäldesammlung italienischer Meister aus der Zeit zwischen dem 14. und dem 18. Jh., darunter Werke von Botticelli, Bellini, Véronese, Tizian u. a., beeindruckt und lohnt einen Besuch sehr. Zu den Kostbarkeiten des Museum zählen darüber hinaus Gemälde spanischer und flämischer Meister. Eine separate Abteilung ist Porträts der Familie Bonaparte gewidmet.

Kardinal Joseph Fesch war 1763 in Ajaccio geboren worden. Feschs Mutter, Angela Maria, war in erster Ehe mit Giovanni Geronimo Ramolino verheiratet. Aus dieser Ehe brachte sie – nach dem Tode Giovanni Ramolinos – ihre Tochter Leatitia (Letizia) Ramolino mit in ihre zweite Ehe mit Franz Fäsch. Kardinal Fesch war also ein Stiefonkel Napoléon Bonapartes, dem großen Korsen und späteren Kaiser Frankreichs.

Kardinal Fesch war – ähnlich wie die Familie Bonaparte – kein Mann der fränzösischen Vorherrschaft auf Korsika und musste 1793 nach Frankreich ausweichen, da er auch die probritische Politik Pascal Paolis nicht goutierte.

1796 ermöglichte ihm sein Neffe Napoléon Bonaparte, der inzwischen zu hohem Ansehen in französischen Militärkreisen gelangt war, die Position eines Kriegskommisars.

Nun hatte der Kardinal aber eine große Schwäche, er liebte Kunstwerke, vor allem Gemälde alter Meister. Und bald hieß es, Kardinal Fesch würde sein Amt als Kriegskommissar mißbrauchen, und sich unrechtmäßig Kunstwerke aneignen. Rasch verlor der Kirchenmann seinen Posten wieder, schwamm aber bald wieder obenauf. Sein zwischenzeitlich berühmter Neffe Napoléon hatte die Macht in Frankreich übernommen und seinem Onkel einen einträglichen Posten als Kardinal und Vertreter Frankreichs im Vatikan verschafft.

Ob dieses Aufstiegs ließ sich der Kirchenmann gegenüber seinem zwischenzeitlich mächtigen Neffen nicht lumpen und bereitete in Rom den Weg, dass Papst Pius VII. der Kaiserkrönung Napoléons I. nicht nur zustimmte, sondern der Krönung 1804 in Paris sogar beiwohnte.

Nach einer turbulenten Karriere zog sich der papsttreue Kardinal 1815 nach Rom zurück, gab alle Kirchenämter auf und widmete sich nur noch der Kunst und seiner Gemäldesammlung, die zwischenzeitlich auf annähernd 20.000 Bilder angewachsen sein soll.

Kardinal Joseph Fesch starb im Mai 1839 im Alter von 76 Jahren. Seine berühmte Kunstsammlung kam nach und nach unter den Hammer.

Auf dem Weg über die Rue Cardinal Fesch zurück Richtung Altstadt bietet es sich an, nach vielleicht 200 m rechts durch die enge Gasse Passage de la Guinguetta zur nahen Cours Napoléon, der Hauptstraße Ajaccios, zu gehen.

Dort liegt auf der anderen Straßenseite, in der Rue L. Vero, das **Hauptpostamt**.

Ein sehr einladender Ort, sich nach den Strapazen des Stadtrundgangs zu erholen, ist die Terrasse des renomierten **Grand Café Napoléon**, 10, cours Napoléon, eine alteingesessene Restaurantadresse in Ajaccio. Samstag Abend sowie sonn- und feiertags geschlossen.

Wer auf seiner Korsikareise vor allem den Spuren Napoléons nachspüren will, den wird interessieren, dass rund 4 km nordwestlich von Ajaccio der Stadtteil **Les Milelli** liegt. Die **Domaine Les Milelli,** der ehemalige Wohnsitz der Bonapartes, liegt in einem weiten parkähnlichen Olivenhain hoch über der Bucht von Ajaccio. Ein Spaziergang durch den Park ist möglich, allerdings ist das Gebäude für Besucher nicht geöffnet! Die Einrichtung eines Museums ist geplant.

Im Sommer ist der Stadtteil Les Milelli (in dem auch der Campingplatz liegt) Schauplatz eines Festivals.

Erinnern Sie sich noch an Constantin „Tino" Rossi (1907 – 1983)? Der Sänger, Schauspieler, Mitglied der Ehrenlegion, war am 29. April 1907 in Ajaccio geboren worden. In Ajaccio ist er auch begraben. Der alte Hafen vor der Altstadt, der nun als Jacht- und Freizeithafen dient, trägt heute seinen Namen.

Abstecher zum Pointe de la Parata

Die Fahrt zum **Kap Pointe de la Parata** führt auf der D-111 von Ajaccio aus nach Westen. Die für die Allgemeinheit befahrbare Straße endet nach rund 8 km an einem großen **Parkplatz [WP 078 / N 41° 54' 04.6" E 8° 37' 01.6"]**. Von dort führt ein breiter bestens präparierter, allerdings schattenloser Fußweg entlang der Küste zum **Tour de la Parata**. Man ist dorthin etwa 45 Minuten unterwegs, immer mit schönem Blick zu den Îles Sanguinaires. Der Turm gehört zu einer langen Reihe Wachttürme an Korsikas Küste, die einstmals von den Genuesen errichtet worden sind.

In der Nähe des Turms gibt es eine Aussichtsterrasse und ein Restaurant.

Der Ausblick hier ist prächtig. Man sieht im Südwesten bis zu den Inseln Îles Sanguinares und nach Osten über den gesamten Golfe d'Ajaccio.

Ausflug zu den Îles Sanguinaires

Bei längerem Aufenthalt sollte ein Schiffsausflug zu den **Inseln Îles Sanguinaires** auf Ihrem Programm stehen.

Der Tour de la Parata und die Îles Sanguinaires dahinter

Ausflugsboote verkehren von April bis Oktober einmal vormittags und einmal nachmittags ab dem Anleger am Place Maréchal-Foch. Die Fahrt dauert hin und zurück rund drei Stunden.

Literaturfreaks mit guten Französischkenntnissen wird interessieren, dass es eine recht humoristische Schilderung eines Aufenthalts auf der Insel gibt. Der französische Schriftsteller Alphonse Daudet (1840 – 1897) beschreibt in seinen „Lettres de Mon Moulin“ einen einjährigen Aufenthalt auf Grande Sanguinaire, den er auf dem Leuchtturm der Insel verbrachte.

PRAKTISCHE HINWEISE – AJACCIO

Office Municipal de Tourisme d'Ajaccio – Office de Pôle Pays d'Ajaccio [WP 073 / N 41° 55' 11.4" E 8° 44' 18.2"], 3, boulevard du Roi-Jérôme B- P. 21, 20181 Ajaccio Cedex 01, Tel. 04 95 51 53 03. *Geöffnet April, Mai, Juni, Sept. + Okt. Mo - Sa 8 - 19 Uhr, So 9 - 13 Uhr; Juli + Aug. Mo - Sa 8 - 20 Uhr, So 9 - 13 Uhr und 16 - 19 Uhr; übrige Jahreszeit Mo - Fr 8 - 12.20 und 14 - 18 Uhr, Sa 8.30 - 12.30 Uhr und 14 - 17 Uhr.* Internet: www.ajaccio-tourisme.com (Infos über die Stadt und die Region, auch in deutscher Sprache) sowie www.visit-corsica.com (Informationen über ganz Korsika, auch in deutscher Sprache).

Buereau d'Information du parc naturel régional de Corse, 2, rue du Sergent-Casalonga, Tel. 04 95 51 79 00; www.parc-naturel-corse.com. Geöffnet Mo - Fr 8.30 - 18.30 Uhr. Sehr umfangreiches Info- und Kartenmaterial (Topoguide) über das Wanderwegenetz auf Korsika, GR20, Mare a Mare, Mar a Monti und Unterkünfte entlang der Wege (gîtes d'étape etc). Infos auch zu Mountainbiketouren.

Busbahnhof Gare routière, Quai l'Herminier am Fährhafen, Tel. 04 95 51 55 45.

Bahnhof, nördlich des Fährhafens, Tel. 04 95 23 11 03. Verbindungen über Ponte-Leccia nach Bastia und nach Calvi.

Fährhafen Gare maritime, Quai l'Herminier, Tel. 04 95 51 55 45. Tägliche Abfahrten nach Marseille, Toulon und Nizza.
Büros der Fährgesellschaften im Fährterminal: SNCM (Tel. 04 95 29 66 99, www.sncm.fr.
Corsica Ferries, Tel. 08 25 09 50 95, www.corsicaferries.com.

Flughafen Aéroport Napoléon-Bonaparte, Campo dell'Oro ca. 6 km östlich von Ajaccio. Tagsüber stündliche Busverbindungen zwischen Flughafen und Fährterminal.
U. a. haben die Autovermieter Avis und Hertz, sowie lokale Vermieter Büros am Flughafen.

Feste
Fête Satin-Érasme, Ende Mai/Anfang Juni – Fest der Fischer und Seefahrer, große Segelregatta „Régates impériales“ und Bootsparade.
Relève de la garde impérial, im Juli und August jeden Dienstag Abend um 19 Uhr auf dem Place Maréchal-Foch. Gardeparade in historischen Uniformen mit Trommeln und Pfeifen.
Fêtes napoléoniennes, jedes Jahr am 15. August, dem Geburtstag Napoléon Bonapartes, großer Umzug, großes Spektakel mit dem die Ajacciens den Geburtstag des großen Korsen feiern.

RESTAURANTS

Restaurant Côté Port, Port de Plaissance Charles Ornano L'amirauté, Tel. 04 95 10 85 75, an sonnigen Tagen angenehmes Lokal mit Terrasse mit Blick auf den Jachthafen, serviert werden Gerichte mit Krusten- und Schalentieren, Fisch und Fleisch, Sonntags geschlossen.
Restaurant Marinella, Blvd. Rino Rossi, Tel. 04 95 52 07 86, einfaches Lokal mit hübscher Terrasse am Meer, Spezialitäten aus dem Meer, aber auch Lammeintopf oder Pizza aus dem Holzofen.

Restaurant Le Grand Café Napoléon, 10, cours Napoléon, Tel. 04 95 21 42 54, www.grandcafenapoleon.com; ein Drink auf der Terrasse des eleganten Traditionshauses oder ein gediegenes Mittag- oder Abendessen im großen Speisessal im Empirestil zählt zu den lukullischen Genüssen der ganzen Insel. Samstagabends, sonntags und feiertags geschlossen.

Restaurant Le 20123, 2 rue du Roi de Rome, Tel. 04 95 21 50 05; dem kleinen, verlassenen Dorf Pila Canale im Tavarotal nachempfunden, wird hier die alte Atmosphäre eines korsischen Dorfes wiederbelebt mit rustikalem Ambiente, die Küche soll authentische, korsische Gerichte kredenzen. – Und andere Restaurants.

HOTELS

Best Western Hotel Ajaccio Amirauté ***, 72 Zi., Cours Prince Imperial, Tel. 04 95 55 10 00, www.corsica-hotels.fr; zwischen Flughafen und Ajaccio gelegen, relativ neues, modernes Mittelklassehotel mit Schwimmbad, Restaurant, Bar, WLAN, Parkmöglichkeit. Geöffnet Ostern – Anf. Nov..

Hotel Marengo **, 18 Zi., 2 rue Marengo, Tel. 04 95 21 43 66, www.hotel-marengo.com; kleines Haus ca. 2 km südwestlich der Altstadt gelegen, einfache, ordentliche Zimmer. Kein Parkplatz.
Hotel San Carlu Citadelle ***, 15 Zi., 8 bd. Danielle-Casanova, Tel. 04 95 21 13 84, www.hotel-sancarlu.com; gegenüber der Zitadelle gelegen in der historischen Altstadt, ordentliche, teils modernisierte Zimmer, WLAN, gebührenpflichtiger Parkplatz. Restaurants nahebei.

Hotel Campo Dell'Oro ***, 138 Zi., Plage du Ricanto, Tel. 04 95 22 32 41, www.hotel-campodelloro.com; an der Straße nach Sartène N-193; modernes gutes Mittelklassehotel nahe der Plage du Ricanto mit gutem Restaurant „Les Bougainvillées" und „Eucalyptus" Lounge am Hotelgarten, Schwimmbad, Tennisplatz, Parkplatz, WLAN. Ganzjährig geöffnet.

Hotel Cala di Sole ***, 31 Zi., Route des Iles Sanguinaires, Tel. 04 95 52 01 36, www.exclusive-hotels.com; Mittelklassehotel in schöner Lage mit Privatstrand und Blick zu den Sanguinaires Inseln, schöne Restaurantterrasse über dem Meer, Bar, Schwimmbad, Fitnessbereich, Tennisplatz, Tauchzentrum. WLAN. Parkplatz.

Best Western Premier Hotel Dolce Vita ****, Route des Îles Sanguinaires, Tel. 04 95 52 42 42, www.hotel-dolcevita.com; Firstclasshotel ca. 9 km westlich von Ajaccio in schöner Lage an der Felsküste mit edlem Restaurant und Privatstrand. Blick zu den Sanguinaires-Inseln. Parkplatz. Geöffnet Mitte Apr. – Anf. Nov.

CAMPING BEI AJACCIO

Camping Les Mimosas [WP 080 / N 41° 56' 13.1" E 8° 43' 39.4"], Les Milelli, Tel. 04 95 20 99 85, www.camping-lesmimosas.com; Anf. Apr. – Mitte Okt.; ca. 2 km nordwestwärts D-61 Richtung Alata; überschaubarer Platz mit zwei halbrunden Geländestufen in einem Eukalyptuswäldchen an einem bewaldeten Hang; 2,5 ha – 70 Stpl.; einfache Standard-Sanitärausstattung. Restaurant, Imbiss, Bar, Laden, Mietcaravans. **V & E für Wohnmobile**. WLAN.

Camping San Barbicaja [WP 077 / N 41° 54' 33.6" E 8° 41' 15.9"], Route des Iles Sanguinaires, Tel. 04 95 52 01 17; 15. Apr. – 10. Okt.; ca. 5 km westlich von Ajaccio an der Straße D 111 Richtung Îles Sanguinaires, Terrassenplatz mit Stellflächen überwiegend für Zelte; ca. 2 ha – 100 Stpl.; einfache Ausstattung. Zum kleinen Sandstrand ca. 300 m.

Weitere Campingplätze findet man südlich von Ajaccio bei **Porticcio (Camping Benista)** oder bei **Ruppione-Plage (Camping le Sud)**, siehe nächste Tour 07, Ajaccio – Propriano.

AJACCIO – PROPRIANO

Länge der Tour: Rund 145 km.

Die Route: Über die N-196/D-3 über **Gorges du Prunelli** und **Tolla** bis **Bastelica** – D-27 bis **Cauro** – N-196 bis **Bastelicaccia** – D-55 über **Porticcio** und **Portigliolo** bis **Olmeto Plage** – D-57 bis **Filitosa** und zurück bis **Olmeto Plage** – D157 bis **Propriano**.

Reisedauer: Mindestens ein Tag.

Abstecher: In die **Gorges du Prunelli.** Nach **Olmeto**.

Höhepunkte: Die Klamm **Gorges du Prunelli** * – der Strand **Plage de Ruppione** – die mysteriösen Steinsäulen von **Filitosa** **.

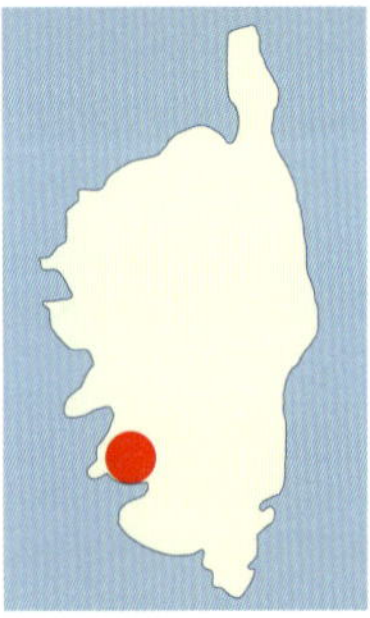

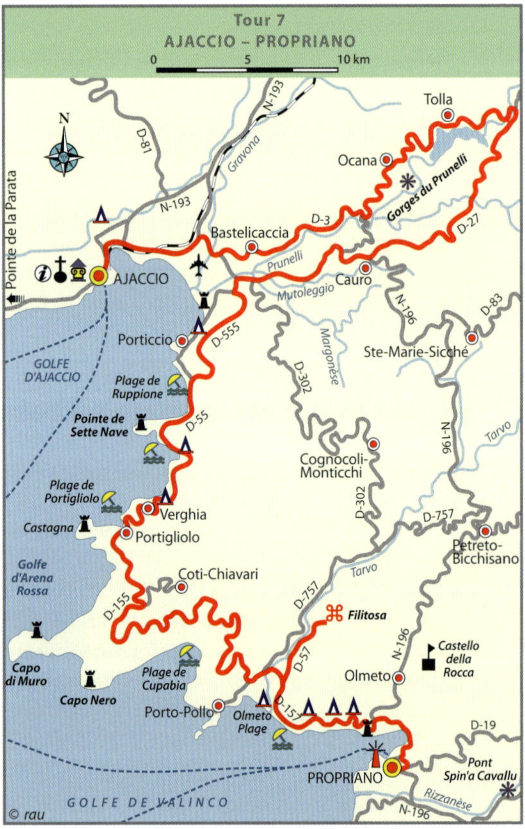

Mein Tipp! Wer die kurvereiche Küstenstraßen D-55 und D-155 von Ajaccio nach Propriano meiden möchte, bedient sich besser der weiter landeinwärts verlaufenden N-196.

ROUTEN: *Von Ajaccio zunächst auf der Schnellstraße N-196 ostwärts, vorbei am Flughafen Ajaccio Campo dell'Oro und weiter südwärts über den Col de la Seghia. Kurz darauf passiert man das Flüsschen Prunelli.*

Abstecher in die Gorges du Prunelli

Bevor man weiter südwärts reist, empfiehlt sich ein Abstecher ins Inselinnere ins Prunelli-Tal, in die **Gorges du**

Ocana, Gorges du Prunelli

Prunelli. Für große Wohnmobile und für Caravangespanne sind einzelne Passagen der Strecke beschwerlich!

ROUTE: *Rund 2 km südöstlich des Flughafens von Ajaccio zweigt man nach der Flussbrücke ostwärts ab* **[WP 082 / N 41° 55' 18.8" E 8° 49' 05.5"]** *auf die Straße D-3 und gelangt über Bastelicaccia* **[WP 082A / N 41° 55' 22.1" E 8° 49' 37.7"]** *und Ocana zur* **Gorges du Prunelli**.

Die Straße D-3, die hoch über der Schlucht des Bergbaches Prunelli entlangführt, ist sehr schmal, bietet nur wenig Ausweichstellen und weist stelleweise Felsüberhänge auf (m. E. für große Wohnmobile und Caravangespanne recht beschwerlich!).

Schmale Ortsdurchfahrt durch Ocana **[WP 083 / N 41° 57' 43.7" E 8° 56' 08.1"]**.

Auf der Anhöhe des **Col de Mercujo [WP 084 / N 41° 58' 01.8" E 8° 57' 38.9"]** kann man gegenüber vom Restaurant „Chez Baptiste" auf einem schmalen Fahrweg nach Osten gehen und kommt nach ca. 800 m zum **„Belvedère Mur d'Escalade"**, einem Aussichtspunkt hoch über dem Stausee, von dem aus man einen grandiosen Blick hinab zur Staumauer und zum Stausee von Tolla hat, der sich in einem weiten bewaldeten Tal ausdehnt. Es wäre möglich mit dem Auto bis zum Aussichtspunkt zu fahren (falls zwischenzeitlich keine Einfahrtsbarrieren angebracht wurden), die Wendemöglichkeiten sind aber schlecht!

Man kann rund 6 km nordöstlich von Tolla oder etwas weiter in Bastelica auf die Straße D-27 abzweigen.

In **Bastelica** erinnert ein großes Monument vor der Kirche am Abzweig nach Cauro an Korsikas großen Befreier, **Sampiero Corso** (1498 – 1567). Ein Wohnhaus im Ortsteil Dominicacci wird als Geburtshaus von Sampiero Corso bezeichnet.

Corso, der „korsischste aller Korsen", ein Haudegen, der aus einfachsten bäuerlichen Verhältnissen stammte, stand im Dienste der französischen Könige und war offenbar immer für ein Scharmützel gegen die ungeliebte Genueser zu haben.

Schon in jungen Jahre verließ er die Insel, stellte sich in die Dienste der Medicis und erlernte im Heer der Florentiner das Kriegshandwerk.

Später fand man den zu militärischen Ehren gelangten Corso in Diensten von Papst Clemens VII. und Mitte des 16. Jh. am französischen Hofe von Franz I.

Unter Heinrich II., Nachfolger von Franz I. auf dem französischen Thron, wurde Sampiero Corso hoch dekoriert und auf Korsika mit dem Oberkommando der französischen Truppenteile dort ernannt.

In jener Zeit, 1545, heiratete der damals 50 Jahre alte Sampiero Corso die 35 Jahre jüngere Vannina d'Ornana, die einer begüterten korsischen Familie aus Ste-Marie-Sicche (zwischen Ajaccio und Zicavo gelegen) entstammte. Als die junge Frau nach fast zwanzigjähriger Ehe mit dem Rauhbein mit dem Familienvermögen ausgerechnet nach Genua zu den verhassten Gegnern Corsos fliehen wollte, brachte Sampiero Corso seine Frau kurzerhand um.

1567 schließlich wurde Corso im Zuge einer Vendetta von einem Bruder seiner Frau Vannina in einen Hinterhalt gelockt und ermordet.

ROUTE: Man folgt der südöstlich des Stausees verlaufenden D-27 zurück Richtung Ajaccio (Genueserbrücke Pont Zipitoli **[WP 085 / N 41° 57‘ 37.3“ E 9 00‘ 11.8“]** *unterhalb rechts der Straße, später Wasserfall Cascade de San Alberto links oberhalb) und erreicht bei* **Cauro [WP 086 / N 41° 55‘ 03.3“ E 8° 55‘ 01.8“]** *die Hauptverbindungsstraße N-196, die man 12 km südöstlich von Ajaccio an der Brücke über den Prunelli-Fluss wieder verlässt. Insgesamt ist die Rundfahrt durch die Gorges du Prunelli rund 40 km lang.*

Vor der Brücke gabelt sich die Straße. Wir folgen der D-55 südwärts.

HAUPTROUTE

Weiter südlich, an der Ostküste der Bucht Golfe d'Ajaccio, liegt **Porticcio** ein aufstrebender Ferienort.

Rund 6 km südlich von Porticcio passiert die Küstenstraße D-55 bei **Isolella** das **Kap Pointe de Sette Nave** und wenig später die Bucht **Plage de Ruppione**, hinter der sich der weit-

Der Stausee bei Tolla vom Aussichtspunkt „Belvedère Mur d'Escalade" aus gesehen

PRAKTISCHE HINWEISE – PORTICCIO

Office Municipal de Tourisme de Porticcio, Les Echopps, BP 125, 20166 Porticcio, Tel. 04 95 25 10 09, www.porticcio-corsica.com.

RESTAURANTS

Restaurant Chez Alain, Agosta Plage, Résidence Harmonie, Tel. 04 95 25 97 54, einfaches, aber empfehlenswertes Fischlokal, Spezialität Muschelgerichte, täglich frisch. Schöne Terrasse am Meer. Im Winter mittwochs und Sonntagabend geschlossen.

Restaurant La Crique, Agosta Plage, Tel. 04 95 25 94 73, Restaurant in rustikalem Ambiente, man serviert Gerichte der regionalen Küche, Terrasse direkt am Meer.

HOTEL

Hotel Le Maquis *****, 25 Zi., Tel. 04 95 25 05 55, www.lemaquis.com; ein Haus der Leading Small Hotels of the World, edles Firstclasshotel in schöner Lage am Meer mit eigenem Strand, gediegenes Ambiente, Gourmetrestaurant L'Arbousier und Poolrestaurant auf schöner Terrasse über dem Meer, sowie Hallenbad mit Wellnessbereich, Bar; Tennis, WLAN, Parkplatz.

CAMPING BEI PORTICCIO

Pisciatello bei Porticcio

Camping Benista [N41° 54' 25.31" E 8° 49' 21.24"] , Blvd. Rive Sud, Tel. 04 95 25 19 30, www.benista.fr; 1. Apr. – 30. Okt.; von der N-196 ca. 4 km östlich von Ajaccio Richtung Porticcio (D-55) abzweigen und noch ca. 650 m zum Platz neben einer Tankstelle; mit hohen Laubbäumen bestandenes, ebenes, durch Büsche und Hecken aufgeteiltes Gelände zwischen dem Fluss Prunelli, der Straße und dem Meer; 5 ha – 150 Stpl.; Standard-Sanitärausstattung. Restaurant, Imbiss, Schwimmbad, Tennis, Fahrradverleih. **V & E für Wohnmobile**. Mietbungalows.

Ruppione-Plage

Camping le Sud [WP 088 / N 41° 49' 42.9" E 8° 47' 01.7"], Ruppione-Plage, Tel. 04 95 25 40 51, www.camping-le-sud.com; 1. Apr. – 30. Okt.; ca. 24 km südlich von Ajaccio von der D-55 Richtung Acellasca abzweigen; Terrassen am Hang mit hohen Nadel- und Laubbäumen, teilweise mit Blick zur Ruppione-Bucht; 3 ha – 130 Stpl.; Standard-Sanitärausstattung. Restaurant in Saison, Laden. **V & E für Wohnmobile**. Mietbungalows.

Coti-Chiavari

Camping La Vallée, Plage de Verghia, Tel. 04 95 25 44 66, www.camping-la-vallee.com; ca. 4 km nordöstlich von Portigliolo an der D-155 gelegen, schattiges Gelände nahe der Sandbucht Plage de Verghia; 1,5 ha – 84 Stpl.; einfache Sanitärausstattung. Mietbungalows.

läufige **Forêt de Chiavari** die Hänge hochzieht.

Nachdem man die **Strände von Verghia** und **Portigliolo** passiert hat,

Ruppione Plage

bietet sich die Möglichkeit auf einem schmalen Sträßchen hinaus zum **Pointe di a Castagna** mit herrlichem Meerblick zu fahren.

ROUTE: Weiter auf der kurvenreichen D-55/D-155 über Portigliolo und *Aqua Doria Richtung Propriano.*

Abstecher nach Coti-Chiavari

Kurz nach **Portigliolo** verlässt die D-55 die Küste, um nun als D-155 weiter landeinwärts, aber keineswegs weniger kurvenreich weiter zur führen.

Knapp 6 km südlich von Portigliolo bietet sich in **Aqua Doria** Gelegenheit zu einem Abstecher landeinwärts und hinauf nach Coti-Chiavari.

Coti-Chiavari – Die etwas mühsame Fahrt hinauf in das Bergdorf bis in die Nähe des Fernsehmasts wird bei klarem Wetter mit einem, wenn auch bescheidenen Blick nach Norden hin zum Golfe d'Ajaccio und nach Süden in den Golfe de Valinco belohnt.

HAUPTROUTE

ROUTE: Nach Aqua Doria passiert die D-155 den Abzweig zur **Plage de Cupabia**, *dann den Weiler* **Serra-di-Ferro**, *später den Abzweig nach* **Porto-Pollo [WP 089 / N 41° 42' 25.8" E 8° 47' 36.5"]**. *Schließlich wird der Fluss Taravo überquert (Brücke mit 3,5 m Höhe).*

1 km nach der Flussbrücke zweigt die überraschend gute Straße D-57 nordwärts ins knapp 5 km entfernte **Filitosa** *ab.*

Filitosa [WP 091 / N 41° 44' 41.0" E 8° 52' 13.2"] *(geöffnet Ostern bis Ende Oktober täglich von 8 Uhr bis Sonnenuntergang)* ist eine der bedeutendsten archäologischen Stätte aus der Zeit der Megalithkultur in Korsika. Aus dieser Epoche, die von Archäologen in die Zeit vor mehr als 5.500 Jahren datiert wird, sind einige wundersam anmutende Steinmonumente erhalten geblieben.

Entdeckt wurde die archäologische Stätte 1946 von Charles-Antoine Cesa-

Mehr als fünfeinhalbtausend Jahre alt – das prähistorische Filitosa

ri, wissenschaftlich erforscht von Roger Grosjean.

Der Besucher gelangt auf einem Fußweg, anfangs mit Ansagesäulen, die auf Knopfdruck in verschiedenen Sprachen Erklärungen zu Filitosa abgeben, durch das weitläufige Areal. Einer dieser Infoautomaten steht gleich bei der ersten **Menhir-Statue „Filitosa V**.

Der viereckige, etwa 2 m hohe Monolith ist der vielleicht eindrucksvollste seiner Art in Filitosa. Auf seiner Vorderseite sieht man oben die Andeutung des Gesichts eines Kriegers, darunter ein langes, senkrechtes Schwert und links davon eine Art Dolch. Die Kerbungen auf der Rückseite sollen Rückgrat und Schulterblätter andeuten.

Der kurze Spaziergang führt weiter durch Wiesen und Haine zu einem lauschigen lichten Eichen- und Olivenhain, in dem auf einer leichten Anhöhe sich die uralten Fragmente von Steinhütten und Mauerresten befinden, bewacht von mystisch und geheimnisvoll wirkenden Figurenfragmenten.

Besonders auffallend sind die Menhire, aufrecht stehende Steine, an deren Breitseiten oben die Spuren in den Stein gehauener Gesichter zu erkennen sind.

Noch heute ist der Besucher beeindruckt von den aus mächtigen Steinquadern errichteten Schutzmauern der frühzeitlichen Siedlung und vor allem von dem zentralen Monument eines sog. **Oppidums**, der ehemaligen „Stadt" der prähistorischen Anlage. Der Zugang in die mit einer aus behauenen Steinquadern kunstvoll errichteten Mauer der bewehrten Anlage wird von Steinsäulen bewacht, die längst verwitterte Spuren göttlicher oder menschlicher Antlitze tragen.

Wenn man etwas zwischen den Felsen, Steinquadern und Mauerresten herumklettert stößt man vor allem an der Westseite des Siedlungshügels auf Reste von bronzezeitlichen Steinhütten und engen, unterirdischen Kammern mit schmalen, niederen Eingängen.

Danach geht man auf einem Serpentinenweg hinab in ein von einem

Geheimnisvoll, skulptierter Menhir, Filitosa

Bach durchzogenen, offenen Wiesental, an dessen gegenüberliegenden Hang einige Menhir-Statuen und auf der Anhöhe das Felsengewirr eines frühzeitlichen Steinbruchs zu finden sind.

Auf dem Weg zurück zum Ausgang mit Bar-Cafeteria und Souvenirladen kann man kurz vor dem Ausgang einen Blick in das kleine **Museum** werfen, in dem viele Grabungsfunde von Filitosa zu sehen sind.

Propriano/Pruprià, bedeutender Ferienort mit guter touristischer Infrastruktur und wichtiger Fährhafen mit Verbindungen nach Marseille, Toulon und nach Porto Torres auf der Nachbarinsel Sardinien, liegt an einer schönen **Sandbucht** im Golfe de Valinco.

Abstecher nach Olmeto

Olmeto, ein Städtchen am Steilhang mit hübscher Kirche, liegt ca. 8 km nördlich von Propriano.

Auf einer Anhöhe nordöstlich von Olmeto erkennt man die Ruinen des **Castello della Rocca**. Von hier ging

PRAKTISCHE HINWEISE – PROPRIANO UND UMGEBUNG

Office Intercommunal du Sartenais Valinco [WP 095 / N 41° 40' 34.5" E 8° 54' 13.4"], Port de Plaisance, 20110 Propriano, Tel. 04 95 76 01 49, www.oti-sartenaisvalinco.com. *Geöffnet Juni + Sept. Mo - Sa 8.30 - 12.30 Uhr, 14.30 - 19 Uhr; Juli + Aug. Mo - Sa 9 - 120 Uhr, So 9 - 13 Uhr, 16 - 20 Uhr; übrige Jahreszeit Mo - Fr 9 - 12 Uhr, 14 - 18 Uhr.*

RESTAURANTS

Restaurant Le Cabanon, 26 Ave. Napoléon, Tel. 04 95 76 07 76, gutbürgerliches, beliebtes Lokal mit Aussichtsterrasse am Hafen, geschätzt werden besonders die schmackhaften korsischen Gerichte aus Fisch und Meeresfrüchten. Okt. - März geschlossen.

Restaurant Le Lido, 42 Ave. Napoléon, Tel. 04 95 76 06 37, www.le-lido.com; in unvergleichlicher Lage auf Felsvorsprung in der Bucht von Propriano liegt das seit 1932 in Besitz der Familie Pittilloni befindliche Hotel-Restaurant, hervorragende Küche mit Fischspezialitäten. 11 Fremdenzimmer. Sandbucht nebenan. Parkplatz. Okt. – 1. Mai und montagmittags geschlossen.

Restaurant Chez Parenti, 10 Ave. Napoléon, Tel. 04 95 76 12 14, www.chezparenti.fr; alteingesessenes Familienrestaurant im Jachthafen von Propriano, hübsche Terrasse zum Bootshafen, natürlich sind auch hier Spezialitäten aus dem Meer beliebte Gerichte. 15. Nov. – Ende Feb., sowie Sonntag abends und montags in Nebensaison geschlossen.

Olmeto Plage

Restaurant U Farniente, Olmeto Plage, Tel. 04 95 74 07 48, www.ufarniente.com; man soll von der durch Maulbeerbäume schattigen Terrasse den schönsten Blick auf den Golf de Valinco haben und dabei auch noch die Genüsse der Küche genießen wie Fischgerichte, Salatvariationen oder Pizzen. Parkplatz.

HOTELS

Propriano

Hotel Le Neptune ***, 15 Zi., 39, rue du 9 Septembre, Tel. 04 95 76 10 29, www.hotelneptune-propriano.com; am Port de Plaisance, nahe des Ortsrands und ca. 100 m vom Strand entfernt gelegen, Mittelklassehotel mit Fitnessbereich, Whirlpool, Parkplatz. Ganzjährig geöffnet.

Hotel Le Bellevue ***, 20 Zi., 9 eve. Napoleon, Tel. 04 95 76 01 86, www.hotel-bellevue-propriano.com; in schöner Lage am Port de Plaisance, Restaurant mit Fischspezialitäten, Bar, Terrasse zum Hafen. Parkplatz. Ganzjährig geöffnet.

Olmeto-Plage

Hotel Le Ruesco ***, 25 Zi., Olmeto Plage, Route de Porto Pollo, Tel. 04 95 76 70 50, www.hotel-ruesco.com; an schöner Bucht gelegen, modern ausgestattete Zimmer, teils mit Balkon zum Garten mit Meerblick, Restaurant „Paillotte" und Bar, Schwimmbad im Garten, naher Sandstrand, WLAN. Parkplatz.

CAMPING BEI PROPRIANO

Porto Pollo bei Serra-di-Ferro

Camping U Casellu [WP 090 / N 41° 42′ 44.7″ E 8° 48′ 15.8″], Porto-Pollo, Tel. 04 95 74 01 80; Anf. Juni – Mitte Okt.; von der D-155 zur D-757 Richtung Porto-Pollo abzweigen, am östlichen Ortsrand gelegen; eingefriedetes, zum Meer hin leicht abfallendes, mit Eukalyptusbäumen bestandenes Gelände zwischen Zufahrtsstraße und Sandbucht; 3 ha – 100 Stpl.; einfache Standard-Sanitärausstattung. Imbiss. Laden. **V & E für Wohnmobile**.

Abbartello bei Olmeto

Camping Le Ras l'Ból [WP 092 / N 41° 42′ 10.9″ E 8° 50′ 07.0″], Abbartello, Tel. 04 95 74 04 25, www.raslbol.com; 1. Apr. – 30. Sept.; Zufahrt an der D157 im Ort Abbartello; ganz leicht zur Straße hin geneigte Wiese durch Pinienreihen und niedere Laubbäume unterteilt, guter Baumschatten. 3 ha – 100 Stpl.; einfache Standard-Sanitärausstattung. Restaurant mit Terrasse, Imbiss, Laden, Fahrradverleih. Für Wohnmobile eher geeignet, als die Terrassencampings in der Nähe. Über die Straße zum Felsstrand mit Sandabschnitten.

Camping l'Esplanade [N 41° 41′ 44″ E 8°53′ 19″], Tel. 04 95 76 05 03, www.camping-esplanade.com; 1. Apr. – 15. Okt.; 5 km östlich von Olmeto-Plage bzw. 5 km westlich von Propriano unterhalb der

D-157 gelegen. Aus Westen kommend Einfahrt im spitzen Winkel; Terrassenanlage im Mischwald an einem steilen Hang, bis ans Meer reichend. Fast alle Stellmöglichkeiten nur für Zelte, für Wohnmobile (über Sprintergröße) oder große Caravans so gut wie keine Stellmöglichkeiten. Die einigermaßen ebenen Flächen sind Parkplätze der Mietbungalow-Gäste. Teils steile Platzstraße; 5 ha – 100 Stpl.; Standard-Sanitärausstattung. Restaurant, Imbiss, Laden, Schwimmbad. Mietbungalows.

Camping U Libecciu [WP 093 / N 41° 42' 03.6" E 8° 51' 28.4"], Tel. 04 95 74 01 28, www.campingulibecciu.com; Anf. Mai – Mitte Sept.; an der D-157 beim Ort Abbartello; Hanggelände gut schattig durch Pinienbäume; 2,5 ha – 50 Stpl.; Mindest-Sanitärausstattung.

Belvédère-Campomoro
Camping La Vallée [N 41° 37' 40" E 8° 48' 44.71"], Tel. 04 95 74 21 20, , www.campomoro-lavallee.com; Anf. Mai – Ende Sept.; von Propriano ca. 3 km N-196 Richtung Sartène und auf D-121 Richtung Campomoro abzweigen und noch ca. 12 km; ebenes, steiniges Gelände mit Laubbäumen; 3,5 ha – 150 Stpl.; Mindestausstattung. Mietbungalows.

V&E

Propriano
Ver- und Entsorgungsstation für Wohnmobile [WP 094 / N 41° 40' 18.0" E 8° 54' 33.2"]
Am östlichen Ortsrand von Propriano findet man an der BP-Tankstelle eine **„Aire de Service Camping-Car"** auf einer abschüssigen Rampe neben dem Haus. 5-Euro-Jetons sind in der Tankstelle erhältlich.

Mitte des 14. Jh. der erste Aufstand gegen die Beherrschung Korsikas durch Genua aus. Initiator des Aufstands war Arrigo dell Rocca, der zwar 1362 nach Spanien fliehen musste, 14 Jahre später aber nach Korsika zurückkam und mit Unterstützung des Königs von Aragon Korsika eroberte. Nur die Häfen Bonifacio und Calvi blieben damals in der Hand der Genuesen.

In Olmeto starb in betagtem Alter eine Dame namens **Colomba Carabelli-Bartoli**. Frau Bartoli verbrachte viele Jahre ihres bewegten Lebens in **Fozzana** (Haus der Colomba am Ortsrand, Festtage „Journées Colomba" im Juli), einem Dorf, das rund 14 km nordöstlich von Propriano liegt.

Wie viele korsische Familien waren auch die Bartolis in Vendetta-Morde verstrickt und Colomba Bartoli zog gelegentlich die Fäden in den Auseinandersetzungen. Sie selbst hatte einen Sohn durch einen Vendettamord verloren.

Nun wären Familienfehden nichts sonderlich Erwähnenswertes in Korsika, wäre da nicht der französische Schriftsteller Prosper Mérimée (1803 – 1870) gewesen. Prosper Mérimée wird Theaterfreunden eher als Autor von „Carmen" bekannt sein, später von George Bizet vertont, seitdem eine weltberühmte Oper.

Mérimée jedenfalls kam auf die Idee einen Roman über die Vendetta zu schreiben. Er besuchte Mme. Bartoli, um aus erster Hand Einblick in die Geschichte und Hintergründe der Familienfehden zu bekommen. Schon 1840 erschien sein Roman, Titel: „Colomba".

PROPRIANO – BONIFACIO

Länge der Tour: Rund 170 km.

Die Route: Über die N-196 bis **Sartène** – D-48 nach **Tizzano** – D-48A zu den **Mégalithes de Cauria** –N-196 bis **Bonifacio**.

Reisedauer: Mindestens ein Tag.

Abstecher: Zu den **Mégalithes de Cauria**.

Höhepunkte: Die romantische **Altstadt von Sartène** * – das **Archäologische Museum** in Sartène – die **Bucht von Tizzano** *** – die Menhire und Dolmen von **Cauria** *** – die Lage von **Bonifacios Altstadt Ville Haute** ***.

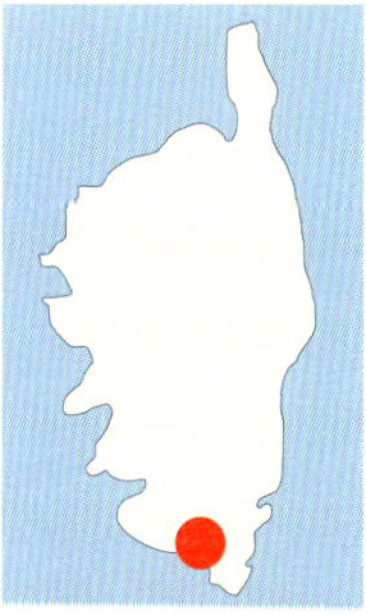

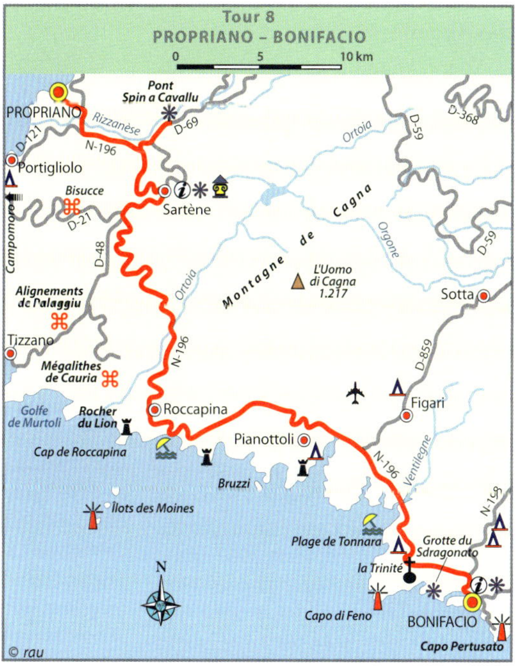

ROUTE: *Von Propriano auf der N-196 südostwärts. Nach 3 km bietet sich Gelegenheit zu einem Abstecher auf der D-121 hinaus zum* **Kap Punta de Campomoro**.

Abstecher über Portigliolo zum Kap Punta de Campomoro

Falls Sie auf den Abstecher nach Punta de Campomoro verzichten, bitte weiter mit „**Hauptroute**".

Campomoro, ein einladender Küstenort, liegt auf einem Landvorsprung am äußersten Ende der Bucht Golfe de Valinco und ist über die vor allem im letzten Teil recht enge, kurvenreiche Straße D-121 zu erreichen. Neben dem prächtigen Meerblick und den schönen **Stränden** hier lohnt vor allem ein Besuch des zwischen Mitte April bis Ende September geöffneten Wachtturms **Torre de Campomoro** (einer er schönsten Genuesertürme aus dem 16. Jh. auf ganz Korsika, Führungen) auf dem Kap **Punta de Campomoro.**

HAUPTROUTE

Auf dem Weg nach Sartène kann man rund 7 km südöstlich von Propriano von der N-196 ostwärts abzwei-

CAMPING

Portigliolo bei Propriano
Camping Lecci et Murta [N 41° 35' 25.1" E 9° 16' 56.21"], Tel. 04 95 76 02 67, www.camping-lecciemurta.com; 1. Apr. - 30. Sept.; ca. 7 km südwestlich von Propriano an der D-121 Ri. Campomoro; durch Hecken und Bäume vielfach unterteiltes und durch Mäuerchen parzelliertes Gelände mit gutem Schatten. Nur ein Teil der Stellplätze ist mit Autos und kleineren Wohnmobilen/Caravans zugänglich. Wohnmobile mit über 6,50 / 7 m Länge haben m. E. Schwierigkeiten, einen geeigneten Stellplatz zu finden. Mietbungalows. Restaurant, Schwimmbad, Tennis.

gen und auf der D-268/D-69 ein Stück Richtung Aullène hinein ins das **Tal des Rizzanèse** fahren.

Schon knapp 3 km nach dem Abzweig von der N-196 passiert die Strasse die alte **Pont Spin'a Cavallu [WP 097 / N 41° 39' 18.3" E 8° 58' 51.8"]**, die „Pferderückenbrücke". Kein Schild an der Straße weist auf die Brücke hin, die links unterhalb der Straße und versteckt hinter Bäumen in einem gewaltigen Bogen den Fluss Rizzanèse überspannt.

Der gewöhnlich friedlich und idyllisch dahinströmende Fluss kann nach der Schneeschmelze zu einem gewaltigen, zerstörerischen Strom anschwellen, dem die historische Brücke – eine erste Brücke überspannte hier schon im 12. Jh. den Fluss – schon mehrfach zum Opfer fiel. Erst 1993 musste das historische Bauwerk nach einer Überschwemmungskatastrophe restauriert werden. Man sieht die Zerstörungskraft des Wassers auch an dem „Picknickplatz", der damals mit Steinbänken und Tischen angelegt wurde, zwischenzeitlich aber vom Rizzanèse teils schon wieder zerstört wurde und kaum noch zu gebrauchen ist.

Sartène/Sartè mit seiner mittelalterlichen **Altstadt** und seinen engen, von hohen Hausfassaden flankierten Gassen und Treppenaufgängen, die zu geheimnisvollen Portalen und Durchgängen führen, macht im alten Ortskern der Oberstadt noch den Eindruck einer recht ursprünglich gebliebenen, typisch korsischen Stadt.

Lange war die Stadt Sitz der reichen und einflussreichen Grafen von Rocca. Später bestimmten wohlhabende Großgroßgrundbesitzer die Geschicke der Stadt. Aber alle, ob Grafen oder Feudalherren, lehnten alle Einflüsse, Neuerungen, technische oder politische Entwicklungen im Interesse des eigenen Machterhalts strikt ab, was dazu beitrug, dass sich die alte Oberstadt von Sartène seit jener Zeit kaum verändert hat.

Nicht selten aber waren die Clans der Feudalherren zerstritten und befehdeten sich. Einige der Großgrundbesitzer standen auf der Seite Genuas, andere sympatisierten mit der Unabhängigkeitsbewegung unter Paoli. Zeitweise zog sich eine unsichtbare Mauer der unterschiedlichen Parteiinteressen, begleitet von gelegentlichen „Ehrenmorden", durch die Stadtteile von Sartène. Erst 1834 wurde die Feindschaft zwischen den Clans und den einzelnen Stadtteilen durch ein Abkommen, das in der Marienkirche von Sartène besiegelt wurde, beigelegt.

Parkmöglichkeiten [WP 098 / N 41° 37' 11.3" E 8° 58' 11.0"] auf dem Parkplatz „Canale" an der N-196 Richtung Bonifacio.

Wer sich Sartène etwas ausführlicher ansehen will, sollte zuerst im Touristenbüro, 14, cours soeur Amé-

Sartène

lie, vorbeischauen. Dort kann man sich gegen Gebühr einen Audio-Guide ausleihen, der zu 15 bemerkenswerten Stationen in der Stadt führt und dazu interessante Geschichten erzählt. Dauer knapp zwei Stunden. Allerdings gibt es die Audio-Guides bislang – außer in französischer Sprache natürlich – nur in Englisch und Italienisch.

Ein Spaziergang durch die Altstadt und rund um den zentralen, erhöht gelegenen **Place de la Libération**, umgeben von **Rathaus** (ein Gewölbedurchgang führt unter dem Rathaus hindurch in die Altstadt), **Marienkirche Église Ste-Marie** (hier werden Kreuz und Ketten der Bußprozession aufbewahrt, s. u.) und zahlreichen Lokalen, lohnt sehr.

Vor allem in den Gassen und Treppenwegen durch das **Santa-Anna-Viertel** in der Vieille Ville hinter der Marienkirche stößt man auf richtig romantische Winkel.

Sehenswert darüber hinaus ist das **Musée Départemental de Préhistoire Corse et d'Archéologie de Sartène** *(geöffnet Mai - Sept. tgl. 10 - 18 Uhr, übrige Jahreszeit Mo - Fr 9 - 12 Uhr und 13.30 - 17 Uhr)*. Das Prähistorische Museum von Korsika liegt etwas außerhalb am Nordostrand der Stadt am Boulevard Jacques Nicolaï. In dem modernen Museumsgebäude werden Ausgrabungsstücke und naturkundliche Exponate aus der Zeitspanne zwischen dem frühen Mediterranen Neolithikum (etwa 6000 v. Chr.) und der Eisenzeit (etwa 7. Jh. v. Chr.) gezeigt. Weitere Abteilungen befassen sich mit der Römerzeit zwischen dem dritten vorchristlichen und dem fünften nachchristlichen Jahrhundert, sowie mit dem Mittelalter und die Zeit bis ins ausgehende 15. Jh.

Ein beeindruckendes religiöses Schauspiel findet in Sartène am Abend des Karfreitags statt. In der traditionellen **Procession du Catenacciu,** einer feierlichen Bußprozession, in der „Le grand Pénitent", der „große Büßer", ein vermummter Kapuzenmann, mit schwerem Kreuz auf den Schultern und Ketten an den Füßen im Kreise

PRAKTISCHE HINWEISE – SARTÈNE

Office de Tourisme Intercommunal du Sartenais-Valinco – Bureau de Sartène, 14, ours Soeur Amélie, 20100 Sartène, Tel. 04 95 74 65 87; www.oti-sartenaisvalinco.com. Ganzjährig geöffnet.

RESTAURANTS

Hotel-Restaurant des Roches, rue Jean Jaurès, Tel. 04 95 77 07 61, www.sartenehotel.fr; schönes Panoramarestaurant mit Blick über das Hügelland und das Rizzanèse-Tal bis zum Golf de Valinco, gute, ländliche Küche. 60 Fremdenzimmer.

Restaurant Ferme-Auberge A Tinedda, Rizzanèsi, Tel. 04 95 77 09 31, www.atinedda.com; ca. 5 km nordwestlich von Sarténe N196 Ri. Propriano, gutbürgerliche Gaststube mit hübscher Gartenterrasse. Die Küche präsentiert Gerichte der korsischen Art. Das bäuerliche Anwesen liegt ruhig und abseits im Hügelland. Man bietet 10 Fremdenzimmer. Geöffnet Apr. – Sept.

HOTELS

Hotel San Damianu ***, 28 Zi., Quartier St. Damien, Tel. 04 95 70 55 41, www.sandamianu.fr; einfacheres Mittelklassehotel in Höhenlage gegenüber dem Ort Sarténe, Schwimmbad, Restaurant mit Aussichtsterrasse, zum Meer ca. 10 km.

Domaine Équestre de Croccano, Route de Granace, Tel. 04 95 77 11 37, von Sarténe ca. 3 km nordostwärts auf der Landstraße nach Granace gelegen, in einem über 200 Jahre alten Landhaus logiert man in sehr rustikalem Ambiente in urwüchsiger, ländlicher Umgebung. Es werden Reiterferien angeboten.

der Gläubigen durch die Straßen der Altstadt zieht. Auf dem Prozessionszug werden symbolisch Kreuzwegstationen nachgestellt, die Jesus auf dem Weg zum Golgathahügel durchlitt.

Es heißt, dass – bis auf ganz wenige Eingeweihte – niemand in der ganzen Stadt wisse, wer unter der Kapuze den großen Büßer mimt. Es ist jedes Jahr eine andere Person.

Megalithkulturstätte Stantari, Cauria

Route des Mégalithes

Abstecher zu den Alignements Alos Bisucce, Palaggiu und zu den Mégalithes de Cauria.

Knapp 3 km südlich von Sartène zweigt die D-221 Richtung Grossa nach Westen ab. Hält man sich an der zwei-

L'Alignement de Renaju, Cauria

ten Gabelung links (D-21), erreicht man nach rund 6 km die archäologische Stätte **Alo Bisucce**.

Man kehrt zurück zur Hauptstraße N-196.

Wer sich für prähistorische Monumente interessiert, zweigt kurz vor Erreichen der N-196 scharf nach Süden auf die D-48 Richtung Tizzano ab. Nach knapp 12 km liegen in der Nähe der Anhöhe Bocca di Capirossu rechts der Straße (Fußweg gut 10 Minuten) die **Alignements de Palaggiu/Pagliaghju [WP 099 / N 41° 32' 48.6" E 8° 52' 57.3"]**. Weit über 200 Megalithsteine aus der Frühzeit, teils mit Bearbeitungsspuren, sind hier zu sehen, die wohl größte Megalithansammlung im Mittelmeerraum.

Rund 3 km weiter südlich endet die Straße in **Tizzano [WP 100 / N 41° 32' 15.0" E 8° 51' 37.6"]** *(Hotel du Golfe, Tel. 04 95 22 02 51, www.hoteldugolfe-tizzano.com)*.

Der kleine Küstenort liegt an einer herrlichen, von Felsen begrenzten Bucht mit breitem **Sandstrand**.

In Ermangelung eines alternativen Weges fährt man den gleichen Weg zurück Richtung N-196.

Rund 3 km nördlich der Alignements de Palaggiu bietet sich abermals die Möglichkeit zu Zeugen aus der Frühgeschichte abzuzweigen.

Man nimmt die nach Süden abzweigende D-48A und kommt nach rund 4 km zum Startpunkt eines Fußweges, der rechts zu den **Mégalithes de Cauria [WP 101 / N 41° 32' 07.6" E 8° 54' 57.9"]** abzweigt.

Mein Tipp! Von den drei erwähnten prähistorischen Stätten ist der Weg zu den Mégalithes de Cauria eigentlich der lohnendste. Die Straße dorthin war bislang allerdings miserabel.

Man parkt in einer Art Parkbucht an der Straße und geht dann am Schild „Site Prehistorique Cauria" zu Fuß über einen ausgewaschenen Erdweg ca. 15 Min. bis zur ersten Magalithkulturstätte **Stantari**. Insgesamt besteht das archäologische Areal aus drei prähistorischen Kultstätten – Stantari, Renaju und Fontanaccia.

Die drei Stätten sind durch schöne Fußpfade über im Frühjahr wunderschön von blühenden Affodilienfelder überzogene Wiesen verbunden. Im Sommer eine heiße Angelegenheit. Es gibt kaum Schatten. Der Rundgang wird ca. 1 Stunde und 15 Minuten in Anspruch nehmen, bis man wieder am Parkplatz zurück ist.

Mit **L'Alignement de Stantari** wird die erste Station mit einer Reihe von 20, gut 2 m hohen Monolithen, die an der Vorderseite Andeutungen von Gesichtern und Waffen aufweisen.

Renaju, die nächste Station, ist eine Ansammlung von Menhiren in einem kleinen, lichten Eichenwäldchen unterhalb eines Felsriegels.

Fontanaccia ist ein gut erhaltener Dolmen, eine prähistorische, aus gewaltigen Felsplatten errichtete Grabstätte oder Kultstätte, die größte ihrer Art auf Korsika. Prosper Mérimée soll den Dolmen während seines Aufent-

Der Dolmen Fontanaccia, Cauria

halts im Jahre 1840 entdeckt haben. Den einheimischen Hirten muss das frühgeschichtliche Grab aber schon vorher bekannt gewesen sein. Sie betrachteten das Ding als Teufelswerk.

HAUPTROUTE

Rund 23 km südlich von Sartène, wenn man die N-196 bei **Roccapina** wieder auf die Küste trifft, hat man nach einer Anhöhe einen schönen Blick nach Westen und zum **Cap de Roccapina** mit dem **Rocher de Lion** etwas weiter links.

ROUTE: *N-169 vorbei am Abzweig zur* **Ermitage de la Trinité** *nach* **Bonifacio**, *20 km ab Pianottoli-Caldarello* [**WP 102 / N 41° 29‘ 29.9“ E 9° 03‘ 19.3“**].

Rund 6 km westlich Bonifacio zweigt südwärts ein schmales Sträßchen ab, das nach knapp 1 km an der **Eremitage de la Trinité**, einem verlassenen, romantisch gelegenen Kloster endet. Wer mit einem Wohnmobil unterwegs ist, wird sich allerdings zu Fuß zur Eremitage aufmachen müssen, denn die Zufahrt ist schon kurz nach dem Abzweig von der Hauptstraße mit 2,5 m hohen Schranken verbarrikadiert.

Aber der Weg lohnt auch zu Fuß. Denn die Eremitage de la Trinité, die Einsiedelei der Dreifaltigkeit, ein Kloster aus dem 13. Jh., das im 18. Jh. umfassend umgebaut wurde, liegt recht romantisch in einem lauschigen Eichen- und Olivenhain. Hinter dem Kloster schöner Meerblick.

Bonifacio, die wichtige Hafenstadt am Südende der Inseln mit heute fast 3.000 Einwohnern, gilt als eine der ältesten Städte der Insel. Ob allerdings weiland Odysseus auf seiner 10 Jahre währenden Irrfahrt nach dem Trojanischen Krieg hier schon Unterschlupf fand, ist eher in den Bereich der Sagen und Mythen zu verweisen.

Dass die Klippen über dem Meer, auf denen Bonifacio heute liegt, schon in grauer Vorzeit besiedelt gewesen sein müssen, bezeugt die „Dame de Bonifacio“, deren Gebeine hier ausge-

CAMPING

Figari

Camping U Moru [N 41° 31′ 53″ E9° 9′ 55″], Tel. 04 95 71 23 40, www.u-moru.com; 15. Juni – 15 Sept.; von der N196 auf die D859 Richtung Figari und noch ca. 5 km zum Platz; mit hochstämmigen Pinien und Platanen gut schattiges Gelände um einen Hügel; Standard-Sanitärausstattung. Imbiss, Laden, Schwimmbad, WLAN auf dem Gelände. Chemikalausguss.

Pianottoli-Caldarello

Camping Kevano Plage [N 41° 28′ 22″ E 9° 2′ 37″], Tel. 04 95 71 83 22, www.campingkevano.com; 1. Mai – 30. Sept.; Abzweig von der N196 im Ort meerwärts; felsdurchsetztes Waldgelände mit Stellplatzkojen und Terrassenplatznischen; 6 ha – 90 Stpl.; Standard-Sanitärausstattung. Restaurant, Imbiss, Laden. **V & E für Wohnmobile**. Mietbungalows.

graben wurden, von Wissenschaftlern auf die Zeit um 6500 v. Chr. datiert werden und somit über sage und schreibe 8.500 Jahre alt sind. Die sterblichen Überreste der „Dame de Bonifacio“ sind heute im Museum in Levie zu sehen (siehe dort, Tour 10).

Viel später siedelten hier Griechen und Römer, die hier Handelsstationen bzw. Militärposten unterhielten.

Die eigentliche Stadtgeschichte beginnt Anfang des 9. Jh., als hier der aus der Toskana stammende Landgraf Boniface eine befestigte Siedlung gründete. Die nächsten zweihundert Jahre hatte der Stadtstaat Pisa mit wohlwollender Unterstützung Papst Uran II. das Sagen hier.

Als im 12. Jh. weite Teile des Mittelmeerraumes von Genua beherrscht wurde, eroberten Genuesen 1195 die

Strand und Bucht bei Roccapina

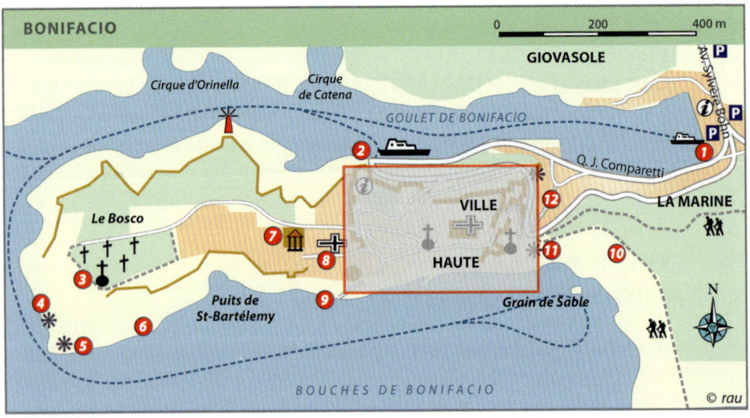

*BONIFACIO – **1** Ausflugsboote zu den Grotten und Nachbarinseln, sowie Touristenbähnchen „Petit Train" – **2** Sardinien-Fähre – **3** St-François Kapelle und Friedhof der Seeleute, Cimetière marin – **4** Grotte de St-Antoine – **5** Gouvernail de la Corse – **6** Esplanade St-François – **7** Rathaus – **8** Kirche St-Dominique – **9** Escalier du Roi d'Aragon – **10** Küstenklippen-Wanderweg „Circuit pédestre des Falaises" – **11** Aussichtspunkt Col St-Roch – **12** Treppenweg Montée Rastello – **17** Postamt*

Stadt. Bonifacios Einwohner müssen mit den neuen Herren recht zufrieden gewesen sein. Die Stadt entwickelte sich nämlich rasch zu einer verlässlichen, stark befestigten Bastion der Genuesen. Als Gegenleistung wurde Bonifacio mit einträglichen Privilegien ausgestattet.

Und es ist zu lesen, dass sich der Dialekt der Einwohner Bonifacios doch sehr vom üblichen Korsischen unterscheidet und stark vom Dialekt, der früher an der Ligurischen Küste um Genua gesprochen wurde, eingefärbt sei.

1420 belagern Truppen des Königs von Aragon, Alfons V., unterstützt von Vincentello d'Istria, die Stadt. Quasi als Belohnung wurde d'Istria zum Vizekönig von Korsika ernannt.

Nach einer erneuten Belagerung im Jahre 1533, unterstützt von der osmanischen Flotte unter dem Piratenkapitän Dragut und dem in Diensten des französischen Königs stehenden Sampiero Corso musste sich Bonifacio schließlich ergeben und wurde im Vertrag von Cateau-Canbrésis 1559 der Republik Genua zugesprochen.

Eine Pestepidemie im 16. Jh. dezimierte die Einwohnerzahl auf wenige Hundert.

1768 schließlich wird Bonifacio, wie ganz Korsika, von Genua für zwei Millionen Goldfranc an Frankreich verkauft.

Aus dem 19. Jh. weiß man, dass Bonifacio eine beliebter Aufenthaltsort von sog. „Ehrenbanditen" war, Leuten, die wegen eines Vendettaverbrechens etwas auf dem Kerbholz hatten und sich von Bonifacio rasch ins nahe Sardinien absetzen konnten, wenn's eng wurde.

Einen gebührenpflichtigen **Parkplatz** findet man am Hafen von Bonifacio, der allerdings nur für Pkws zugänglich ist! Gegenüber gibt es einen weiteren Parkplatz **[WP 105 / N 41° 23' 20.8" E 9° 09' 56.3"]**, der bislang für Busse und größere Fahrzeuge vorgesehen ist. Es war nicht in Erfahrung zu bringen, ob diese Parkmöglichkeit Wohnmobilen auch außerhalb der Nebensaison zur Verfügung steht (Änderung möglich!)!

Bonifacio

Eine bequeme Art, sich die Stadt anzusehen ist eine Fahrt mit dem **Touristenbähnchen „Petit Train“**, Tel. 04 95 73 15 07; www.autocars-massimi.com. Im Sommer fährt das Bähnchen täglich bis 21/22 Uhr alle halbe Stunde ab dem Quai Noël Beretti, am Jachthafen Port de Plaisance.

Mein Tipp! Falls Sie in der Sommerhochsaison, Juli und August etwa, nach Bonifacio fahren, seien Sie so früh wie irgend möglich in der Stadt! Und versuchen Sie unbedingt, die Stadt vor der Mittagszeit wieder zu verlassen, wenn Sie nicht bis abends warten wollen, bis Sie sich aus dem Verkehrsknäuel oder ihrer Parkbucht befreien können. Spätestens ab 9 Uhr sind die Straßen verstopft, die Fahrzeugschlange hinein nach Bonifacio kann dann kilometerlang sein.

Bei der **Auffahrt zur Ville Haute**, der Oberstadt, bzw. historischen Altstadt von Bonifacio (was aber nur in der Nebensaison, wenn überhaupt, empfohlen werden kann!), sollte man sich tunlichst an die Verbotsschilder für Wohnmobile zur Durchfahrt der Oberstadt halten. Die Straßen durch die Altstadt sind wirklich sehr schmal und darüber hinaus mit Begrenzungspfosten links und rechts versehen. Alles was größer als Ducato oder Sprinter ist kommt nicht durch!

Und Parken in der Oberstadt ist praktisch nicht möglich. Fast alle Straßenparkplätze sind für Anlieger reserviert!

Am besten geht man **zu Fuß** hinauf bis zur kleinen, weißen **Kapelle Saint -Roch**, an der Straßenkurve unterhalb der Altstadtmauern **[WP 106 / N 41° 23' 13.5" E 9° 09' 38.1"]**. Es gibt dort eine Handvoll enger Straßenparkplätze.

Von der Unterstadt geht man am besten vom Quai Jerôme Comparetti über den langen Treppenweg **Montée Rastello** hinauf bis zur Kapelle Saint-Roch.

Von der Kapelle kann man wunderschöne Ausblicke genießen.

Bevor man weiter hinauf in die Altstadt steigt, bietet es sich an, von der Kapelle Saint-Roche auf einem etwas

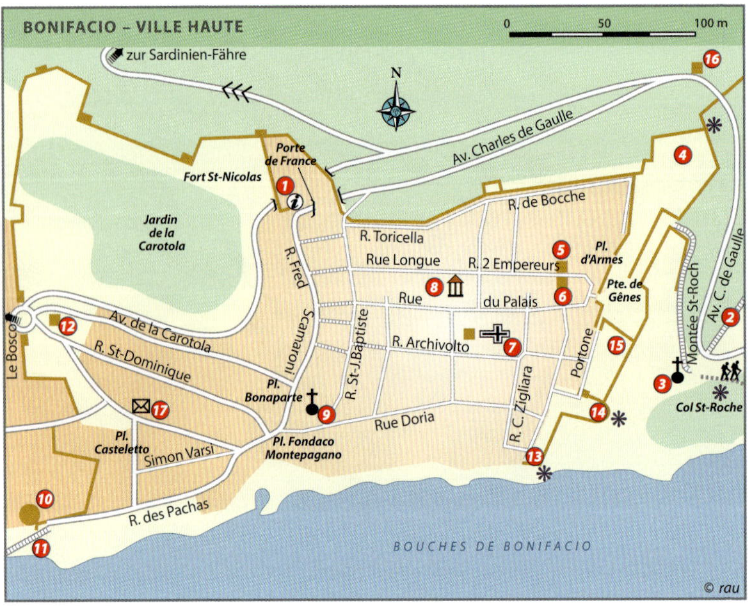

*BONIFACIO VILLE HAUTE – **1** Touristeninformation – **2** Treppenweg Montée Rastello – **3** Kapelle St-Roch – **4** Bastion de l'Étendard, Memorial du passé Bonifacien – **5** Maison Napoléon Bonaparte – **6** Maison Charles Quint – **7** Kirche Ste-Marie-Majeure – **8** Palazzu Publicu – **9** Kirche St-Jean Baptiste – **10** Donjon (Torreone) – **11** Königstreppe Escalier du Roi d'Aragon – **12** Denkmal der Fremdenlegionäre – **13** Place de la Manichella – **14** Place du Marché – **15** Jardin des Vestiges – **16** Denkmal, Römersäule*

holprigen Pfad nach Osten hinauf an den Küstenrand zu spazieren, um von dort einen ganz **prächtigen Blick** auf die „schwebende" Stadt über dem Meer zu genießen. Beeindruckend, ja geradezu spektakulär ist die Lage der Ville Haute hoch über der senkrecht ins Meer abfallenden, schroffen Kalksteinküste.

Von der Kapelle Saint Roch führt ein Treppenwege nordwärts hinauf in die **Ville Haute**. Durch das Stadttor **Porte de Gênes** betritt man am Place d'Armes Bonifacios Altstadt.

Die Oberstadt Ville Haute, von den Genuesern mit einer wehrhaften Zitadelle und einer fast 3 km langen, stellenweise turmhohen, von 12 Bastionen verstärkten Festungsmauer versehen, liegt spektakulär oben auf einer langen, relativ schmalen Felszunge, einer 70 m senkrecht aus den Fluten des Mittelmeeres aufragenden Kalksteinklippe. Viele der schneeweißen Häuser reichen bis unmittelbar an den überhängenden Abgrund heran. Im Norden begrenzt die lange, fjordartige Hafenbucht Goulet de Bonifacio und im Süden die weite Bucht Bouches de Bonifacio die Stadt.

Ganz am Nordende des **Place d'Armes** hat man an der hohen **Bastion de l'Étendard** (aus dem ausgehenden 12 Jh., im 14. und 16. Jh. verstärkt), einen weiten Blick auf die Unterstadt und den Jachthafen.

Im Untergeschoss des Tour de l'Étendard ist in den Sälen, in denen von der Zeit der Genuesen bis zur Französischen Revolution 1789 die Garnisonen stationiert waren, die Ausstellung **Mémorial du passé Bonifacien** (Gedenken an das vergangene Bonifacio) eingerichtet. Erinnert wird an bedeutende Stationen und Ereignisse der Stadtgeschichte, so z. B. an die Umstände der Auffindung der „Dame von Bonifacio", an das Drama des Untergangs des Truppentransporters „Sémillante" am 15. Februar 1855, an den mittelalterlichen Bund zwischen Korsika, Sardinien und Genua oder an den Aufenthalt Kaiser Karls V. in Bonifacio u. a.

Rechts von der Porte de Gênes führt die enge Rue des Deux Empereurs, vorbei am **Maison Napoléon Bonaparte** (Haus Nr. 7, rechts) und dem **Maison Charles Quint** (Haus Nr. 4, links) hinein in die Altstadt.

Napoléon hielt sich in dem Haus im Frühjahr 1793 auf, damals noch ein unbekannter Offizier im Korsischen Freiwilligencorps.

Im Maison Charles Quint logierte Kaiser Karl V. im Herbst 1541, als er auf der Rückreise von einem Feldzug gegen Algier war.

Die nächste Gasse gehen wir links (südwärts). Mitten in den engen Gassen der Altstadt erhebt sich hier die neugotische Kirche **Ste-Marie-Majeure** *(geöffnet 8 - 18.30 Uhr)*. Die Ursprünge des Gebäudes gehen zurück bis ins 12. Jh. und gilt als ältestes Bauwerk der Stadt. Besondere Beachtung verdienen die schöne Giebelrosette, dann ein marmorner Tabernakel aus der Mitte des 15. Jh. und schließlich die schön restaurierten Fresken im Kirchenraum.

Die Loggia vor dem Kirchenportal war früher der traditionelle Versammlungsort der Stadtältesten, um neue Verordnungen zu erlassen.

Ein interessantes Detail nicht nur der Kirche Ste-Marie-Majeur sondern aller Kirchen in der Oberstadt von Bonfacio, ist die Ausbildung der Kirchensäulen. Sie sind so beschaffen, dass sie Regenwasser in unterirdische Zisternen leiten können. Diese Technik war im 14. und folgenden Jahrhunderten überlebenswichtig. Die Lage über der schroffen, unbezwingbaren Küsten bewahrte Bonifacio zwar vor Eroberungen, ohne Wasser war aber keine Belagerung zu überstehen.

Überhaupt pflegte man im alten Bonifacio gegen alles Fremde eine gewisse Distanz. Viele der alten Häuser hatten ihren Eingang im ersten Stock, der durch bewegliche Treppen und Leitern, die im Fall des Falles ins Haus hochgezogen werden konnten zugänglich war.

Bonifacios Oberstadt Ville Haute, im Vordergrund die weiße Kapelle St-Roch

In Bonifacios Oberstadt Ville Haute

An der Westfassade der Kirche Saint-Marie-Majeure gehen wir (rechts) südwärts bis zur Rue Doria, der wir gut 200 m nach Westen folgen. Unterwegs passiert man die **Kirche St-Jean-Baptiste** am Place Bonaparte. Im Inneren sieht man u. a. Skulpturen über das Leben des Heiligen Johannes des Täufers. Eine Figur des Heiligen wird jedes Jahr am Karfreitag und am 29. August in einer feierlichen Prozession durch die Straßen der Altstadt getragen.

Westlich der Kirche geht man links in die Rue des Pachas, die am Klippenrand entlang zum **Donjon** führt. Der Turm stammt aus dem ausgehenden 15. Jh. Er wurde im vergangenen Jahrhundert umfassend restauriert. Heute ist im Donjon, auch als Torreone bekannt, eine Kunstgalerie mit wechselnden Ausstellungen eingerichtet. Von der Dachplattform hat man einen schönen Blick auf die Altstadt.

Und wenn Sie gut zu Fuß sind (man muss nämlich den Weg an der sonnigen Südseite der Stadt auch wieder nach oben zurückgehen!), können Sie die 187 Stufen der schmalen, steilen, 65 m langen **Königstreppe Escalier du Roi d'Aragon**, die in die senkrecht abfallenden Felsen gehauen wurde, vom **Donjon** an der Südseite der Altstadt aus schwindelnder Höhe hinab an den Fuß der Kalkklippen gehen – gegen Eintritt allerdings *(geöffnet Mo - Fr 9 - 19 Uhr, Sa + So 10 - 17 Uhr)*.

Die Treppe wurde 1420 auf Veranlassung des Königs von Aragonien, Alfons V., angelegt. Legenden berichten, dass es beim Anlegen der Treppe nicht mit rechten Dingen zugegangen sein könne. Sie sei nämlich in nur einer einzigen Nacht entstanden.

Und man achtete im Mittelalter streng darauf, dass sich nicht mehr als 25 Fremde auf einmal innerhalb der Mauern der Altstadt aufhielten, die sie nachts natürlich wieder zu verlassen hatten.

Unmittelbar links der Kirchenfassade sieht man den **Palazzu Publicu** oder **Maison du Podestat**. Hier residierte in früheren Zeiten der Podestat, der höchste Vertreter Genuas in Bonifacio, der u. a. auch über die Schlüssel zur Stadt wachte.

Geht man am Palazzu Publicu die Rue Longe weiter nach Westen bis zur Rue Fred Scamaroni, kommt man zum **Touristenbüro [WP 107 / N 41° 23' 15.8" E 9° 09' 29.4"]**, 2, rue Fred Scamaroni, ganz in der Nähe des Stadttors Porte de France, eines der beiden Tore, durch die die Altstadt mit Fahrzeugen zugänglich ist.

Auf dieser Seite der Altstadt liegt unten die Anlegestelle der **Sardinienfähren** nach Santa Teresa di Gallura auf der Nachbarinsel. Im Sommer bis zu vier tägliche Abfahrten.

Zweck des Unterfanges: Man wollte für Belagerungsfälle einen Geheimweg haben, auf dem Waren und Wasser in die Stadt gebracht werden konnten.

Unten, kurz über dem Meer, kann man auf einem durch Drahtseile gesicherten schmalen Pfad noch ein Stück an den Felsen entlang spazieren.

Bei ausreichend zur Verfügung stehender Zeit kann man oben vom Donjon noch weiter nach Westen bis fast ans Ende der Hochfläche gehen – vom Donjon ein kurzes Stück zurück bis zum Place Casteletto, dort nordwärts vorbei an der **Église St-Dominique** bis zum Denkmal der Fremdenlegionäre (Légion étrangère) in der Nähe des Hotels Genovese und hier westwärts durch eine kaum bebaute Gegend, die einst das Refugium der Fremdenlegion war und die in einem augenfälligen Gegensatz zur dicht bebauten Ville Haute steht, bis zum **Cimetière marin**.

Die **Église St-Dominique** aus dem 13. Jh. zählt zu den wenigen gotischen Kirchen auf Korsika. Bemerkenswert ist der ungewöhnliche, achteckige Turm, der oben von einer Turmkrone mit Zinnen abgeschlossen wird. Sehenswerter Kirchenraum mit Gemälden italienischer Künstler aus dem 18. Jh., Marmorhochaltar, Barockorgel, kostbar gearbeitete barocke Reliquiare mit Reliquien der Hl. Maria-Magdalena und es Hl. Bartholomä, Chorgestühl aus Kastanienholz u.a. *(geöffnet Juli - Sept. tgl. 10 - 17 Uhr, Juli + Aug. oft bis 19 Uhr, Führungen obligatorisch).*

Fast am Ende der Halbinsel liegt der **Cimetière marin, der Marinefriedhof** mit seinen Grabkapellen, Mausoleen und Grabmonumenten. Früher hatte der Friedhof den Zusatz „El Bosco", ein Hinweis darauf, dass das Plateau hier in früheren Zeiten noch bewaldet war.

Ganz in der Nähe zum Eingang in den Cimetière marin führt ein aus dem Fels gehauener steiler Treppengang (Eintritt) hinab zur Geschützbastion **Gouvernail de la Corse** (Steuer Korsikas), die vor dem Zweiten Weltkrieg am äußersten Ende des Felsens, auf dem Bonifacios Oberstadt liegt, angelegt worden ist *(geöffnet Juni - Sept. tgl. 9 - 18 Uhr).*

Ein in den Felsen gegrabener Durchgang gegenüber des Eingangs zum Friedhof führt zu einer Kanone im

Blick von Bonifacios Zitadelle auf den unteren Stadtteil La Marine

Felsen, die den Namen Gouvernail de la Corse trägt. Von hier kann man einen schönen Blick über die „Bocche di Bonifacio" genießen.

Vom Cimetière marin oder vom Dojon geht man am besten den selben Weg zurück, wende sich aber südlich der Kirche Ste-Marie Majeure in die kurze Rue du St-Sacrement und an deren Ende rechts (südwärts) zum nur wenige Schritte weiter liegenden **Place de la Manichella** am Südrand der Altstadt, wo die Häuser buchstäblich auf den Kalksteinklippen hoch über dem Meer „schweben" (Aussicht).

Über den **Place du Marché** (prächtige Aussicht auf Bucht und Klippen) und die Rue du Portone gehen wir an der Festungsmauer entlang zurück zur Porte de Gênes, dem Ausgangspunkt unseres Rundgangs.

Die neuere **Unterstadt,** auch als „Marinestadt" **La Marine** bekannt, gruppiert sich um den großen Jachthafen. Einige hundert Meter westlich vom Jachthafen befindet sich der **Fährhafen/Gare Maritime [WP 108 / N 41° 23' 19.4" E 9° 09' 25.2"]** der Stadt.

Ausflüge ab Bonifacio

Lohnend ist ein **Abstecher zum Capo Pertusato.** Unterwegs hat man prächtige Ausblicke hinüber nach Bonifacio. Man kann das Auto bei der Semaphore, einer nautisch-militärischen Station, parken und zu Fuß weiter bis zum **Leuchtturm am Kap** spazieren.

Noch ein Stück weiter östlich liegen die Strände der **Plage de Piantarella.**

An der Straße zur Plage gibt es zwar nur schlechte Parkmöglichkeiten, aber die **Ausblicke [WP 109 / N 41° 22' 52.1" E 9° 10' 26.3"]** von der nahen Steilküste auf Bonifacio sind grandios!

Empfehlenswert sind **Bootsausflüge** zu den diversen Meeresgrotten in den Kalksteinklippen unterhalb der Altstadt. Vom Wasser aus sehen die Kalkklippen auf denen die Stadt steht noch eindrucksvoller aus. Angefahren werden u. a. die **Grotte du Sdragonato** oder die **Grotte de St-Antoine**. Dauer etwa eine Stunde.

Das Unternehmen Compagnie Gina bietet Bootsrundfahrten mit Booten an, die einen Glasboden haben, damit Sie auch sehen können, was sich unter Ihnen im Meer tut.

Die Bootsausflüge „Grottes et Falaises" (Grotten und Steilküsten) starten am Hafen in der Unterstadt. Saison ist von Mitte April bis Mitte Oktober, Abfahrten nur bei ruhiger See, Dauer ca. 1 Stunde.

Bootstouren von etwa dreistündiger Dauer werden zu den weiter südöstlich vorgelagerten Inseln **Île Lavezzi** angeboten. Nehmen Sie sich zumindest etwas zu trinken mit. Auf der Insel kann man keine Verpflegung kaufen.

Die Bootsführer halten respektvollen Abstand von der unweit nördlich gelegenen Île Cavallo. Sie ist für Normalsterbliche „no go area", also verboten und ausschließlich einem elitären Kreis von Milliardären und dem internationalen Jetset vorbehalten, hört man.

Abstecher nach Sardinien

Der Gedanke, einen Abstecher von Bonifacio aus nach Santa Teresa di Gallura auf der nur eine Bootsstunde entfernten Nachbarinsel Sardinien zu machen, ist verlockend. Falls Sie aber mit einem Wohnmobil unterwegs sind, sollten Sie daran denken, dass die Innenstadt von Santa Teresa di Gallura, sowie andere Orte und Strände an der Costa Smeralda für Wohnmobile gesperrt sind!

PRAKTISCHE HINWEISE – BONIFACIO

Office Municipal du Tourisme de Bonifacio [WP 107 / N 41° 23' 15.8" E 9° 09' 29.4"], Hauptbüro in der Altstadt Ville Haute, 2, rue Fred Scamaroni, 20169 Bonifacio, Tel. 04 95 73 11 88, www.bonifacio.fr. *Geöffnet Mai - Sept. tgl. 9 - 19 Uhr; Juli + Aug. bis 20 Uhr; übrige Jahreszeit Mo - Fr 9 - 12 Uhr, 14 - 18 Uhr.*

Office Municipal du Tourisme de Bonifacio, saisonale Nebenstelle am Freizeithafen in der Unterstadt, Avenue Sylvère Bohn, *geöffnet Juni - Sept. tgl. 9 - 19 Uhr, Juli + Aug. bis 20 Uhr.*

Gare maritime, Fährterminal, im Port de Commerce westlich der Stadt und unterhalb der Altstadt, Zufahrt über Quai J. Comparetti an der Südseite des Jachthafens und durch die enge „Restaurantmeile" Banda del Ferro. Zwei (im Sommer häufigere) Abfahrten täglich nach **Santa Teresa di Gallura** auf Sardinien mit Moby Lines (Tel. 04 95 73 00 29; www.mobylines.fr) oder mit Saremar (Tel. 04 95 73 00 96; www.saremar.it). Dauer der Überfahrt rund eine Stunde.

Busbahnhof, am Hafen, Avenue Sylvère Bohn, Eurocorse Tel. 04 95 71 24 84, tägliche Verbindungen nach Sartène, Propriano und Ajaccio, sowie nach Porto-Vecchio.

RESTAURANTS

Restaurant Stella D'Oro „Chez Jules", 7, rue Doria, Tel. 04 95 73 03 63, www.stelladoro.fr; in der Oberstadt, in rustikalem Ambiente, Fischspezialitäten, Pasta oder Salate. Geöffnet Apr. – Ende Sept.

Restaurant L'Albatros, 47, Quai Comparetti, Tel.04 95 73 01 97, beliebtes Lokal am Hafen, man serviert natürlich Fischspezialitäten, aber auch leckere Steakgerichte. Geöffnet Apr. – Okt.

Restaurant U Campanile, 7, Montée Rastello, Tel. 04 95 73 09 10, am Treppenweg zur Oberstadt einfaches Lokal, aber mit Spezialitäten aus Fisch und Meeresfrüchten vom feinsten. Es werden auch korsische Gerichte angeboten. Nov. – März geschlossen. Terrasse.

HOTELS

Hotel A Cheda ****, 16 Zi., Route de Porto-Vecchio, Cavallo Morto, Tel. 04 95 73 03 82, www.acheda-hotel.com; in landestypischer, rustikaler Bauweise, gemütliche Zimmer, ein fast tropischer Garten mit Schwimmbad, Restaurant, Parkplatz.

Hotel La Caravelle ***, 35, Quai Camparetti, Tel. 04 95 73 00 03, www.hotelrestaurant-lacaravelle-bonifacio.com; hübsches, kleines Mittelklassehotel am Bootshafen gelegen, renommiertes, aber hochpreisiges Restaurant mit Terrasse zum Hafen. WLAN. Parkplatz. Geöffnet Anf. Apr. – Ende Okt.

CAMPING

Pertamina Village - U Farniente Camping [N41° 25' 5" E9° 10' 48"], Tel. 04 95 73 05 47, www.camping-pertamina.com; Anf. Apr. – Mitte Okt.; von der N-198 Richtung Porto Vecchio 5 km nordöstlich von Bonifacio zum Platz abzweigen; leicht geneigtes Gelände, unterteilt in zahlreiche, teils kleine, durch Natursteinmäuerchen und Sträucher eingefasste, nummerierte Stellplätze unter Pinien, Oliven- und Korkeichenbäumen; 3 ha – 100 Stpl.; moderne, zeitgemäße Komfort-Sanitärausstattung. Restaurant, Imbiss und Laden in Saison, Poollandschaft, Tennis, Internetecke, Fitnessraum. Chemikalausguss, Internetecke. Zahlreiche Mietbungalows. Beim Hotelkomplex Pertamina Village.

Camping Cavallo Morto [WP WP 112 / N 41° 24′ 21.4″ E 9° 10′ 13.9″], Tel. 04 95 73 04 66, www.camping-cavallomorto.com; Anf. Apr. – Mitte Okt.; ca. 5 km nördlich von Bonifacio von der N-198 Richtung Porto Vecchio beschilderter Abzweig; sandiges fast ebenes Gelände mit niederen Korkeichen; 5 ha – 130 Stpl.; Standard-Sanitärausstattung. Restaurant mit lauschiger Terrasse. Imbiss, Laden, Schwimmbad. Zahlreiche Mietbungalows.

Camping Les Îles [WP 110 / N 41° 22′ 40.9″ E 9° 12′ 35.9″], Route de Piantarella, Tel. 04 95 73 11 89o, www.camping-desiles.com; Anf. Apr. – Anf. Okt.; von Bonifacio in Richtung Piantarella ca. 5 km südostwärts zum Platz; Wiesenterrassen mit Korkeichen, Pinien, Palmen und Oleanderbüschen, teils auch ohne Schatten, teils mit Blick übers Meer, bei gutem Wetter bis Sardinien; 8 ha – 100 Stpl.; Standard-Sanitärausstattung. Restaurant. Laden, Schwimmbad, Minigolf, Tennis. Mietcaravans- und Bungalows.

Camping Campo-di-Liccia, Parmentil, Tel. 04 95 73 03 09, www.campingdiliccia.com; Anf. Apr. – Anf. Okt.; ca. 5 km nordöstlich von Bonifacio an der N198 Richtung Porto Vecchio gelegen; teils ebenes, teils terrassierter Platz mit Pinien- und Eichenbäumen; 5 ha – 150 Stpl.; Standard-Sanitärausstattung. Restaurant, Imbiss, Bar, WLAN im Rezeptionsbereich. **V & E für Wohnmobile**. Mietbungalows.

Camping Pian del Fosse [WP 111 / N 41° 23′ 58.8″ E 9° 12′ 05.6″], Tel. 04 95 73 16 34, www.piandelfosse.com; Mitte Apr. – Mitte Okt.; ca. 5 km östlich Bonifacio an der D-58 Richtung Sant' Amanza; Wiesen im Pinien- und Korkeichenhain; 5 ha – 100 Stpl.; einfache Standard-Sanitärausstattung. Imbiss. WLAN im Rezeptionsbereich. Mietbungalows.

Camping La Trinité [WP 104 / N 41° 24′ 35.6″ E 9° 07′ 40.5″], Tel. 04 95 73 10 91, www.campinglatrinite.com; Anf. Apr. – Ende Sept.; von der N-196 (Sartène – Bonifacio) ca. 5 km westlich von Bonifacio zum Platz abzweigen; leicht ansteigendes, felsiges Gelände mit niederen Pinien- und Laubbäumen; 4 ha – 100 Stpl.; Standard-Sanitärausstattung. Laden, Imbiss, Schwimmbad. Mietbungalows.

Suartone bei Bonifacio

Camping Rondinara [N 41° 28′ 24″ E9° 15′ 47″], Tel. 04 95 70 43 15, www.rondinara.fr; Mitte Mai – 30. Sept.; von der N-198 10 km nördlich von Bonifacio abzweigen und noch 6 km schmale Straße Richtung Pointe de la Rondinara; felsdurchsetztes, unebenes, gut schattiges Gelände mit Kiefern und Laubbäumen, auch auf Terrassen zwischen Felsstücken; 5 ha – 120 Stpl.; Standard-Sanitärausstattung. Restaurant, Imbiss, Laden, Schwimmbad. **V & E für Wohnmobile**. Mietbungalows. Zur Badebucht 400 m. Keine Hunde im Juli und August.

BONIFACIO – PORTO-VECCHIO

Länge der Tour: Rund 50 km.
Die Route: Über die N-198 bis **Porto-Vecchio**.
Reisedauer: Mindestens ein Tag.
Höhepunkte: **Porto-Vecchios Altstadt** – die **Strände *** Plage de Palombaggia, Golfo di Sogno, Cala Rossa** und **San Ciprianu** bei Porto-Vecchio.

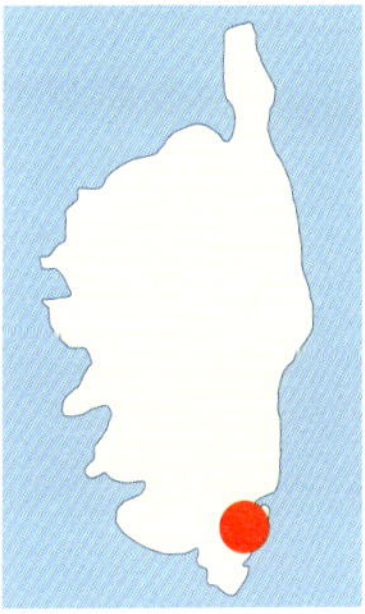

ROUTE: Von Bonifacio auf der N-198 nordwärts nach ***Porto-Vecchio*** *(28 km).*

Enttäuschend und wenig lohnend ist der Weg an die kleine Bucht **Golfe de Santa Giulia [WP 115 / N 41° 32' 01.1" E 9° 15' 52.5"]**, rund 22 km nördlich von Bonifacio. Die Straße, für Wohnmobile gesperrt, verläuft auf einem schmalen Landrücken zwischen einer Lagune und dem Meer und endet schließlich am Hotel Moby Dick. Parken und wenden ist schwierig!

Etwas Zeit benötigt man für den landschaftlich reizvolleren küstennahe Umweg über die östliche Halbinsel von Porto-Vecchio.

Unterwegs passiert man ausgedehnte Villensiedlungen, die sich entlang der Hänge ziehen, aber auch einladende Sandstrände z. B. die **Plage de Palombaggia [WP 116 / N 41° 34' 18.6" E 9° 16' 28.6"]** mit einem zumindest in der Sommersaison gebührenpflichtigen Parkplatz.

Eine Stichstraße führt hinaus zum Leuchtturm am Kap **Pointe de la Chiappa**, dessen rötliche Felsen malerisch aus den blauen Fluten der Bucht Golfe de Porto-Vecchio ragen. Im Hintergrund erhebt sich schön das bewaldete Bergland.

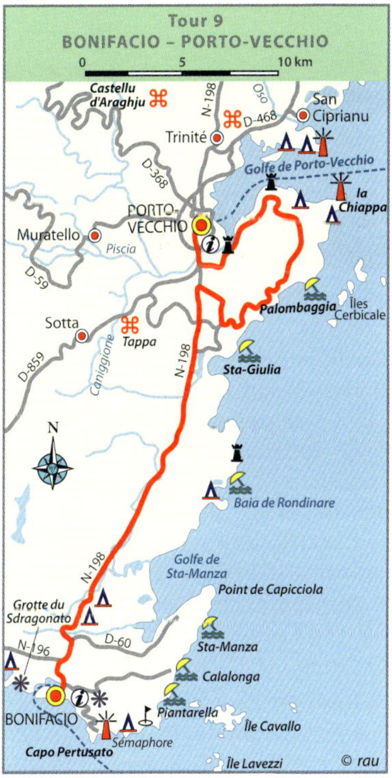

Porto-Vecchio [WP 119 / N 41° 35' 25.1" E 9° 16' 56.5"] an der Südostküste Korsikas ist der drittgrößte Hafen der Insel. Unter touristischen Gesichtspunkten hat sich Porto-Vecchio zum wichtigsten Standort auf Korsika entwickelt.

Der Ort, an einer sehr einladenden Bucht mit weißen, weiten Stränden, umgeben von Korkeichen- und Pinienwäldern gelegen, war noch bis zu Beginn des vorigen Jahrhunderts beeinträchtigt von seiner malariaver-

Duftet herrlich, die Frühlings-Macchia

seuchten Umgebung. Besonders die Marschen und seichten Brackwasserflächen an den Küsten nördlich von Porto-Vecchio waren Brutstätten der Anopheles-Mücke, der Überträgerin der oft tödlich verlaufenden Krankheit. Und früher war es bei den Bewohnern der Ostküste gang und gebe, sich in den Sommermonaten auf kühlere Höhen im bergigen Hinterland zurückzuziehen.

Nach der Stadtgründung durch Genua Anfang des 16. Jh. wurde immer wieder versucht, die Entwicklung von Porto-Vecchio voranzutreiben, was einen Zuzug von Bewohnern voraussetzte. Aber niemand der einheimischen Bevölkerung wollte freiwillig in der malariaverseuchten Gegend wohnen. Also wurde von Seiten der genuesischen Behörden Zwang angewendet. Aber das Malariafieber machte allen Anstrengungen einen Strich durch die Rechnung, die Einwohnerschaft wurde immer wieder durch die Seuche dramatisch dezimiert.

Mit Hilfe der amerikanischen Luftwaffe und nach massivem Einsatz von Insektiziden gilt die Malaria seit 1950 als ausgemerzt und Porto-Vecchio konnte sich zu einem aufstrebenden Küstenstädtchen entwickeln, das lange Zeit hauptsächlich vom Kork und von der Weinproduktion gelebt hatte, deren Ergebnisse man über den Hafen exportierte.

Heute leben annährend 11.000 Menschen in Porto-Vecchio. Die Zahl erhöht sich im Sommer nicht selten auf das Vier-, ja Fünffache. Der Tourismus ist längst zu einem weiteren wichtigen Wirtschaftszweig geworden.

Und Porto-Vecchio mit seinen hübschen Altstadtgassen aus Genueserzeit arbeitet vehement daran, ein attraktives Seebad zu werden. Mit bestem Erfolg wie es scheint, wenn man erfährt, dass an manchen Tagen in der Hochsaison zwischen Mitte Juli und Mitte August über 100.000 Menschen die Stadt und die – zugegeben phantastischen – Strände in der Umgebung stürmen, und das täglich.

Parkmöglichkeiten [WP 118 / N 41° 35‘ 13.4“ E 9° 16‘ 34.5“] findet man auf dem Parkplatz Santa Catalina. In der betriebsamen Hochsaison kann die Innenstadt gelegentlich für Autos gesperrt werden.

Die historische Altstadt **Ville Haute** von Porto-Vecchio und vor allem die Gassen innerhalb der mauerumgebenen Zitadelle aus der Zeit, als Genua das Sagen hatte, lohnen bei ausreichend zur Verfügung stehender Zeit durchaus einen Besuch.

Zu den wenigen Sehenswürdigkeiten dort zählt die Kirche **Saint-Jean-Baptiste**

Der **Place de la Républic** unweit vom Rathaus ist umgeben von Kneipen, Eisdielen und Bistrots wie das Les Beaux Arts oder das Bel Ombra.

Jedes Jahr im Juli ist Porto-Vecchio mit dem **Filmfestival „Cinémaffiche"** im Espace Jean-Paul de Rocca internationaler Treffpunkt von Filmenthusiasten.

Mein Tipp: Wie schon erwähnt, waren weite Teile der Ostküste Korsikas lange malariaverseucht. Durch Trockenlegung weiter Sumpfgebiete und Einsatz von Pestiziden z. B. an den zahlreichen Flussmündungen wurde die Malaria besiegt. Geblieben ist allerdings der Umstand, dass im Sommer entlang der Küste mit Stechmücken zu rechnen ist (allerdings nicht jedes Jahr im gleichen Maße), die den Aufenthalt im Freien verleiden können, z. B. abends in windgeschützen Lagen. Wer auf Insektenstiche empfindlich reagiert, sollte an ein entsprechendes Abwehrmittel denken.

In Norden von Porto-Vecchio liegen in den Buchten **Golfo di Sogno, Cala Rossa** und **San Ciprianu** sehr einladende, oft von Pinien und Kiefern gesäumte, teils blendendweiße **Sandstrände**.

PRAKTISCHE HINWEISE – PORTO-VECCHIO

Office Municipal de Tourisme de Porto-Vecchio [WP 120 / N 41° 35' 29.4" E 9° 16' 45.6"], Rue Camille-de-Rocca-Serra, PB 92, 20137 Porto-Vecchio, Tel. 04 95 70 09 58, www.destination-sudcorse.com. *Geöffnet Mai - Sept. Mo - Sa 9 - 20 Uhr, So 9 - 13 Uhr; übrige Jahreszeit Mo - Fr 9 - 12.30 Uhr, 14 - 18.30 Uhr, Sa 9 - 12.30 Uhr.*

RESTAURANTS

Restaurant L'Antigu, 51, rue Borgo, Tel. 04 95 70 39 33; beliebtes Lokal in der Altstadt mit Dachterrasse, die schöne Ausblicke auf den Hafen ermöglicht. Dabei genießt man hervorragende Fisch-und lokale Gerichte.

Restaurant Chez Anna, 16, rue Camille-de-Rocca-Serra, Tel. 04 95 70 19 97; in der Altstadt ganz in der Nähe der Kirche, an der Stadtmauer, nur abends geöffnet zwischen Ostern und Anfang Oktober. Gute italienische Küche, auch korsische Spezialitäten. Zwei einladende Terrassen.

Restaurant U Spuntinu, rue Giudice De Cinarca, Tel. 04 95 10 78 05; in zentraler Lage in der Altstadt am Stadtplatz gegenüber der Kirche St-Jean-Baptiste, gereicht werden leichte Gerichte wie Salate, Omelettes und Wurstwaren.

Restaurant U Corsu, Quai Pascal Paoli, Port de Commerce, Tel. 04 95 70 13 11, nahe der Fährstation direkt am Golf de de Porto-Vecchio mit schöner Terrasse, man kocht was der Fang des Tages bietet.

HOTELS

Hotel Castell'Verde ***, 35 Zi., Baie de Santa Giulia, Tel. 04 95 70 71 00, www.sud-corse.com; ca. 7 km südlich von Porto-Vecchio an der Bucht von Sta. Giulia gelegen, gepflegte Anlage, Hotelgarten mit Schwimmbad, Restaurant mit Panoramaterrasse. Parkplatz. Geöffnet Ende Apr. – Mitte Sept.

Hotel Le Moby Dick ***, Zi., Baie de Santa Giulia, Tel. 04 95 70 70 00, www.sud-corse.com; ein bißchen Südseefeeling gefällig, denn die Hotelanlage liegt direkt am Sandstrand der Lagune mit türkisklarem Wasser, Restaurant mit Terrasse. Parkplatz. Geöffnet Ende Apr. – Mitte Sept.

Domaine San Sebastiano ****, La Trinité, Tel. 04 95 70 34 07, www.domaine-san-sebastiano.com; im Hinterland von Porto-Vecchio auf einer Anhöhe mit weiten Ausblicken über den Golfo di Sogno, im gestuften, üppigen Garten verteilen sich hübsche Villas mit Kochnische für bis zu 6 Personen. Schwimmbad, Bar. Geöffnet Ende Apr. – Ende Sept.

CAMPING

Camping U Pirellu, [N41° 35' 23" E9° 19' 55"], Route de Palombaggia, Tel. 04 95 70 23 44, www.u-pirellu.com; Mitte Apr. – Ende Sept.; von der N-198 südlich Porto-Vecchio und der Brücke über den Stabiacco-Fluss Richtung Piccovagia abzweigen und noch 8 km nordostwärts; gestuftes, terrassiertes, naturbelassenes Gelände, von Felsen durchsetzt, mit schattigen Büschen und Bäumen; 5 ha – 150 Stpl.; gute Standard-Sanitärausstattung. Restaurant, Imbiss, Supermarkt, Schwimmbad, WLAN auf dem Gelände. Zum Meer 3 km. Keine Hunde von Mitte Juni bis Anf. Sept.

FKK-Camping La Chiappa, Village de vacances naturiste en Corse, [N41° 35' 36" E9° 21' 26"], Tel. 04 95 70 00, www.chiappa.com; Mitte Mai – Anf. Okt.; von der N-198 südlich Porto-Vecchio und der Stabiacco-Brücke Richtung Palombaggia abzweigen und noch ca. 9 km; felsige, weitläufige, bewaldete Anlage in Naturschutzgelände am Hang auf einer Landzunge mit schöner Badebucht; ca. 50 ha – 200 Stpl.; gute Standard-Sanitärausstattung. Restaurant, Imbiss, Supermarkt, Schwimmbad, Sauna, Tennis, Fahrradverleih, Segel-, Tauch- und Surfschule, Ponyreitstall, Malereistudio, Internetecke, Chemikalausguss. Zahlreiche Mietbungalows.

Trinité de Porto-Vecchio

Camping Golfo di Sogno, [N 41° 37' 48.3 E9° 18' 44.8"], Tel. 04 95 70 08 98, www.golfo-di-sogno.fr; 1. Mai – 30. Sept.; südlich von Trinité de Porto-Vecchio am Kreisverkehr von der N-198 abzweigen und noch ca. 2 km; im gut schattigen Kiefernwald gelegenes, ebenes, weitläufiges Gelände mit langem Sandstrand; + Dau.; 25 ha – 600 Stpl.; Standard-Sanitärausstattung. Restaurant, Imbiss, Supermarkt, Surf- und Segelschule, Bootsslipanlage, Tennis. **V & E für Wohnmobile**. Zahlreiche Mietbungalows. Bei Windsurfern sehr beliebt.

Camping Les Ilots d'Or, [N 41°37' 22" E 9° 17' 59"], Tel. 04 95 70 01 30, www.campinglesilotsdort.com; Mitte Apr. – Mitte Okt.; südlich des Ortes am Kreisverkehr von der N-198 abzweigen; felsiges, teils terrassiertes Hanggelände mit gutem Baumschatten mit Sandstrand; 4 ha – 140 Stpl.; Standard-Sanitärausstattung. Restaurant, Imbiss, Laden. **V & E für Wohnmobile**. Mietbungalows.

Camping la Vetta, [N41° 37' 58" E9°17' 37"], Tel. 04 95 70 09 86, www.campinglavetta.com; Ende Mai – Anf. Okt.; nördlich von Trinité de Porto-Vecchio beschilderter Abzweig von der N-198; geneigtes, felsdurchsetztes Gelände mit Laubbäumen; 7 ha – 180 Stpl.; Standard-Sanitärausstattung. Restaurant in Hauptsaison, Schwimmbad, WLAN im Rezeptionsbereich. Chemikalausguss.

Pinarellu

Camping U Pinarellu, [N 41° 41' 1" E9° 22' 9"], Tel. 04 95 71 52 32, www.campingupinarellu.com; Mitte Mai – Ende Sept.; in Ste-Lucie-de-Porto-Vecchio von der N-198 abzweigen und noch ca. 4 km Richtung Pinarellu; schattiges Pinien-, Korkeichen- und Laubwaldgelände; 5 ha – 170 Stpl.; Standard-Sanitärausstattung. Restaurant, Imbiss, Supermarkt, Schwimmbad, Tennis, Chemikalausguss. Mietbungalows.

Der Strand von Palombaggia bei Porto-Vecchio

PORTO-VECCHIO – ZONZA – SOLENZARA

Länge der Tour:	Rund 100 km.
Die Route:	Über die N-198 bis **Torre** – D-759 bis **Castellu d'Araghju** –D-368 bis **Zonza** – D-268 bis **Solenzara**.
Reisedauer:	Mindestens ein Tag.
Abstecher:	Ab Zonza nach **Levie** und zum **Castello de Cucuruzzu.**
Höhepunkte:	Die prähistorischen Ruinen des **Castellu d'Araghju** *** und der Blick von dort oben – die **landschaftlich reizvolle Fahrt** nach Zonza – das **Musee Départementale de l'Alta Rocca** ** in Levie – der Spaziergang zu den Ruinen des **Castello de Cucuruzzu** *** – das Bergpanorama am **Pass Col de Bavella** ***.

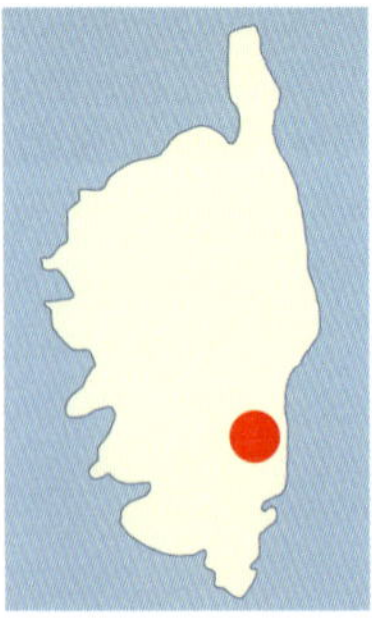

ROUTE: Von Porto-Vecchio auf der N-198 nordwärts. Nach rund 5 km bietet sich Gelegenheit für an Archäologie Interessierte zu einem kurzen Abstecher zu den **Alignement Torre** *in der Nähe von Ste-Trinité. Ganz in der Nähe der Alignement Torre zweigt von der Hauptstraße N-198 die Landstraße D-759 westwärts nach* **Araghju** *ab* **[WP 125 / N 41° 38' 14.92 E 9° 1'7 38.12]**.

Grund für den Umweg über den kleinen Ort ist die frühgeschichtliche Ausgrabungsstätte **Castellu d'Araghju**.

Am Südrand des Ortes Araghju weist ein Schild auf den obligatorischen, aber kostenlosen **Parkplatz [WP 127 / N 41° 38' 34.2" E 9° 15' 52.9"]** hin. Dort stellt man tunlichst seinen Wagen ab, auch wenn sich die nur etwa 200 m lange Zufahrt in einem sehr schlechten, ausgefahrenen

Zustand befindet (zumindest zum Zeitpunkt unseres jüngsten Besuches war das so).

Vom Parkplatz geht man zurück zur Straße, wendet sich rechts und geht rund 500 m in den Ort. Nach der Snackbar „L'Orée du Site" wendet man sich an der Straßenkurve links, zwischen zwei Häusern hindurch (kleine Schilder) und trifft auf den Fußweg **[WP 126 / N 41° 38' 42.3" E 9° 15' 59.2"]**, der letztendlich oben an den Resten einer frühgeschichtlichen befestigten Wohnburg endet. Bis man dort allerdings ankommt, ist ein ziemlich schweißtreibender Weg bergwärts zurückzulegen.

Zunächst führen Treppen hinab zu einem Bach, den man auf Steinplatten bequem überquert. Nach der Brücke beginnt rechts ein steil ansteigender Weg.

„Weg" ist aber maßlos übertrieben, denn auf dem von großen Steinen und Wurzeln übersäten Steig muss man schon mal die Hände zu Hilfe nehmen. Festes Schuhwerk mit griffiger Sohle ist ebenso zweckmäßig, wie etwas zu trinken mitzunehmen, denn der Weg ist, obwohl von Büschen, Bäumen und Felsbrocken flankiert, voll der Sonne ausgesetzt. M. E. sollte sich den zumindest bergwärts anstrengenden Weg nur zumuten, der wirklich gut zu Fuß ist.

Insgesamt ist man rund 45 Minuten hin und 45 Minuten zurück bis zum Parkplatz unterwegs.

Das **Castellu d'Araghju (Casteddu d'Araghju)** ist eine prähistorische, der Kulturepoche der Torreaner zugerechnete, von mächtigen Zyklopenmauern mit eingelassenen Nischen umgebene Festungsanlage, die man durch ein schmales Tor in der Mauer betritt.

Der Ausblick von der luftigen Anhöhe ist prächtig und reicht bis zum Golfe de Porto-Vecchio.

ROUTE: Weiterfahrt von **Araghju** *südwestwärts bis zur nahen D-368, die man bei* **Palavèse** *erreicht und der man weiter nordwärts über* **l'Ospedale** *(Ausblick auf den Golf von Porto Vecchio) und über den 991 m hohen Sattel* **Bocca d'Illarata** *bis* **Zonza** *folgt, eine kurvenreiche Fahrt durch eine von Kiefernwäldern überzogene Bergwelt.*

Rund 19 km nach Palavèse kann man von der Straße aus (gebührenpflichtiger Parkplatz) zur **Cascade de Piscia di Gallo [WP 128 / N 41° 41' 16.9" E 9° 12' 00.1"]** wandern, dem

Castellu d'Araghju, eine prähistorische Festung mit mächtigen Zyklopenmauern

927 m hoch gelegenen „Wasserfall des Hahnes" unterhalb des 1.080 m hohen Monte Rosso. Für den Weg wird man hin und zurück etwa eineinhalb bis zwei Stunden benötigen. Und wundern Sie sich nicht, wenn Sie im heißen Sommer am Ziel der Wanderung nur noch ein Rinnsal von den Hängen tropfen sehen.

Zonza [WP 130 / N 41° 45' 03.2" E 9° 10' 18.6"], ein unscheinbares, aber sehr ansprechend in fast 800 m Höhe an den bewaldeten Südhängen der Bavella-Ausläufer gelegenes Bergdorf, ist ein guter Ausgangsort für Unternehmungen, Wanderungen vor allem, in der Gegend. Die touristische Infrastruktur (Hotels, Restaurants, Privatunterkünfte, Campingplätze – siehe weiter hinten) ist dazu geeignet, Zonza als Basis zu wählen.

Öffentliche Verkehrsmittel in Form von Bussen (max. zwei Abfahrten von Montag bis Samstag) verbinden Zonza in der Sommersaison mit Ajaccio, Porto-Vecchio und Propriano.

Abstecher nach Levie und Castello de Cucuruzzu

ROUTE: Von Zonza auf der D-268 nach Südwesten über **San Gavino di Carbini** *bis* **Levie**, *10 km.*

In **Levie [WP 131 / N 41° 42' 05.7" E 9° 07' 21.2"]** fährt man am Dorfbrunnen hinab Richtung Carbini und an der Kirche vorbei zum besuchenswerten **Musee Départementale de l'Alta**

CAMPING – SAN GAVINO DI CARBINI BEI LEVIE

Camping Municipal d'Ora [N 41° 43' 15.69" E 9° 8' 58.73], Tel. 04 95 78 43 11; Mitte Mai – Mitte Okt.; Zufahrt von der Hauptstraße D-268 bei der Mairie talwärts auf die schmale D-67 und noch etwa 500 m; kleiner Platz in ruhiger Lage im hochstämmigen Pinienwald mit erdig-sandigem Untergrund, Stellplatzfindung für sehr große Wohnmobile wg. der teils eng stehenden Bäume etwas schwierig; sehr einfache Campingmöglichkeit mit den notwendigsten Sanitäreinrichtungen, Warmwasser durch Sonnenkollektoren.

Rocca [WP 132 / N 41° 42′ 16.0″ E 9° 07′ 29.4″] *(geöffnet Mai .- Okt. tgl. 10 - 18 Uhr, Nov. - Apr. Di - SaMo - Sa 9 - 12 Uhr, 13 - 17 Uhr)*. Großer Parkplatz. Der Museumsbau, ein bunkerartiger Betonklotz, beherbergt interessante Ausstellungen, die sich mit den Grabungsfunden von Cucuruzzu und anderen archäologischen Stätten Korsikas befassen.

Eine kleinere Abteilung des Museums ist der sakralen Kunst gewidmet.

Das vielleicht bedeutendste Exponat des Museums ist die berühmte **„Dame von Bonifacio"**. Das Skelett einer etwa 30jährigen Frau aus der Jungsteinzeit wurde 1972 bei Ausgrabungen bei Bonifacio gefunden.

Ein weiterer ausgestellter Skelettfund aus der Eisenzeit ist als „Dame de Capula" bekannt.

Bei ausreichend zur Verfügung stehender Zeit – und bei Interesse an romanischer Kirchenarchitektur schon fast ein Muss – lohnt ab dem Museum die kurvenreiche Weiterfahrt nach Südosten ins 8 km entfernte **Carbini**. Zu sehen gibt es dort die **Eglise Romane St-Jean-Baptiste [WP 133 / N 41° 40′ 47.2″ E 9° 08′ 49.0″]**, eine der schönsten im Stil Pisaner Romanik errichteten Kirchen Korsikas mit freistehendem Campanile aus dem 12. Jh. Während des Mittelalters lebte in Carbini eine Johannes-Sekte, die Giovannali, die in ihrer Gemeinde eine besonders christliche Art des Zusammenlebens und der Nächstenliebe pflegte. Später wurde die gesamte Sektengemeinde von religiösen Eiferern ausgelöscht.

Ein anderer Abstecher führt knapp 4 km südwestlich von Levie von der D-268 auf einem 4 km langen, schmalen und teils schlechten Sträßchen zu den **Sites Archeologique Cucuruzzu et Capula [WP 135 / N 41° 43′ 02.3″ E 9° 07′ 42.0″]** *(geöffnet April, Mai + Okt. tgl. 9.30 - 18 Uhr; Juni + Sept. tgl. 9.30 - 19 Uhr; Juli + Aug. tgl. 9.30 - 20 Uhr)*. Großer Parkplatz.

Die romanische Kirche St-Jean-Baptiste in Carbini

Castello de Cucuruzzu – Ein 3 km langer Rundweg führt durch einen romantischen Laubwald zu den archäologischen Stätten, etwa 1,5 Stunden Gehzeit. Gutes Schuhwerk ist ratsam.

Wer Schwierigkeiten beim Gehen oder beim Treppensteigen hat, für den ist der steinige, ausgewaschene Weg stellenweise beschwerlich. Dafür ist der Pfad

Uralt, die Siedlungsfestung Cucuruzzu aus der Bronzezeit

durch einen dichten Eichenwald fast ständig gut schattig. Ein schöner Waldspaziergang.

Die Attraktionen und die Ziele des Rundwegs sind zwei Festungen, die prähistorische **Cucuruzzu** aus der Bronzezeit mitten in einem wahren Labyrinth aus teils gigantisch großen, glatt und rund geschliffenen Findlingen und das **Castellu di Capula**, eine mittelalterliche Burgruine. Die Festungsmauern zwischen den monumentalen Felsblöcken stammen aus der Zeit um das 11./12. Jh. Ungewöhnlich ist der prähistorische Menhir am Zugang zur Ruine.

Auf dem Rückweg zum Ausgang kommt man an der kleinen, alten, romantisch im Wald gelegenen **San Lorenzo Kapelle** vorbei, die gewöhnlich aber verschlossen ist.

Der Archäologe Roger Grosjean, der sich schon bei den Ausgrabungen von Filitosa verdient gemacht hatte, begann 1963 mit den Ausgrabungsarbeiten von **Cucuruzzu**, das anfangs noch völlig überwuchert und bedeckt war. 1975 wurde die Stätte vom Staat erworben, 2003 an die Regionalregierung Korsikas abgetreten und in die Obhut des Parc Naturel Régional de Corse übergeben.

Das „casteddu" Cucuruzzu, eine stark befestigte frühgeschichtliche Siedlungsstätte, entstand in der Bronzezeit. Die Erbauer, die dem Kulturkreis der Torreaner zugerechnet werden, machten sich sehr geschickt die riesigen, tonnenschweren in der Gegend besonders zahlreich vorhandenen rundgeschliffenen Granitfindlinge zunutze. Die Schutzmauer der Siedlung ist zwischen 3 und 5 m hoch und umfasst ein Areal von etwa 400 Quadratmetern.

Die Grabungsfunde von Cucuruzzu sind im Museum in Levie zu sehen.

ROUTE: *Von Cucuruzzu zurück über Levie nach* ***Zonza***.

Falls Sie allen in diesem Reiseführer vorgeschlagenen Touren folgen, werden Sie auf der nächsten Tour 11

PRAKTISCHE HINWEISE – ZONZA

Office de Tourisme, Tel. 04 95 78 56 33, zentral an der Straße nach Levie gelegen; www.zonza-saintelucie.com; *geöffnet Mai - Sept. Mo - Fr 8.30 - 12.30 Uhr, 14 - 17 Uhr; im Juli + Aug. bis 18.30 Uhr auch Sa, So. 9 - 12 Uhr.*

RESTAURANTS

L'Auberge du Sanglier, rue Principale, Tel. 04 95 78 67 18, in diesem ‚Dorfkrug' mitten im Ort Zonza werden nach alter Tradition Wildbret, Lamm, Geflügel und andere Köstlichkeiten nach einfacher aber guter Manier zubereitet.

Auberge du Col de Bavella, Tel. 04 95 72 09 87, www.auberge-bavella.com; 9 km nördlich von Zonza, 300 m von der Passhöhe Col de Bavella und der D-268 entfernt, einfaches Gasthaus mit zünftigen Speisen wie Ziegenbraten und Gemüseeintopf, Wurst vom Wildschwein und Ziegenkäse. Parkplatz. Herrlicher Blick auf das Bergpanorama der Aiquilles de Bavella.

HOTELS

Zonza

Hotel l'Aiglon *, 11 Zi., Tel. 04 95 78 67 79, www.aiglonhotel.com; rue principal; alteingesessenes Haus in nostalgischem Stil inmitten von Zonza, gutbürgerliches Restaurant mit korsischen Spezialitäten. Geöffnet Apr. – Sept.

Hotel Du Tourisme ***, 12 Zi., Route de Quenza, Tel. 04 95 78 67 72, www.hoteldutourisme.fr; in Zonza an der Straße nach Quenza, Traditionshotel aus dem 19. Jh., von einigen Zimmern und von der Poolterrasse schöner Blick ins Bergland, Restaurant mit korsischer Küche. Zeitgemäße Zimmer. Geöffnet 1. Apr. – 31. Okt.

Quenza

Hotel Sole e Monti **, 19 Zi., Tel. 04 95 78 62 53, www.solemonti.com; Mittelklassehotel in 800 Meter Höhe im Bavella-Bergland mit Restaurant, hier kocht der Chef und zwar korsisch. Bar, kleiner Hotelgarten. Parkplatz. Geöffnet 1. Mai – 30. Sept.

Gite Corse Odyssée *, 7 Zi., Pentaniella, Tel. 04 95 78 64 05, www.gite-corse-odyssee.com; im korsisch-marokkanischen Stil eingerichtet, einfache Zimmerausstattung, Restaurant. Freundliche Gastwirte.

CAMPING

Zonza

Camping Municipal Zonza [WP 129 / N 41° 44' 59.8" E 9° 11' 41.3"], Tel. 04 95 78 62 74; Mai – Mitte Okt.; an der D-368, etwa 2,5 km östlich von Zonza Richtung Porto-Vecchio gelegen. Pinienwaldgelände in ruhiger Lage; einfache Sanitärausstattung.

Quenza

Camping La Riviere [N 41° 46' 6.75 E 9° 10' 40.43], Tel. 04 95 70 03 67, www.camping-lariviere-zonza.chez-alice.fr; Mitte Apr. – Anf. Okt.; rund 2 km nördlich von Zonza an der D-420 Richtung Quenza;

an der Straßenkehre zum Platz abzweigen; kleiner, hübscher Campingplatz in gestuftem Kiefernwaldgelände; einfache Sanitärausstattung. Günstige Basis für Wanderer.

(Solenzara – Zonza – Ghisoni – Ghisonaccia) noch einmal durch Zonza kommen. Der kurvenreiche Weg lohnt sich aber durchaus auch zweimal, denn der Blick auf der Fahrt von Solenzara zurück nach Zonza auf die bizarr gezackten Gipfel des 2.136 m hohen Monte Incudine lohnt die kleine Mühe.

Mein Tipp: Will man lieber in Zonza Station machen und auf den Rest des Weges hinab an die Küste nach Solenzara verzichten, weil man später der Tour 11 über Aullène und Ghisoni an die Küste bei Ghisonaccia folgen möchte, sollte man aber auf den **Abstecher von Zonza hinauf zum Col de Bavella** keinesfalls verzichten!

ROUTE: Weiterreise von Zonza auf der D-268 nach Nordosten und über den **Col de Bavella** *und den* **Col de Larone** *hinab an die Küste in* **Solenzara**. *Eine überaus reizvolle Fahrt.*

Nach rund 9 km erreicht man In 1.218 m Höhe den Pass **Col de Bavella [WP 136 / N 41° 47' 45.0" E 9° 13' 31.2"]**. Hier oben ist man von einer wahrhaft **grandiosen Berglandschaft** umgeben von knorrigen, uralten, windzerzausten Kiefern. Großer Parkplatz (drangvolle Enge in der Sommersaison), **prächtiges Bergpanorama** mit Blick auf die spektakulären **„Aiguilles de Bavella"** (Bavella-Nadeln), Berggasthof „Les Aiguilles de Col de Bavella" (Tel. 04 95 72 01 88, Restaurant, Wanderherberge), Ausgangspunkt für Bergwanderungen. Korsikas berühmter Fernwanderweg GR20 (rot-weiße Markierung) quert den Pass.

Auf einem Steinhügel mit Votivtafeln sieht man eine weiße Madonnenstatue (Schneemadonna). Dort startet der **Wanderweg zu den Aiguilles de Bavella**. Die Gehzeit hin und zurück wird mit sechs Stunden angegeben und der Weg als nicht übermäßig schwierig, aber anstrengend kategorisiert. Nur auf einem kurzen Wegstück muss man sich an einem fest installierten Seil entlang hangeln. Dennoch wird der Weg nur bergerfahrenen, trittsicheren Wanderern mit guter Kondition und entsprechender Ausrüstung empfohlen!

Ein kürzerer und nicht ganz so anstrengender Wanderweg führt vom Parkplatz zum **Trou de la Bombe** oder Tofanu u Cumpuleddu, dem Bombenloch. Wer Weg durch eine bewaldete Berg- und Tallandschaft ist mit roten Markierungen versehen und nimmt hin und zurück etwa zwei Stunden in Anspruch. Ziel der Wanderung ist ein fast zehn Meter breites Loch im Berg.

Die Weiterfahrt vom Col de Bavella geht auf steiler, kurvenreicher, aber sehr gut zu befahrender Straße (D-268) angesichts riesiger Lariciokiefern und mächtiger Berggipfel mit rötlichem Gestein über den Pass **Col de Larone** (608 m) schließlich talwärts. Eine herrliche, dennoch die Aufmerksamkeit des Fahrers fordernde Fahrt, vor allem in der Sommersaison, wenn der Autostrom der Besucher manchmal kein Ende zu nehmen scheint.

Nach 30 km erreicht man Solenzara.

Solenzara entpuppt sich als nichtssagendes Städtchen an der N-198, Korsikas Hauptverkehrsader an der Ostküste. Solenzara lebt hauptsächlich

Prächtig, das Bergpanorama der Aiguilles de Bavella vom Pass Col de Bavella aus

vom Tourismus. Der beliebte Freizeithafen Marine de Scaffa Rossa, die Nähe zu den Bavella-Gipfeln und die langen Sandstrände haben dazu verholfen.

PRAKTISCHE HINWEISE - SOLENZARA

Office de Tourisme Intercommunale de Solenzara – Côtes des Nacres, N-198, 20145 Solenzara, Tel. 04 95 57 43 75, www.cotedesnacres.com. *Geöffnet Juni - Sept. Mo - Fr 19 - 12 Uhr, 14 - 19 Uhr, Sa nachmittags bis 15 Uhr; Juli + Aug. tgl. 9 - 20 Uhr; übrige Jahreszeit Di - Sa 9.30 - 16.30 Uhr.*

RESTAURANTS

Restaurant A Mandria, Pont de la Solenzara, Solaro, Tel. 04 95 57 41 95; an der N-198 nördlich von Solenzara findet man das in einem ehemaligen Schafstall eingerichtete Lokal, dessen Gerichte und Menüs man ein gutes Preis-Leistungsverhältnis nachsagt. Gekocht wird nach korsischer Art mit Holzfeuergrill, Terrassenlaube. Parkplatz. Geöffnet Anf. Feb. – Ende Nov.. Montags geschlossen.

Ferme-Auberge A Pinzutella, Route de Bavella, Tel. 04 95 57 41 18; ca. 5 km südwestlich von Solenzara an der Straße zum Col de Bavella, schöne Ausblicke auf die Bavella-Gipfel. Man kocht gutbürgerlich traditionelle Gerichte wie z.B. Spanferkel oder Zicklein. Dazu Landwein aus dem Solenzaraanbaugebiet. Geöffnet Mai – Sept.

HOTELS

La Solenzara Hôtel et Spa ***, 28 Zi., Quartier du Palais, Tel. 04 95 57 42 18, www.hotel-lasolenzara.com; zwischen N-198 und Meer gelegenes Anwesen im Genueser Stil aus dem 18. Jh., lauschiger Hotelgarten mit Schwimmbad, Wellnesseinrichtungen mit Jacuzzi und Dampfbad. Bar, Imbiss in Saison. Parkplatz. Geöffnet Ende März – Ende Okt.

Hotel Orsoni **, Zi., Tel. 04 95 57 40 25, www.hotelorsoni.com; einfaches, gutbürgerliches Haus, mit Restaurant, das korsische Gerichte serviert. Geöffnet 1. Apr. – 31. Okt.

CAMPING

Camping U Rosumarinu, [WP 137 / N 41° 50′ 36.9″ E 9° 20′ 34.5″], Route de Bavella, Tel. 04 95 57 47 66, www.urosumarinu.fr; Mitte Apr. – Ende Okt.; von der D-268 Richtung Zonza ca. 7 km westlich von Solenzara abzweigen; kleiner Platz im Eukalyptus- und Pinienwald oberhalb des Bergbaches Solenzara; 2 ha – 30 Stpl.; einfache Sanitärausstattung. Restaurant und Imbiss.

Camping Côte des Nacres, [WP 139 / N 41° 51′ 55.6″ E 9° 23′ 48.1″], Tel. 04 95 57 40 09, www.campingdesnacres.com; 1. Apr. – 30. Sept.; zwischen der N-198 und Meer ca. 1 km vom Zentrum und Hafen von Solenzara entfernt; ebener, durch Eukalyptusbäume gut schattiger Platz an der Mündung des Solenzaraflusses, mit Sand-und Kiesstrand; 3 ha – 80 Stpl.; Standard-Sanitärausstattung. Restaurant, Laden. Mietbungalows.

SOLENZARA –ZONZA – GHISONI – GHISONACCIA

Länge der Tour: Rund 155 km.

Die Route: Über die D-268 bis **Zonza** – D-420 bis **Aullène** – D-69 über **Zicavo** bis **Ghisoni** – D-344 bis **Ghisonaccia**.

Reisedauer: Mindestens ein Tag.

Höhepunkte: Die Aussicht auf dem **Col de Larone** **– das Bergpanorama am **Col de Bavella** *** – aufregend und landschaftlich sehr reizvoll, die Fahrt durch die **Schlucht Défilé de l'Inzecca *****.

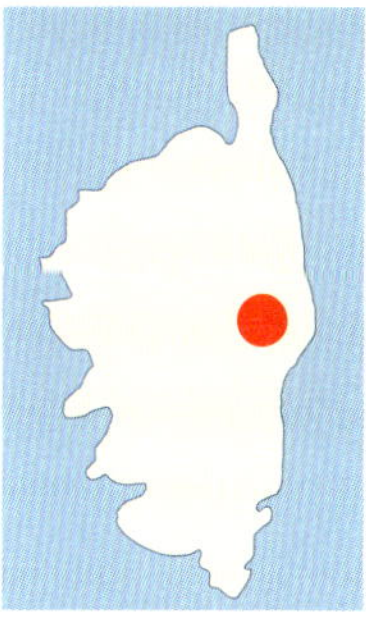

Alternativroute für Caravaner und „Dickschiffkapitäne"!

Wichtiger Tipp! Da der Streckenabschnitt der D-69 über den **Col de la Vaccia** (1.193 m) zwischen Aullène und Zicavo für Caravans und Fahrzeuge über 10 m Länge gesperrt ist, bedienen sich Gespannfahrer, Fahrer großer Wohnmobile und alle, die sich den langwierigen Weg über die D-69 ersparen wollen, besser des wesentlich bequemeren Weges von Solenzara auf der N-198 nach Norden und fahren über Ghisonaccia nach Aléria (Tour 12)! In Aléria bietet sich Gelegenheit, entweder weiter auf der N-198 in Küstennähe direkt nach Bastia zu fahren, oder aber auf der N-200 ins Landesinnere und über Corte weiter zu reisen.

HAUPTROUTE

An dem nachfolgend beschriebenen Reiseweg über Aullène, den Pass Col de la Vaccia, über Zicova und Ghisoni nach Ghisonaccia an der Küste werden ver-

Blick zum Monte-Incudine-Massiv vom Col de Larone aus, Straße D-268 zwischen Solenzara und Col de Bavella

mutlich nur eingefleischte „Passfahrer" ihren Spaß haben. Und fahren Sie nicht mit halbleerem Tank los. Tankstellen unterwegs sind hier rar!

Die Straße D-69 über den Col de la Vaccia wird zwar auf eine Länge von 8 km ausgebaut, der Rest des Weges bleibt aber nach wie vor auf weite Strecken holprig, schmal und ausgefahren.

Ein weiteres „Nadelöhr" ist weiter nordöstlich die Schlucht **Défilé de l'Inzecca** (D-344) östlich von Ghisoni!

Auch die ab Ghisoni (siehe dort) mögliche Alternativroute über den steilen **Col de Sorba** nach Vivario ist m. E. für Gespanne und Wohnmobile über Kastenwagengröße ungeeignet!

Ihnen ist, wie schon erwähnt, der Weg ab Solenzara über die küstennahe N-198 Ghisonaccia und Aléria zu empfehlen.

Wer die eben erwähnten Engpässe ignorieren kann, folgt bei ausreichend zur Verfügung stehender Zeit der nachstehend geschilderten Hauptroute.

ROUTE: *Von Solenzara auf der D-268 den bekannten Weg zurück über den Col de Bavella nach* **Zonza**, *39 km. In Zonza nordwärts auf die D-420 über* **Quenza** *bis* **Aullène**, *21 km.*

Im ruhigen Bergdorf **Quenza** hat die Dorfkirche St-Georges **romanische Säulenkapitelle** im Kirchenschiff. Leider werden Sie auch diese Kirche, wie die meisten Kirchen in Korsika, verschlossen vorfinden. Man kann im Rathaus während der Bürostunden nach dem Schlüssel zur Kirche nachfragen.

Informationen zu Hotels und Campings in Quenza siehe vorangegangene Etappe 10, bei Zonza.

Auf der Weiterfahrt westwärts nach Aullène sieht man in **Serra-di-Scopamène** unterhalb der D-420 eine alte Wassermühle.

Sollten Sie die **Kirche von Aullène** – sie liegt unmittelbar an der Durchgangsstraße – geöffnet vorfinden, sollten Sie einen Blick hineinwerfen. Beachtung verdienen vor allem die Schnitzereien an der Kanzel mit Fabelwesen und Seeungeheuern, die an die Piratenüberfälle erinnern sollten, von denen Korsika bis ins 18. Jh. regelmäßig heimgesucht wurde.

Von Aullène, das vor wenigen Jahren nur knapp der Vernichtung durch einen großflächigen Waldbrand entging, hat man nach Süden einen schönen Blick auf das Bergdorf Zérubia.

Die Landschaft hier oben ist beeindruckend, vor allem wegen der rötlichen, karstigen Berggipfel, an deren Flanken sich weite Kiefernwälder ausdehnen.

ROUTE: Weiterreise auf der D-69 nordwärts über de **Col de la Vaccia** *(1.289 m) und über* **Zicavo** *bis* **Ghisoni**, *69 km.*

Ein Wort zur Straße D-69 zwischen Aullène und Zicavo. Ein Teilstück der Strecke ist nördlich des **Col de la Vaccia** (1.193 m) auf einigen Landkarten als besonders schlechter Straßenabschnitt markiert. Die Straße ist kurvenreich (wie fast alle Straßen auf Korsika), stellenweise schmal (auch wie so manche andere Straße auf Korsika) und größtenteils in einem miserablen Zustand (desolater löchriger Belag, ausgefranste Fahrbahnränder, meist ohne Randbegrenzung geschweige denn Leitplanken). Für sehr große Wohnmobile ist die Strecke sicher etwas mühsam zu befahren. Gespannen ist m. E. von dieser Strecke abzuraten.

Allerdings wurde in jüngster Zeit gerade an dem schlechten Straßenteilstück gearbeitet, die Trasse verbreitert etc., so dass nun – zumindest auf dem 8 km langen Teilstück am Col de la Vaccia – von einer Verbesserung der Situation ausgegangen werden kann.

Zicavo, ein etwa 800 m hoch gelegens Bergdorf mit kaum mehr als 200 Einwohnern, liegt auf der korsischen Wasserscheide. Die umliegenden Höhen sind von Kastanien- und Buchenwäldern und Macchia überzogen.

Ghisoni, eine Gemeinde, die im 16. Jh. entstand, liegt an den westlichen Ausläufern des 1.260 m hohen Bergzuges Christe-Eleïson.

Die Kirche St-Georges in Quenza

In den ländlichen Gebieten Korsikas keine Seltenheit, Tiere auf der Straße

Die Lage des Ortes ist ansprechend. Seine Sehenswürdigkeiten beschränken sich auf die Kirchen, allen voran die romanische Kirche Santa Maria aus dem 15. Jh.

Ghisoni ist eine alte Minenstadt. Bis in die Mitte des 20. Jh. wurden hier vornehmlich im Tagbau Eisen, Blei und Magnesium abgebaut.

Schwierige Alternativroute über den Col de Sorba

Mein Tipp für Caravaner und Fahrer großer Wohnmobile! In Ghisoni zweigt an der scharfen Haarnadelkurve die D-69 Richtung Col de Sorba ab.

Die Straße wird schmäler und führt entlang des wilden Bergbaches Regolo und durch Kiefernwälder hinauf zum 1.311 m hohen Pass **Col de Sorba**. Die serpentinenreiche Abfahrt nach Vivario auf schmaler Trasse mit mangelnder Randsicherung bietet atemberaubende Ausblicke auf prächtige Bergpanoramen.

Caravangespannfahrern und Wohnmobilisten mit Fahrzeugen über Sprinter-/Ducato-Größe möchte ich den **Weg über die D-69 von Ghisoni nach Vivario**, eine alternative Routenvariante, **nicht empfehlen!** Die Straße ist streckenweise steil und schmal, z. B. am Col de Sorba und bei Gegenverkehr wird's hier ziemlich eng. Ihnen ist zum Weg von Aléria über die bequem zu befahrende N-200 nach Corte oder zur küstennahen N-198 zu raten.

HAUPTROUTE

ROUTE: Vom 670 m hoch gelegenen **Ghisoni** *geht es auf der D-344 auf einer ziemlich spektakulären Talfahrt ostwärts* **[WP 142 / N 41° 54‘ 59.1“ E 9° 07‘ 59.7“]**.

Auch diese Strecke ist m. E. für Fahrzeuge über 2 m Breite nicht zu empfehlen!

Man passiert die Klamm **Défilè des Strette**, später den Stausee Sampolo. Es beginnt ein herrliche Passfahrt talwärts auf spektakulärer Trasse, teils einspurig, teils mit überhängenden Felsen. Aufregend schön ist die Passage durch die schmale, tiefe Felsschlucht **Défilé de l'Inzecca [WP 145 / N 42° 05′ 43.5″ E 9° 19′ 58.4″]**, an deren Nordseite die Straßentrasse klebt.

Schließlich erreicht man **St-Antoine**. Von dort führt die D-344 schnurgerade – ein erwähnenswerter Umstand in Korsika – südostwärts nach Ghisonaccia, 8 km.

Ghisonaccia [WP 146 / N 42° 00′ 58.9″ E 9° 24′ 15.9″], ein Städtchen mit kaum mehr als dreieinhalbtausend Einwohnern, ist heute noch nicht viel mehr als ein Verkehrsknotenpunkt und Versorgungsort an der verkehrsreichen Nord-Süd-Ader N-198.

Aus der früheren Hirtenbasis, von wo aus die Schaf- und Ziegenherden auf die Berge getrieben wurden, wird zusehends ein Zentrum des Tourismus an der Küste wie in den Bergen des Hinterlandes.

Zu den bescheidenen Sehenswürdigkeiten wird die **Kirche San Michele** gezählt. Das hohe Kirchengewölbe ist mit bemerkenswerten Fresken im neobyzantinischen Stil ausgemalt. Sie stammen von Nikos N. Giannakakis, einem Maler aus Kreta.

Die Landschaft der **Fium'Orbu-Ebene** mit den Orten Prunelli und Isolacciu westlich von Ghisonaccia war in früheren Zeiten berüchtigtes Rückzugsgebiet „ehrenwerter Banditen" aber auch ein Zentrum der Unabhängigkeitsbewegung, von dem immer wieder Aufstände gegen die Herrschaft Genuas über Korsika ausgingen. Erstaunlicherweise unterstützte man aber die Bemühungen Pasquale Paolis nicht, der sich ja ein unabhängiges Korsika auf die Fahnen geschrieben hatte. Die Autorität Paolis wurde im Fium'Orbu nie richtig anerkannt.

Man wandte sich schon eher einem Herrn namens Martinetti de Ventiseri zu, der 1755 zwar eine „Französische Partei" gründet hatte, aber dennoch nicht müde wurde, immer wieder gegen die „herrschenden Mächte über Korsika" aufzustehen.

Besuchenswerte Orte, zwar nicht ganz einfach zu erreichen, sind **Prunelli-de-Fiumorbo** in aussichtsreicher Lage (Musée Mnemosina, Volkskundemuseum mit Exponaten zur älteren und jüngeren Vergangenheit Korsikas, *geöffnet Sa 15 - 18 Uhr*), **Isolaccio-**

Die Straße D-344 durch die Schlucht Défilé de l'Inzecca

di-Fiumorbo (Kapelle Santa Lucia in Pisaner Romanik), **San-Gavino-di-Fiumorbo** (fast 100 m hoher Wasserfall "A Bugja", Kirche St-Antoine-Abbé), **Ania** („Circinellu Grotte", Höhle des „letzten ehrenvollen Banditen", der einstmals Militärgeistlicher in Paolis Diensten war), **Pietrapola** (seit der Römerzeit schwefelhaltige, 55°C-warme Thermalquellen von Abbatescu) oder **Serra-di-Fiumorbo**.

Die Orte liegen fast alle an Wanderwegen wie „Mare a Mare Centre" oder „Mare e Monti" und nur rund 10 km westlich von Ghisonaccia auf den Anhöhen rechts und links des Abatesco-Tals.

PRAKTISCHE HINWEISE – GHISONACCIA

Office de Tourisme de Ghisonaccia [WP 146 / N 42° 00′ 58.9" E 9° 24′ 15.9"], N-198, Place de l'Hôtel de Ville, 20240 Ghisonaccia, Tel. 04 95 56 12 38, www.corsica-costaserena.com. *Geöffnet Juni - Ende Sept. Mo - Sa 9 - 12.30 Uhr, 14 - 19 Uhr; übrige Jahreszeit Mo - Sa 9 - 12 Uhr, 14 - 18.30 Uhr.*

Die wilde Schlucht Défilé de l'Inzecca des ungezähmten Flusses Fium' Orbo

HOTELS

Hotel Casa di Maria Cicilia ***, 16 Zi., 60, rte de Ghisoni, Tel. 04 95 56 00 41, www.casamariacicilia.com; 1937 als Posthotel gegründet ist es nach Renovierung ein gepflegtes Mittelklassehotel im Ort gelegen, moderne Ausstattung mit Restaurant der feinen Art, Bar. Ganzjährig geöffnet.

Hotel Franceschini **, 10 Zi., Ave. du 9 Septembre, Tel. 04 95 56 06 39, www.hotelfranceschini.com; bescheidenes Mittelklassehotel im Ort an der N198, Restaurant und Bar. Ganzjährig geöffnet.

CAMPING

V&E

Camping Village Arinella Bianca, [WP 148 / N 41° 59′ 54.6″ E 9° 26′ 31.0″], Route de la Mer, Tel. 04 95 56 04 78, www.arinella-bianca.com; Mitte Apr. – Anf. Okt.; in Ghisonaccia am Kreisverkehr auf die D-144 meerwärts abzweigen und noch 4 km, am nächsten Kreisverkehr am Spar-Supermarkt rechts. Große Ferienanlage, weitläufiges, ebenes, parkähnliches Gelände mit reichem Laubbaumbestand. Durch Büsche und Bäume parzelliert; 9 ha – 150 Stpl.; gute Sanitärausstattung. Restaurant, Imbiss, Supermarkt, Schwimmbad, Tennis, Segel- und Surfschule, WLAN auf dem Gelände, Internetecke. V & E **für Wohnmobile** mit Euro-Relaissäule und befahrbare Betonfläche mit Bodenauslass für Abwasser neben Sanitärhaus. Langer Sandstrand. In der Saison Unterhaltungsveranstaltungen. Zahlreiche Mietbungalows. Mitunter Fluglärm durch Nato-Stützpunkt. 300 m entfernt Restaurant/Pizzeria Rib'Alta am Fluss. Der Platz eignet sich gut für Caravaner als Basis und Ausgangspunkt für Ausflüge.

Camping Marina d'Erba Rossa, [WP 149 / N 42° 00′ 00.2″ E 9° 26′ 50.2″], Route de la Mer, Tel. 04 95 56 25 14, www.marina-erbarossa.com; 1. Mai – Ende Okt.; in Ghisonaccia am Kreisverkehr auf die D-144 meerwärts abzweigen und noch ca. 4 km, Zufahrt durch eine schöne Palmenallee, flankiert von Tiergehegen; ebenes, durch viele Büsche und Bäume unterteiltes Gelände, gut schattig; ca. 12 ha – 250 Stpl., Standard-Sanitärausstattung. Restaurant, Imbiss, Supermarkt, Schwimmbad, WLAN auf Teilen des Platzes, Internetecke, V & E **für Wohnmobile**. Fahrradverleih, Segel- und Surfschule, Tennis, Minigolf. Zahlreiche Mietbungalows. Langer Sandstrand. Mitunter Fluglärm durch Nato-Stützpunkt.

GHISONACCIA – BASTIA

Länge der Tour:	Rund 140 km.
Die Route:	Über die N-198 und über **Bravone** bis **Prunete** – D-71 über **Cervione, Piedicroce** und **Morosaglia** bis **Ponte-Leccia** – D-193 bis **Casamozza** – D-107 nach **„La Canonica"** – D-193 bis **Bastia**.
Reisedauer:	Mindestens ein Tag.
Abstecher:	Ins **Vallée d'Asco**.
Höhepunkte:	Die **Ville antique** * bei Aléria – das **Musée ethnographique d l'ADECEC** ** in Cervione – die **Kirche St-Piere-et-St-Paule** ** in Piedicroce – das **Musée Maison natale Pasquale Paoli** ** in Morosaglia-Stretta – die romanische Kirche **„La Canonica"**.

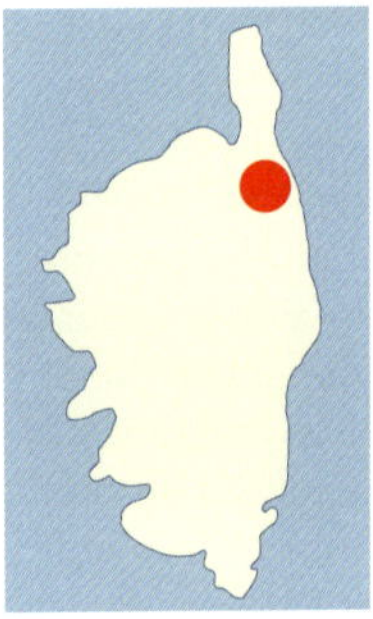

ROUTE: Auf der N-198 nordwärts bis **Aléria***, 15 km.*

Aléria (rund 2.000 Einw.) hat als Siedlung uralte Wurzeln, die bis weit vor Beginn unserer Zeitrechnung reichen. In alten Zeiten war Aléria gar Hauptstadt der Insel.

Bereits die Griechen kannten den Hafen, der damals (um 560 v. Chr.) noch als *Alalia* bekannt war.

Die unweit nördlich gelegene, geschützte Bucht Etang de Diane bot sich als

Aléria, ganz links das Palais Fort de Matra

vorzüglicher Hafen an der Ostküste Korsikas geradezu an. Und die Griechen hatten damit einen Standort, der beste Voraussetzungen bot, aus Aléria/Alalia einen wichtigen Handelshafen im Warenverkehr mit dem damals wirtschaftlich und politisch sehr mächtigen östlichen Mittelmeerraum zu machen. Handelsbeziehungen bestanden nicht nur mit Griechenland, sondern auch mit Spanien, dem mächtigen Karthago, mit Sizilien und mit Italien.

259 v. Chr. bemächtigten sich die Römer des Hafens und machten ihn zu ihrer strategischen Basis für die Kolonisierung Korsikas.

Das Ende für das alte Aléria kam 420 n. Chr. Bei einem Einfall blindwütig marodierender Vandalen wurden Stadt und Hafen damals gründlich zerstört.

Jahrhunderte später war Aléria erster Bischofssitz Korsikas. Damals entstand hier die Kapelle St-Marcel, das erste christliche Gotteshaus auf der Insel.

Überfälle durch Piraten oder Eroberer zerstörten die Stadt mehrfach. Aber die Bewohner bauten Ihre Stadt immer wieder auf, wobei die nahe antike Stätte gerne als willkommener „Steinbruch" genutzt wurde.

Von der N-198 führt ein mit „Aléria Site Antiques" beschilderter Abzweig **[WP 150 / N 42° 06' 11.5" E 9° 30' 54.6"]** ins Dorf Aléria.

Unterhalb des Ortes findet man einen **Parkplatz**. Von dort geht man bergwärts und rechts hinauf in den kleinen Ort.

Auf dem Stadtplatz von Aléria erhebt sich neben der Kirche ein altes, befestigtes Palais, das **Fort de Matra**. Das Fort stammt aus dem 14. Jh. und wurde damals von den Genuesern als Garnison für Reitertruppen errichtet, die zur Überwachung der Küste, des Zugangs nach Corte und des Hinterlandes hier stationiert waren. Heute steht das Gemäuer unter Denkmalschutz.

Seit 1978 beherbergt das Fort de Matra Alérias besuchenswertes **Musée d'Archéologie Jérôme-Carcopino [WP 151 / N 42° 06' 11.2" E 9° 30' 46.4"]** *(geöffnet Mitte Mai – 30. Sept. tgl. 8 – 12, 14 – 19 Uhr, übrige Jahreszeit 8 – 12 Uhr und 14 – 17 Uhr)*. Die Eintrittskarten für das Archäologische Museum gelten auch für das etwa 400 m entfernt gelegene archäologische Gelände.

Benannt ist das Museum nach Jérôme Carcopino, einem korsischen Gelehrten, der sich als Spezilist für römische Kultur in der Fachwelt einen Namen gemacht hat.

Das Museum befasst sich in erster Linie mit den Funden aus dem ganz in der Nähe gelegenen antiken *Alalia*. Zu sehen sind vor allem Keramiken, aber auch Waffen, Grabstelen und Grabbeigaben. Weitere Ausstellungen beleuchten die Bedeutung des Hafens, des Handels, sowie der Militäranlagen in römischer Zeit.

Rund 400 m vom Museumsgebäude entfernt und über einen Fußweg zu erreichen, liegen die Reste des antiken **Alalia** aus Römertagen.

Zu sehen sind in der **Ausgrabungsstätte** Fundamentsfragmente von Bädern, Tempeln, des Kapitols, dem Forum etc. Proper Mérimée, französischer Schriftsteller und Autor der Novelle „Carmen" (siehe auch unter Olmeto, Tour 7 (Ajaccio – Propriano), hatte das antike Alalia in seinen Aufzeichnungen über seine Reise durch Korsika 1839 erstmals erwähnt. Mit Ausgrabungen und der wissenschaftlichen Begutachtung der Römerruinen wurde aber erst 1955 begonnen.

ROUTE: Von Aléria auf der N-198 nordwärts und über **Bravone** *und* **Alistro** *bis* **Prunete**, *24 km.*

Wer sich, vielleicht aus Zeitgründen, den kurvenreichen Weg durch die Berglandschaft der Castagniccia ersparen will, nimmt ab Prunete den direkten Weg über die N-198 Richtung Bastia.

Fahrt in die Castagniccia

Die Landschaft der Castagniccia, die ihren Namen übrigens von den ausgedehnten Kastanienwäldern hier ableitet, ist auch heute noch eine nicht gerade bequem zugängliche Landschaftsregion Korsikas. Noch immer hat der Reisende seine liebe Not mit den kurvenreichen und teils engen Bergsträßchen der Castagniccia.

Das antike Alalia bei Aléria

PRAKTISCHE HINWEISE

Infos, Hotels und Campings an der Costa Verde zwischen Aléria, Prunete, Moriani Plage und Folelli

Aléria

Office de Tourisme de Aléria [WP 153 / N 42° 06' 49.9" E 9° 30' 49.1"], N-198, Casa Luciani, 20270 Aléria, Tel. 04 95 57 01 51. *Geöffnet Sommer Mo – Sa 9 – 19 Uhr, So 9 – 12 Uhr; übrige Jahreszeit Mo – Sa 9 – 12 Uhr, 14 – 17 Uhr.*

Moriani Plage

Office de Tourisme de la Costa Verde, Maison du Dévelppement, N-198, 20230 Moriani-plage, Tel. 04 95 38 41 73, www.costaverde-corsica.com. *Geöffnet Mo - Fr 9 - 12 Uhr, 14 - 18 Uhr; Mitte Juli - Ende Aug. tgl. 9 - 20 Uhr.*

RESTAURANTS

Aléria

Restaurant Aux coquillages de Diana, Etang de Diane, Tel. 04 95 57 04 55, www.auxcoquillagesdediana.fr; ca. 3 km nördlich von Aléria auf der N-198 Richtung Bastia zu erreichen, ein scheinbar schwimmendes Restaurant im Diana-See, man serviert hauptsächlich Fisch- und Muschelgerichte.

Mariani-Plage

Restaurant U Valentinu, Route de la Plage, Figaretto, Tel. 04 95 36 86 48, www.uvalentinu.free.fr; ca. 5 km nördlich von Moriani-Plage von der N-198 meerwärts abzweigen und noch 1 km, angenehmes Lokal mit Gartenterrasse, neben den Genüssen aus der Küche lassen sich an den Wänden die Gemälde der Besitzerin Jenny bestaunen. Ganzjährig geöffnet.

Restaurant A l'Abri des Flots, Route de la plage, Tel. 04 95 38 40 76, keine 50 Meter vom Meer entfernt liegt das einladende Lokal mit schöner, schattiger Terrasse; unter den Spezialitäten des Hauses sind besonders die Muschelgerichte aus der Lagune von Diana zu erwähnen. Ganzjährig geöffnet.

HOTELS

Aléria

Hotel Le Banana's Auberge du Corsigliese **, 9 Zi., Casaperta N-200, Tel. 04 95 57 04 87, www.hotel-bananas.com; ca. 8 km von Aléria und ca. 10 km vom Meer entfernt in Hügellage, kleines Mittelklassehotel mit kleinem Zoo, Hotelgarten mit Schwimmbad, im Winter überdacht, Restaurant mit korsischen Spezialitäten, Friseur, WLAN, im Sommer Livemusik, Parkplatz.

Mariani-Plage

Hotel Costa Verde **, 15 Zi., Tel. 04 95 38 50 41, www.hotel-costaverde.fr; ca. 9 km nördlich von Moriani-Plage in Folelli ostwärts abzweigen und noch ca. 2 km, Mittelklassehotel ca. 200 m vom Sandstrand entfernt gelegen, Restaurant, Bar, Parkplatz. Geöffnet 1. Apr. – 31. Okt.

San Giovanni-di-Moriani
Hotel Le Belvédère d'E Catarelle **, 10 Zi., Tel. 04 95 38 51 64, www.corsica-catarelle.com; Gasthof im Dorf San Giovanni-di-Moriani im Hinterland gelegen, Restaurant.

Poggio Mezzanna
Hotel Levolle Marine ***, 18 Zi., Poggio Mezzanna Plage, Tel. 04 95 58 41 50, www.levollemarine.com, ca. 3 km nördlich von Moriani Plage entfernt, angenehmes Mittelklassehotel direkt am Sandstrand mit üppigem Palmen,- Oleander und Olivengarten, Bar-Salon du Thé, Schwimmbad, Sauna, Jacuzzi, WLAN. Parkplatz.

Folelli
Hotel San Pellegrino ***, 100 Bungalows, Route de la Plage, Tel. 04 95 36 90 61, www.hotel-sanpellegrino.com; ca. 2 km östlich von Folelli entfernt, Bungalowhotel mit Restaurant, und Bar, Strandimbiss. Langer, relativ breiter Sandstrand, Tennis, Tischtennis, Volleyballplatz, WLAN. Parkplatz. Geöffnet Ende Apr. – Ende Okt.

CAMPING

Aléria
Camping Marina d'Aleria, [WP N42° 06' 39.0" E9 33' 02.0"], Tel. 04 95 57 01 42, www.marina-aleria.com; Ende Apr. – Anf. Okt.; nördlich von Aléria in Cateraggio von der N-198 meerwärts abzweigen und noch fast 3 km, beschildert; fast ebenes, sandiges, parzelliertes Gelände mit schattigen Eukalyptusbäumen und Pinien, bis an den langen, feinsandigen Sandstrand reichend; 9 ha – 130 Stpl.; Standard-Sanitärausstattung. Restaurant, Imbiss, Supermarkt, Fahrradverleih, Tennis, Beachvolleyballplatz, Unterhaltungsprogramm im Sommer. **V & E für Wohnmobile**. Mietbungalowsiedlung mit 150 Einheiten.

FKK-Camping Domaine de Riva Bella Naturiste, [N42° 9' 55.1" E9° 32' 39.2"], Tel. 04 95 38 81 10, www.rivabella-inf.com; 15. Mai – 20. Sept. ausschließlich für **FKK-Camper,** auch am Strand; ca. 7 km nördlich von Aléria von der N-198 meerwärts abzweigen und noch 2 km unbefestigte Straße; weitläufiges, dünenartiges, überwiegend naturbelassenes Gelände auf einer Halbinsel am Étang de Terrenzana, mit Laubbäumen und Büschen, bis an den langen, feinsandigen Strand reichend. Im Norden grenzt ein militärisches Schießgelände (Champ de Tir) an, das aber im Sommer angeblich nicht und sonst nur tagsüber genutzt wird; ca. 78 ha, für Camping aber nur rund 10 ha nutzbar – 180 Stpl. + Dau.; gute Sanitärausstattung; Restaurant, Imbiss, Supermarkt, Schwimmbad, Segel-, Tauch- und Surfschule, Fahrradverleih, Beachvolleyballplatz, Bogenschießplatz, Sauna- und Wellnessbereich, Hallenbad, WLAN auf dem Gelände. **V & E für Wohnmobile**. Mietbungalowsiedlung mit 100 Einheiten.

Bravone
FKK-Camping Domaine naturiste de Bagheera, [N42° 12' 53" E 9° 33' 18.3"], Tel. 04 95 38 80 30, www.bagheera.fr; 1. Apr. – 30. Okt.; Abzweig von der N-198 ca. 2 km nördlich von Bravone und noch ca. 2 km zum Platz; **Platz und Strand ausschließlich FKK**; bewaldetes, teils unebenes und naturbelassenes Gelände an fast 3 km langem

Sandstrand, bei einer ausgedehnten Ferienbungalowanlage; ca. 30 ha – 160 Stpl.; Standard-Sanitärausstattung. Restaurant, Imbiss und Supermarkt in Saison, Sauna, Volleyballplatz, Tennis, Internetecke, WLAN im Rezeptionsbereich. Chemikalausguss.

Alistro

Camping Amurucciu, [WP 155 / N 42° 15′ 50.5″ E 9° 32′ 54.8″], Tel. 04 95 38 87 82, www.camping-amurucciu.com; Mai - Sept.; Zufahrt von der N-198 beim Leuchtturm Phare d'Alistro und beim Supermarkt E. Leclerc; ebener, teils schattiger Platz mit langem Sandstrand; 4 ha – 100 Stpl.; einfache Standard-Sanitärausstattung.

San Nicolao – Moriani-Plage

Camping-Caravaning Merendella [N42° 21′ 48.0″ E9° 31′ 47.1″], San Nicolao, Tel. 04 95 38 53 47, www.merendella.com; Anf. Apr. – Ende Okt.; knapp 1 km südlich von Moriani-Plage von der N-198 meerwärts abzweigen; bis an die Hauptstraße reichendes, sandiges Grasgelände hinter Dünen, gut schattig durch hohe Pinien; langer Kies- und Sandstrand; Standard-Sanitärausstattung. Restaurant, Imbiss, Schwimmbad. **V & E für Wohnmobile**.

Müsste man nicht so höllisch auf die Straße achten, könnte man seine Gedanken schweifen lassen und sich vorstellen, ob es vielleicht hier in den Kastanienhainen der Castagniccia war, wo „Asterix auf Korsika" seine Abenteuer bestand?

Lange Zeit lebten die Leute in der Castagniccia recht gut von den Kastanienbäumen. Die Früchte wurden zu Mehl verarbeitet. Die Stämme lieferten Holz. Man sprach vom Kastanienbaum auch vom „Brotbaum" der Region, vom „arbre à pain".

Diese Zeiten sind allerdings lange vorbei. Viele der Orte wirken verlassen.

Vorbei auch die Zeit, als die abgeschiedenen, von Bergen, dicht bewaldeten Hängen und verwinkelten Tälern durchsetzte Gegend ein Sammelbecken korsischer Separatisten und Widerstandskämpfer war, vor allem in der Zeit, als es um die Unabhängigkeit von Genua ging. Einer der namhaftesten Unabhängigkeitskämpfer Korsikas, Pascal (Pasquale) Paoli, stammte aus der Gegend. Er war 1725 hier in Morosaglia geboren worden.

ROUTE: In Prunete Abzweig westwärts [**WP 156 / N 42° 19‘ 10.0“ E 9° 32‘ 24.7“**] *auf die D-71. Die Straße führt über* **Cervione, Piedicroce, La Porta** *und* **Morosaglia** *durch die Berglandschaft der* **Castagniccia** *nach* **Ponte-Leccia.**

Bei ausreichend zur Verfügung stehender Zeit lohnt ein Spaziergang durch die engen Straßen von **Cervione [WP 157 / N 42° 19′ 59.1″ E 9° 29′ 38.7″]**, Korsikas „Hauptstadt der Haselnüsse". Sehenswert ist die barocke **Kathedrale Saint-Érasme.**

Interessantes über Land und Leute in der Region erfährt man im **Musée ethnographique d l'ADECEC** *(geöffnet tgl. a. Sa 9 - 12 Uhr, 14 - 18 Uhr, im Sommer bis 19 Uhr; www.adecec.net)*. ADECEC ist die Abkürzung für eine Gesellschaft, die sich mit der Erforschung und Erhaltung historischer, archäologischer, völker- und naturkundlicher Aspekte Korsikas befasst. Auf Initiative der Gesellschaft wurde das völkerkundliche Museum in Cervione in einem ehemaligen Seminarsgebäude neben dem Rathaus der Stadt eingerichtet.

Baron Theodor von Neuhoff – „König eines Sommers"

Baron Theodor von Neuhoff, der „König eines Sommers", stammte eigentlich aus Köln, wo er 1694 geboren worden war. Er diente als Page an diversen europäischen Königshöfen, u. a. auch in Versailles.

Auf einer Reise durch Italien hatte Neuhoff von den Nöten der Korsen auf dem Wege zur Unabhängigkeit gehört und erbot sich, der Sache seine Unterstützung angedeihen zu lassen. Einzige Bedingung, man müsse ihn zum König von Korsika ernennen.

Tatsächlich landete Baron Neuhoff im März 1736 mit einer Schiffsladung Waffen im Hafen von Aléria und wurde im Gegenzug von den Hauptleuten der Unabhängigkeitsbewegung im Klosterkonvent bei Valle d'Alesani am 15. April 1736 zum erblichen König von Korsika proklamiert.

Anfangs etablierte sich das „Königreich" recht gut. König Theodor I. ließ einen Verfassungsentwurf ausarbeiten und Münzen prägen, baute eine Verwaltung auf, wollte die Wirtschaft ankurbeln. General Hyacinto Paoli, Vater von Pascal Paoli, wurde nicht nur zum Premierminister ernannt, sondern von König Theodor I. auch in den Grafenstand erhoben.

Bald aber meldeten sich Zweifler, Neider, Gegner zu Wort. Vor allem die höheren Militärkreise taten alles, um das royale Intermezzo rasch wieder zu beenden. Schon im November 1736 war es soweit. König Theodor I. musste die Segel streichen und Korsika verlassen. Neuhoff ging ins Exil nach England. Dort starb er verarmt am 5. Dezember 1756 in London.

Korsische Generäle hatten Genua um Hilfe gebeten, um ihren „König" wieder loszuwerden. Genua wiederum hatte französische Truppen als Unterstützung angefordert, die Korsika zurückeroberten und mit vollem Einverständnis Genuas für mehrere Jahre auf der Insel blieben.

In diesem Zusammenhang ist interessant, dass Frankreich seinen Krieg gegen Preußen nur mit kräftiger finanzieller Unterstützung aus Genua führen konnte und man sich nun in der Schuld Genuas sah. Und mit der militärischen Aktion auf Korsika, konnte man einen Teil der Schuld abtragen.

Die Ausstellungen befassen sich mit alten Handwerken (Schmiede, Weberei u. a.), mit der Geschichte des Weinbaus und der Landwirtschaft (u. a. Verarbeitung der Esskastanie) und in einer separaten Abteilung im Obergeschoss mit sakraler Kunst sowie mit Malerei lokaler Künstler.

Besondere Aufmerksamkeit wird hier dem Bischof Alexander Sauli, der in der zweiten Hälfte des 16. Jh. in Cervione wirkte. Sauli war in Mailand geboren worden und kam im Alter von 35 Jahren nach Aléria, wo er das Amt eines Bischofs bekleidete. Nach einer Attacke auf die Stadt Aléria verlegte der Bischof seinen Sitz nach Cervione, wo er nicht nur kirchliche Belange vertrat, sondern sich auch sehr um den Ausbau der Stadt bemühte. Ihm ist z. B. der Bau der Kathedrale St-Érasme zu verdanken. Alexander Sauli wurde 1904 heilig gesprochen.

Am letzten Wochenende im August feiert man zwei Tage lang das Haselnussfest **„Festa di a nuciola"**.

Sehenswert, die Kirche St-Pierre-et-St-Paul in Piedicroce

ROUTE: In vielen Kurven führt die teils schmale Straße D-71 von Cervione bergwärts über **St'Andrea-di-Cotone** *nach* **Valle d'Alesani,** *(17 km).*

Valle d"Alesani, oder besser gesagt der alte **Klosterkonvent von Alesani**, war der Krönungsort von König Theodor I. (siehe Kasten „König eines Sommers").

Beim Klosterkonvent von Alesani, der rund 5 km weiter westlich beim Weiler Piazzali liegt, findet jedes Jahr am 8. September ein großes Klosterfest mit Marienprozession statt. Das Kloster selbst kann gewöhnlich nicht besichtigt werden. Lediglich die **Klosterkirche** ist mitunter zugänglich (Öffnungszeiten waren nicht in Erfahrung zu bringen).

5 km weiter liegt 770 m hoch das hübsche Bergdorf **Felce** mit seiner schönen weißen Kirche.

ROUTE: Der weitere Verlauf der Route führt über den 819 m hohen Col d'Arcarotta hinab nach **Piedicroce,** *(14 km).*

In **Piedicroce [WP 158 / N 42° 22' 31.3" E 9° 22' 03.0"]** ist die **Kirche St-Pierre-et-St-Paul** eine Sehenswürdigkeit. Die Kirche mit barocker Fassade aus dem 18. Jh. ist innen reich, ja geradezu üppig ausgemalt und besitzt eine seltene Orgel aus dem 17. Jh.

Ausgangs von Piedicroce liegen rechts die traurigen Ruinen des **Konvents d'Orezza**. Das ehemalige Kloster war einst ein Zentrum des korsischen Wiederstandes. 1790 hatte Pasquale Paoli hier ein Treffen mit Napoléon.

In der Gegend wurde ein besonderer Marmor gebrochen, der sog. „Verde di Corsica". Mit diesem recht seltenen Gestein wurde die Medicikapelle in Florenz ausgestaltet.

Pascal Paoli

Pascal Paoli wurde am 6. April 1725 in Stretta, einem Ortsteil von Morosaglia geboren.

Im Alter von 14 Jahren ging Pascal (Pasquale) Paoli 1739 mit seinem Vater Hyacinto, der nach Absetzung von König Theodor I. seine Position als Premierminister verloren hatte, nach Neapel. Dort wurde der junge Pascal in die königliche Militärakademie aufgenommen. Zwei Jahre später stand er in Diensten der Bourbonen, die damals das Sagen über das Königreich Neapel hatten.

1745 hörte Paoli erstmals von den Ideen der Aufklärung, die ihn sehr beeindruckten. In der Folge reift seine Überzeugung, sich für den korsischen Freiheitskampf einsetzen zu müssen.

Nachdem sich Paolis Bruder Clemens den Aufgaben als Führer des korsischen Wiederstandskampfes nicht gewachsen sah, empfahl der seinen Bruder Pascal als Nachfolger. 1755 kehrte Pascal Paoli nach Korsika zurück und wurde zum „General der Nation“ gewählt.

Grabkapelle von Pascal Paoli

Paoli machte Corte zur Hauptstadt Korsikas und führte von dort aus seine Amtsgeschäfte.

Im folgenden Jahr verlassen die französischen Truppen Korsika. Paoli nutzt diese Gelegenheit und vertreibt 1756 den größten Teil der auf Korsika verbliebenen genuesischen Truppen. Nur Calvi und Bastia bleiben in der Hand Genuas.

Nun kann Paoli fast ungestört seine Ziele verfolgen – ein unabhängiges Korsika mit moderner Verfassung mit demokratischen Elementen, ein fortschrittliches Bildungssystem und vor allem mit einer reformierten, unabhängigen Justiz. Die Wirtschaft Korsikas erholte sich, es wurde Handel gebtrieben, der Export florierte wieder.

Eine seiner ersten Maßnahmen in Sachen Rechtsprechung war u. a. das Verbot der Vendetta, der Blutrache. Wie man liest, soll es Jahre gegeben haben, in denen an die tausend Menschen auf Korsika Opfer dieser blutigen Tradition wurden. Dieser anachronistischen Familienpflicht sollte nun per Gesetz ein Ende gemacht werden. Tatsächlich sanken die Todesopfer aufgrund blutiger Sippenhändel auf wenige Dutzend.

Die freiheitliche Verfassung Korsikas, sein reformiertes Justizwesen und ein gewisser wirtschaftlicher Aufschwung in der Zeit Paolis machten in den

Ländern Europas Furore. Und Jean-Jacques Rousseau (1712 – 1778, bereitet mit seinen Gedanken zur „natürlichen Rechtsgleichheit aller" den Weg zur Französischen Revolution), der den Korsen einen ersten Entwurf für ihre Verfassung schrieb, äußert in seinem Werk „Contrat social" (Gesellschaftsvertrag, 1762): „In Europa gibt es noch ein der Gesetzgebung fähiges Land, nämlich die Insel Korsika". Und Rousseau bewundert „den Mut und die Beharrlichkeit, mit der dieses tapfere Volk seine Freiheit wiederzuerlangen und zu verteidigen wusste".

Eine Beschreibung des äußeren Erscheinungsbildes von Pascal Paoli, liefert der junge schottische Reisende und Schriftsteller James Boswell. Er traf Paoli während eines Aufenthalts auf Korsika und war ganz erstaunt, keinen finsteren Räuberhauptmann mit Patronengurt über der Schulter und Pistole im Gürtel anzutreffen, sondern eine großen, gepflegten, nach der Mode der Zeit gekleideten und vorzüglich Englisch parlierenden Mann kennenzulernen.

Paoli war nie verheiratet. Er schloss für sich eine Ehe schlicht deshalb aus, weil er sich ganz und gar der Sache Korsikas widmen wollte.

Pascal Paoli
Foto: Musée Départemental Morosaglia

Einen Rückschlag erlitt der Aufstieg des jungen korsischen Staates 1769, als Paolis Freiheitskämpfer bei Ponte Novu von französischen Truppen geschlagen wurden. Paoli setzte sich nach England ab, wo er in Ehren empfangen wurde. 21 Jahre lang hielt er sich in England auf, bis er 1790 – von der Korsischen Nationalversammlung endlich amnestiert – nach Korsika zurückkehren konnte, wo er zum Befehlshaber der Korsischen Nationalgarde ernannt wurde.

In Frankreich wütete die Revolution. Als Paoli von der Hinrichtung König Louis XVI. erfuhr, verurteilte er die Exekution vehement, was ihm natürlich prompt den Zorn der französischen Revolutionsregierung einbrachte. Vorsorglich verhandelte Paoli mit den Engländern, die sich 1794 tatsächliche bereitfanden, sich in Korsika zu engagieren.

Es dauerte alldings nicht lange, bis sich Paoli mit dem vom englischen König George III. eingesetzten Vizekönig für Korsika, Gilbert Elliot, der dem anglo-korsischen Königreich vorstand, überwarf.

Schon ein Jahr später, 1795, begab sich Pascal Paoli erneut ins Exil nach England, wo er am 5. Februar 1807 im Alter von 82 Jahren starb.

Erst 1889 wurden seine sterblichen Überreste nach Korsika überführt und in der Familienkapelle in Morosaglia beigesetzt.

PRAKTISCHE HINWEISE – MOROSIGLIA, PONTE LECCIA

Office de Tourisme de Ponte Leccia, Place de la Mairie, 20218 Ponte-Leccia, Tel. 04 95 47 62 60, www.ponteleccia-morosaglia.com. *Ganzjährig geöffnet.*

RESTAURANTS

Morosaglia

Osteria di U Cunventu le Chalet, Tel. 04 95 47 11 79, mitten im Ort findet man das kleine hübsche Lokal mit schöner Aussicht, korsische Küche.

HOTELS

Le Stuart Hotel ***,18 Zi., tel. 04 95 47 61 11, www.lestuarthotel.com, im Ortszentrum Richtung Corte gelegen, kürzlich renoviert ist es ein einladendes Mittelklassehotel mit schönem Hotelgarten, Bar, Parkplatz. Geöffnet Apr. – Okt.

Hotel Las Vegas *, 8 Zi., Ortone, Tel. 04 95 47 61 59, kleines, einfaches Hotel von der Straße 193 aus zu erreichen. Restaurant. Parkplatz.

ROUTE: *Weiterreise über den 985 m hohen Col de Prato nach* **Morosaglia**, *(17 km).*

Im Weiler **Stretta**, kurz vor **Morosaglia**, lohnt es sich anzuhalten, um das **Musée Maison natale Pasquale Paoli [WP 159 / N 42° 26' 15.4" E 9° 18' 33.2"]** zu besichtigen. Das Geburtshaus von Pasquale Paoli, des großen korsischen Politikers und vehementen Verfechters eines freien Korsika, liegt nur wenige Meter oberhalb der Straße. Die Ausstellungen befassen sich mit Leben und Werk Paolis. Sehr informativ ist der 10-minütige Videofilm, der auch in deutscher Sprache gezeigt wird.

Gleich neben dem Museumseingang liegt die **Grabkapelle Paolis**.

ROUTE: *Weiter auf der D-71 angesichts der Berggipfel des Monte Cinto nach* **Ponte Lecchia**. *Hier trifft man auf die Fernstraße N-193 (Corte – Bastia).*

Bei Morosaglia-Stretta, dem Geburtsort von Pasquale/Pascal Paoli

Abstecher ins Vallée d'Asco

Die Tour – für große Wohnmobile oder gar Caravans recht beschwerlich und eigentlich nicht zu empfehlen, weil schmale Fahrbahn teils mit überhängenden Felsen – führt hinein in die höchsten Regionen der korsischen Bergwelt.

Die Straße folgt dem Asco flussaufwärts **[WP 161 / N 42° 28' 47.8" E 9° 11' 49.4"]**, begleitet von ausgedehnten Pinienwäldern und mit bis weit in den Sommer hinein schneebedeckten Bergen, z. B. dem 2.393 m hohen Monte Padro im Norden oder dem 2.706 m hohen Monte Cinto, Korsikas höchstem Gipfel, bei Haut-Asco am Ende der Straße.

Der Fluss Asco ist ein beliebtes Gewässer für Wildwasserfahrer.

Die Leute im Vallée d'Asco, dem Asco Tal, lebten lange nur von einer bescheidenen Weidewirtschaft. Die Frauen woben Stoffe aus Ziegenhaaren und Schafswolle, die Männer verdienten mit der Herstellung von Holzbottichen, Holzlöffeln, Milcheimern u. ä. etwas dazu. Auch die Gefäße, in denen der in der Region hergestellte **Brocciu Käse** reift, wurden hier produziert.

Außerdem kommt aus der Gegend ein vielgerühmter Bienenhonig.

In den Bergen rund um **Asco**, dem Hauptort des Tales, der erst seit 1937 per Straße erreichbar ist, leben Mufflons. Und auch der allerdings vom Aussterben bedrohte Bartgeier, Flügelspannweite bis fast drei Meter, ist hier noch heimisch.

Ein gutes Stück unterhalb von Asco liegt im engen Tal des Asco-Flusses **[WP 162 / N 42° 27' 00.7" E 9° 01' 48.9"]** sehr malerisch eine alte **Genueserbrücke** aus dem 15. Jh. Der ziemlich steile Weg hinab, ein sehr schmales Teersträßchen, kann zwar befahren werden, ist m. E. aber nur für Pkws zumutbar.

Haut-Asco ist in erster Linie Wintersportgebiet. Die Saison geht bis in den April hinein. Im Sommer ist der Ort Basiscamp für **Bergtouren** auf den schon erwähnten Monte Cinto. Die Be-

HOTELS IM ASCO-TAL

Hotel Le Chalet, 22 Zi., Haut-Asco, Tel. 04 95 47 81 08, www.hotel-lechalet-asco.com; oberhalb von Asco direkt am Fernwanderweg GR20 gelegen, rustikales Ambiente, herrliche Ausblicke in die Berge. Das Restaurant serviert Herzhaftes. Beliebt bei Wanderern im Ascotal. Geöffnet Mai – Mitte Okt. Wanderherberge nebenan.

Hotel Cabanella, Vallée de l'Asco, Moltifao, Tel. 04 95 47 80 29, www.hotel-cabanella.com; familiäres, gutbürgerliches Haus mit Restaurant, einfach ausgestattete Zimmer. Beliebt bei Wanderern im Asco-Tal. Geöffnet Mai – Sept.

CAMPING – MOLTIFAO/VALLÉE ASCO

Camping E Canicce, Moltifao, **[N 42° 28' 33.21 E 9° 8' 5.62]**, Vallée d'Asco, Tel. 04 95 35 16 76, www.campingcanicce.com; 1. Apr. – Ende Okt., Einfahrt von der Straße D-47 ca. 11 km östlich von Asco, leicht schräge, teils gestufte Wiesen unter schattigen Laubbäumen; einfache Sanitärausstattung; 1,5 ha – 25 Stpl.; Imbiss im Sommer.

Camping A Tizarella, [N 42° 28' 12" E 9° 7' 16.4], Moltifao, Vallée d'Asco; Tel. 04 95 47 83 92; www.camping-tizarella.com; 1. April – Ende Okt.; kleiner Zeltplatz am Hang im naturbelassenen Wäldchen, Schwimmbad. Sehr einfache Sanitärausstattung. Kaum Stellmöglichkeiten für Wohnmobile.

steigung gilt unter Bergsteigern als relativ einfach. Bergerfahrung, gute Kondition und eine entsprechende Ausrüstung sind aber dennoch unabdingbar. Als durchschnittliche Gehzeit werden 6 Stunden bergwärts plus 4 Stunden talwärts angegeben.

ROUTE: Zurück in **Ponte Leccia** *Weiterreise auf der N-193* **[WP 163 / N 42° 27' 47.9" E 9° 12' 25.8"]** *über* **Ponte Nuovo, Fontanone, Casamozza** *und* **Borgo** *nach* **Bastia**, *47 km.*

Wer sich sehr für antike Stätten interessiert, zweigt in **Borgo** ostwärts auf die D-107 ab Richtung Pineto/Lido de la Marana. Die Straße führt südlich am Flughafen vorbei und passiert nach knapp 6 km **„La Canonica" [WP 164 / N 42° 32' 21.9" E 9° 29' 41.2"]**, die romanische, ehemalige Kathedrale **Cathedral Romane de Mariana**. Sie entstand im 12. Jh. während der Zeit der Pisaner auf Korsika. Die Kirche ist gewöhnlich geschlossen. Will man sie innen besichtigen, muss man sich der Mühe unterziehen im Bürgermeisteramt von Lucciana nach dem Schlüssel nachzusuchen *(geöffnet Mo - Fr während der Amtszeiten)*.

Unmittelbar daneben liegt das archäologische Ausgrabungsfeld **Santa Maria Assunta A Canonic** mit einigen bescheidenen Mauerfragmenten aus Römertagen und den Resten einfacher Rundsäulchen.

Portal der Kirche La Canonica

Die Straße führt ab La Canonica weiter meerwärts und auf einer Landzunge, vorbei an **Camping San Damiano [WP 165 / N 42° 37' 44.0" E 9° 28' 01.7"]** (Details siehe unten und unter Bastia-Camping, Tour 1) Richtung Bastia.

CAMPING BEI BASTIA

Biguglia bei Bastia

Camping San Damiano, [WP 165 / N 42° 37' 44.0" E 9° 28' 01.7"], Lido de la Marana, Tel. 04 95 33 68 02, www.campingsandamiano.fr; 1. Apr. – 31. Okt.; ca. 6 km südl. von Bastia von der N-193 auf die D-107 Richtung Lido de la Marana abzweigen; überwiegend ebenes, sandiges Gelände unter hohen, im hinteren Platzteil dicht stehende Pinien, bis an den langen Sandstrand reichend. Vom Strand durch einen Maschendrahtzaun mit Durchgang getrennt; 12 ha – 250 Stpl.; Standard-Sanitärausstattung. Restaurant, Imbiss, im Sommer Supermarkt am Platzeingang, Schwimmbad, Tennis, Minigolf, Beachvolleyballplatz. WLAN im Rezeptionsbereich. Internetecke. Langer, breiter Sandstrand. Separate Stellplätze für Wohnmobile vor dem Campingplatz. **V & E für Wohnmobile**. 140 Mietbungalows. Zwischen 23 Uhr und 6.30 Uhr geöffnet für Fährankommende. Neben Restaurant La Pagode.

PRAKTISCHE UND NÜTZLICHE INFORMATIONEN VON A BIS Z

ANSCHRIFTEN

ATout France – Französische Zentrale für Tourismus, Zeppelinallee 37, 60325 Frankfurt/Main, Info-Tel.: 0900 1 57 00 25.
E-Mail: info.de@franceguide.com
Internet: www.franceguide.com bzw. http://de.franceguide.com

Österreich: ATout France – Französisches Fremdenverkehrsamt, Lugeck 1 – 2/Stg 1 / Top 7, A-1010 Wien, Tel. 0900-25 00 15.
E-Mail: info@franceguide.com.
Internet: www.franceguide.com.

Schweiz: ATout France – Französisches Fremdenverkehrsamt, Rennweg 42, CH-8021 Zürich, 04 42 17 46 00.
E-Mail: info.ch@franceguide.com
Internet: http://ch.franceguide.com.

Korsika: ATC – Agence du Tourisme de la Corse (Fremdenverkehrsamt Korsikas), 17, bd du Roi-Jérome, F-20181 Ajaccio Cedex 01, Tel. 0033-(0)4 95 51 00 00; www.visit-corsica.com.

ADAC Notruf für Frankreich:
Tel. (08) 25 80 08 22
ADAC Notruf in München:
(0049-89) 22 22 22

Botschaft / Konsulat

Französische Botschaft, Pariser Platz 5, 10117 Berlin, Tel. 030-590 03 90 00; www.botschaft-frankreich.de

Deutsches Honorarkonsulat, N-193, Zone Industrielle Furiani, 20200 Bastia, Tel. 04 95 33 03 56, zu erreichen Mo - Fr 9.30 - 12 Uhr.

www.auswaertiges-amt.de – Eine Quelle vielfältiger Informationen des Auswärtigen Amtes, u. a. über Länderinformationen, deutsche Vertretungen im Ausland, Sicherheitshinweise zu Auslandsreisen und vieles mehr.

Regionalpark

PNRC – Parc naturel régional de Corse, 2, rue Major Lambroschini, F-20184 Ajaccio Cedex 1, Tel. 0033-(0)4 95 51 79 10, Fax 0033-(0)4 95 21 88 17.
E-Mail: info@parc-naturel-corse.com
Internet: www.parc-naturel-corse.com

Bureau d'information du parc naturel régional de la forêt d'Aitone, Paiisolu d'Aitone, Route du col de Vergio, 20126 Évisa, Tel. 04 95 26 23 62.

Schifffahrtslinien

Corsica & Sardinia Ferries, Georgenstraße 38, D-80799 München, Tel. 089-03 89 99 10, 0180 50 50 483, www.corsicaferries.com.

Moby-Lines, Europe GmbH, Wilhelmstr. 36 - 38, D-65183 Wiesbaden, Tel. 0611-140 22, www.mobilines.de.

SNCM Corsica Marittima, Berliner Str. 31 – 35, D-65760 Eschborn, Fax 06196 – 483015; www.sncm.fr.

CMN-La Méridionale, 4 quai d'Arenc, 13213 Marseille Cedex 02, Tel. +33- 81020 13 20, www.lameridionale.fr.

SNAV - Call Center, Tel. +33-08 14 28 55 55, www.snav.it.

ARZT UND GESUNDHEIT

Eine gute ärztliche, zahnärztliche und pharmazeutische Versorgung ist auf Korsika gewährleistet. Nur, müssen Sie den Dienst eines Arztes in Anspruch nehmen, müssen Sie die – auch in Frankreich nicht unerheblichen – Behandlungs- und ggf. Krankenhauskosten zunächst einmal vor Ort selbst begleichen.

Lassen Sie sich für die erbrachten Leistungen des Arztes, Zahnarztes oder Krankenhauses eine detaillierte, quittierte Rechnung ausstellen. Diese reichen Sie zu Hause bei Ihrer Krankenversicherung zur Erstattung ein.

Wir haben aber auch die Erfahrung gemacht, dass nach einer Untersuchung in einem Krankenhaus vor Ort nichts bezahlt werden musste. Es wurden nur die Personalien festgehalten und einige Wochen später kam die Rechnung vom französischen Krankenhausarzt, die dann beglichen wurde.

Gut beraten ist man, sich vor der Reise mit einer Auslandskranken- bzw. Unfallversicherung zu versorgen. Diese übernimmt in der Regel die Behandlungskosten im Ausland, allerdings nur gegen Belege.

CAMPING

Auf Krosika gibt es rund 100 Campingplätze, die vornehmlich in Küstennähe liegen. Im Inselinneren ist das Campingplatznetz nicht sehr dicht.

Geöffnet sind die meisten Plätze von Ende April/Anfang Mai bis Ende September/Anfang Oktober. Ganzjährig geöffnete Anlagen sind selten.

Nicht immer geben korsische Campinplatzverwaltungen die **Öffnungszeiten** ihrer Plätze mit genauen Daten an, z. B. 1. April bis 31. Oktober. Schon eher wird angegeben: Anfang/Mitte/Ende April/Mai etc. bis Anfang/Mitte/Ende September/Oktober usw. Dazu kommt, dass diese flexible Art der Datumsangabe in vielen Fällen auch noch recht großzügig ausgelegt wird.

Mehrfach haben wir erlebt, dass wir bei Plätzen mit Öffnungsangaben wie z. B. Anfang April am 15. April immer noch vor verschlossenen Toren standen.

Mein Tipp! Sollten Sie also im Frühjahr schon in den ersten Aprilwochen durch Korsika reisen empfiehlt es sich, beim Campingplatz, den man ansteuern will anzurufen, um zu erfahren, ob der Platz nun wirklich schon geöffnet ist oder nicht. Später im Jahr erübrigt sich das allerdings.

Vor allem an der Westküste, bei Porto etwa, sind viele Campingplätze in Terrassen unter Olivenbäumen oder Eichen angelegt. Mitunter sind dort die Stellplätze nur für Zelte geeignet und mit den Auto nicht zugänglich.

Die Sanitäranlagen beschränken sich in vielen Fällen auf die wichtigsten Installationen wie Waschbecken (nicht immer mit Warmwasser), Duschkabinen der unterschiedlichsten Ausstattungsart und Größe, WC (teils auch Stehtoiletten), Wäsche- und Geschirrwaschbecken (selten mit Warmwasser). Seltener sind Einzelwaschkabinen.

Nur wenige Plätze bieten eine ordentlich ausgestattete Campingküche oder einen gemütlichen Aufenthaltsraum.

Kinderspielplätze beschränken sich nicht selten (wenn überhaupt vorhanden) auf eine Schaukel und/oder ein Klettergerüst.

Noch nicht alle Campingplätze verfügen über eine Entsorgungsstelle für Chemikaltoiletten, geschweige denn über komplett eingerichtete Ver- und Entsorgungsstationen für Wohnmobile.

Besser sieht es bei Verpflegungseinrichtungen aus. Viele der Plätze verfügen in der Sommersaison (Juli, August) über Einkaufsmöglichkeit, Restaurant, Cafeteria oder Imbiss.

Fast alle Plätze bieten Mietbungalows oder Mietcaravans an.

Der **offizielle Campingverband** Frankreichs ist die „Fédération Française de Camping et de Caravaning", 78, rue de Rivoli, 75004 Paris, Tel. +33 (0)1 42 72 84 08, Fax +33 (0)1 42 72 70 21, www.ffcc.fr.

Infos zu Campings auf Korsika findet man unter www.campingdefrance.com.

Wildes Campen ist offiziell auf der ganzen Insel verboten. Darunter versteht man auch das Freistehen mit dem Wohnmobil, was viele französische Wohnmobilsten aber trotzdem einfach tun. Wer Wildcampen riskiert, sollte sich nicht wundern, wenn er von Einheimischen recht unmissverständlich dazu aufgefordert wird, den Platz zu räumen.

Siehe auch unter **„Mit dem Auto durch Korsika – Wohnmobil-Entwicklungsland Korsika"**.

Angaben zu Campingplätzen

Bei den in diesem Reiseführer aufgelisteten Campingplätzen folgen dem Platznamen die Telefonnummer, die Öffnungszeit, Lage und/oder Zufahrt, Beschaffenheit des Geländes, Größe des Platzes, Sanitärausstattung.

Bei der **Beschaffenheit des Geländes** wird die Form angegeben, die überwiegt, z.B. ebenes Gelände, terrassiert etc.

Die **Größe des Platzgeländes** wird in Hektar (ha), die Aufnahmekapazität in Stellplätzen (Stpl.) angegeben.

Es wird versucht, die **Platzeinrichtungen**, so wie sie beim Besuch vorgefunden wurden, in etwa zu charakterisieren, wobei der Zustand und die Pflege der Gebäude und Installationen auch von Bedeutung waren.

Die Übergänge zwischen den von uns als grobe Anhaltspunkte bei der Einstufung der Plätze geschaffenen Kategorien **Mindestausstattung**, **Standardausstattung** und **Komfortausstattung** sind fließend. Zu beachten ist, dass vor allem Einkaufsmöglichkeiten und Restaurants außerhalb der Hauptsaison oft nicht oder nur eingeschränkt betrieben werden.

Mindestausstattung: Einfacher Platz mit bescheidenen, veralteten oder vernachlässigten Einrichtungen, die außer WC's, Kaltwasserwaschbecken und evtl. einige Kaltduschen keine oder völlig unzureichende Einrichtungen für Hygiene und Körperpflege aufweisen.

Standardausstattung: Der Durchschnittscampingplatz mit WC's, Kalt- und Warmwasserwaschbecken und Duschkabinen, überwiegend mit Warmwasser ausgestattet. Ordentlicher Gesamteindruck. Einige Stromanschlüsse für Caravans.

Komfortausstattung: Außer ausreichend WC's, Waschbecken mit Warmwasser und Warmduschen in zeitgemäßen, gepflegten Sanitäranlagen werden auch Geschirr- und/oder Wäschewaschbecken mit Warmwasser, oder Waschmaschine/Trockner erwartet, ebenso Stromanschlüsse für Caravans in ausreichender Zahl. Das Terrain soll gut erschlossen und ansprechend gestaltet sein. Restaurant und Einkaufsmöglichkeit, Freizeiteinrichtungen und Unterhaltungsmöglichkeiten sollten vorhanden sein.

EINREISEBESTIMMUNGEN

Persönliche Dokumente

Angehörige von EU-Staaten benötigen für einen Aufenthalt bis zu drei Monaten einen gültigen Personalausweis oder Reisepass.

Kinder bis zum Alter von 16 Jahren benötigen einen Kinderausweis mit Lichtbild oder sie müssen in einem Reisepass der Eltern, bzw. des Erziehungsberechtigten eingetragen sein.

Einreise mit dem Auto

Autofahrer müssen ihren Führerschein und den Kfz-Schein bzw. die Zulassung Teil 1 mitführen.

Empfehlenswert ist die Grüne Versicherungskarte, ist zwar nicht vorgeschrieben, erleichtert aber im Falle des Falles die Formalitäten.

Haustiere

Zur Einfuhr von Hunden und Katzen muss ein Heimtierausweis vorgelegt werden können, in dem die notwendigen Impfungen wie Tollwutimpfung festgehalten sein müssen. Die Tiere müssen einen Mikrochip implantiert haben oder eine Tätowierung tragen.

Sog. Kampfhunde wie Pitbulls oder Rottweiler dürfen nicht, oder nur mit Sondergenehmigung eingeführt werden. Erkundigen Sie sich bitte rechtzeitig vorher beim Französischen Fremdenverkehrsamt nach den neuesten Bestimmungen.

Offiziell müssen Hunde auf Korsika in der Öffentlichkeit einen Maulkorb tragen.

Zoll

Gegenstände für den persönlichen Bedarf und Gebrauch dürfen ohne Einschränkungen eingeführt werden.

Abgabenfreie Höchstmengen, die Privatreisende innerhalb der EU mitführen dürfen sind 110 Liter Bier, 90 Liter Wein, 10 Liter Spirituosen, 800 Zigaretten, 400 Zigarillos, 200 Zigarren, 1 kg Tabak.

Für Waren, die Sie in Duty-Free-Shops erwerben und nach Korsika einführen, gelten geringere Mengen.

Für die Einfuhr von Waffen, Schusswaffen, feststehende Messer u. ä. bestehen besondere Bestimmungen. Es empfiehlt sich, die neuesten Bestimmungen diesbezüglich beim französischen Fremdenverkehrsamt oder bei der französischen Botschaft in Berlin zu erfragen.

ESSEN UND TRINKEN

Wenn Sie gute, bodenständige Küche übersichtlich angeordneten Gourmetkompositionen vorziehen, sind Sie in Korsikas Restaurants und Gasthöfen genau richtig. Man isst hier gerne und gut, verwendet vorzugsweise frische Produkte aus der Region, verzichtet aber auf exaltierte Kreationen.

Einzige Ausnahme ist vielleicht das Frühstück, das ziemlich stiefmütterlich behandelt und oft fast im Vorbeigehen in Form eines Milchkaffees und eines Croissants eingenommen wird. Wer gerne lange und ausgiebig frühstückt wird nicht immer auf seine Kosten kommen.

Ganz anders beim Mittag- und vor allem beim Abendessen, das gewöhnlich ab 19.30 Uhr serviert wird. Hier wird mit Freuden zugelangt und nicht geknausert. Vorspeise, Hauptgang, Käse oder Dessert und ein Kaffee müssen dann sein.

Aber keine Sorge. Viele Restaurants in den Touristengebieten haben sich längst auf Feriengäste eingestellt, die sich auch nur mit einem Hauptgang oder einem Salat zufrieden geben.

Mein Tipp: Wenn man sich mit den Speisekarten, den Bezeichnungen der Speisen und Gerichte anfangs noch nicht so genau auskennt, sollte man sich ruhig der „plat du jour" anvertrauen, dem Tagesgericht des Lokals. Es ist preislich und qualitativ meist eine gute Alternative zu den Speisen „à la carte".

Übrigens: Man sollte nie vorschnell vom äußeren Erscheinungsbild eines Restaurants auf die inneren Werte seiner Küche schließen. Nicht selten sind – vor allem in abgelegenen ländlichen Gebieten – kleine, rustikale, abgewetzte Gaststätten Orte guter Gastronomie.

Und, anders als bei uns, ist ein Café nicht der Ort wo man Kaffee und Kuchen genießt – das tut man in Frankreich und auf Korsika im Salon de Thé – hier können Sie sich auch zum Mittag- oder Abendessen niederlassen.

Korsische Küche ist deftig und herzhaft. Wichtige Rohprodukte sind z. B. Schweinefleisch, Esskastanien, Fische und Schalentiere.

Als Vorspeise nimmt man gerne etwas **Coppa**, das ist geräucherte Schweineschulter, ähnlich einem Rollbraten, oder etwas **Formaiu de Porcu**, Schweinskopfsülze mit Kräutern, Zwiebeln und Pfeffer oder **Lonzu**, geräucherte Schweinelende.

Köstlich zubereitet werden Spanferkel oder Lammhaxe.

Beliebt sind Eintopfgerichte, deren Rezepte oft aus den Küchen der abgelegenen Schäfereien und Almen stammen wie **Tianu d'Agnellu**, ein Eintopf mit Lammfleisch, oder **Tianu di Cingale**, eine Eintopfvariante mit Wildschweinfleisch, Kartoffeln und viel Zwiebeln und Knoblauch.

Typisch korsisch ist auch **Cabrettu a l'Isrettu**, ein Ragout aus zarten Zickleinfleisch mit einer deftigen Sauce.

Eine herrliche Mahlzeit sind auf dem Holzfeuer geröstete Schweineleberwürstchen mit einem Spiegelei darüber. Auf der Karte ist das Gericht gewöhnlich als **Figatelli con Ovi** zu finden.

Eine zu vielen korsischen Gerichten obligatorische Beilage, die auch bei keinem Festessen fehlen darf, ist **Pulenta**, ein Brei aus Kastanienmehl.

Aus dem Meer kommen Langusten, Muscheln oder gegrillter, mit Kräutern fein gewürzter Fisch auf den Tisch. Eine herzhafte Fischsuppe ist **Azimu**.

Rohstofflieferanten feiner **Schinken und Wurstwaren** streunen als halbwilde Schweine durch das Unterholz der Macchia. Bekannt und beliebt ist z. B. **Prisuttu**, die korsische Ausgabe des italienischen Prosciutto-Schinkens. Eine andere Spezialität sind u. a. **Figatelli,** eine geräucherte Wurstsorte mit Schweineleber, dann **Salciccie**, eine Art Salami, oder **Sangui**, eine köstliche Blutwurst mit vielen Kräutern, serviert oft mit Kohl, Zwiebeln, Lauch und Speck.

Nicht zu vergessen der **Käse**, der sowohl aus Kuhmilch, wie auch aus Ziegen- (Fromage de Chèvre) und Schafsmilch (Milch von Mutterschafen, Fromage de Brebis) bereitet wird.

Käse werden vornehmlich in den Gegenden um Sartène im Südwesten, in der Region U Niólu südöstlich des Motne Cinto Massivs, bei Venaco südlich von Corte oder um Calenzana, südöstlich von Calvi in der Balagne produziert.

Und die **Esskastanie?** Sie wird in den verschiedensten Arten verwendet. Sie wird z. B. zu Mehl verarbeitet, aus dem man Kuchen, Desserts oder feine Omelettes bereitet, verfeinert mit Pilzen, mit Spargelspitzen oder mit Brocclu.

Brocciu, ein Weichkäse, wird aus dem Rahm von Ziegen- oder Schafsmilch gemacht.

Korsischer Wein

Die Phönizier, griechischstämmige Eroberer aus Kleinasien, brachten den Wein nach Korsika. Das war vor fast dreitausend Jahren. Seitdem wird der Weinanbau in Korsika sorgsam gepflegt.

Ein Höhepunkt wurde Mitte des 19. Jh. erreicht als man rund 30.000 ha bewirtschaftete. Aber nur wenige Kellereien errangen einen Ruf, der über Korsika hinaus reichte.

Eine Wende zum Positiven brachte Mitte des vergangenen Jahrhunderts eine Restrukturierung und Reorganisation der Weinwirtschaft auf der Insel. Die Anbauflächen wurden stark reduziert, moderne Produktionsmethoden eingeführt. Qualität sollte nun vor Menge gehen. Die Resultate können sich sehen lassen.

Heute werden rund 9.000 Hektar Land für den Weinanbau genutzt. Bedeutendste Anbauregion ist die Gegend um Patrimonio im Nordosten oder bei Sartène an der Westküste der Insel, wo vornehmlich Rotwein angebaut wird. Bei Ajaccio und um Porto -Vecchio dagegen setzt man mehr auf Weißwein.

Unter den inzwischen fast 30 verschiedenen Traubensorten haben sich vor allem die rote „Sciacarellu", die vornehmlich im Süden angebaut wird, die „Niellucciu", die man in Haute-Corse in der Gegend um Patrimonio schätzt, sowie die „Vermentinu-Traube“ durchgesetzt.

Dank des sonnenreichen Klimas, der günstigen Böden, der frostarmen Winter und nicht zuletzt dank des Engagements der Weinbauern haben die meisten der korsischen Weine längst Qualitäten erreicht, die das hohe Prädikat „Appellation d'Origine Controlée“ rechtfertigen.

Wer zu seinem Essen im Restaurant gerne Wein trinkt, ist eigentlich immer gut beraten, nach dem „Hauswein“ zu fragen. Er wird nicht immer in Flaschen, sondern gerne auch offen im Krug (pichet) oder in der Karaffe serviert. Man wird in den allerseltesten Fällen enttäuscht werden. Denn es wird kaum einen Wirt geben, der den Ruf seines Restaurants durch schlechten Hauswein ruinieren möchte.

Es ist übrigens absolut unüblich Wein beim Essen mit Wasser zu mischen und so zu einem bei uns durchaus gebräuchlichen Schorle zu machen.

Eine besondere **Bierspezialität** Korsikas ist **Biere Pietra**, ein unter Verwendung von Kastanien gebrautes dunkles Bier. Der Kniff dabei ist, dass der Maische vor dem Gärprozess Kastanienmehl zugegeben wird. Angeblich ist das Bier nach dem Geburtsort des Braumeisters Dominique Sialelli benannt, der das Bier erstmals kreierte.

Offenbar haben die Brauer der Pietra Brauerei eine Vorliebe für besondere Biersorten. Erst Mitte der neunziger Jahre des vergangenen Jahrhunderts aromatisierte man Bier mit Macchia-Kräutern und brachte es unter dem Markennamen „Serena“ und „Colomba“ heraus.

Und wer stärkere Sachen probieren will, vielleicht auch, um die Verdauung wieder ins Lot zu bringen, sollte mal den **Myrthenschnaps Eau de vie de myrthe** versuchen.

Um unliebsamen Überraschungen im Restaurant vorzubeugen, sollten Sie wissen, dass

– eine Karaffe Wasser (Leitungswasser wohlgemerkt!) zum Essen gewöhnlich ohne Berechnung serviert wird,

– in jedem ordentlichen Lokal Weinflaschen vor dem Gast am Tisch geöffnet werden,

– Sie sich auf den Weinkarten nicht nur das Angebot, sondern auch die Preise gut anschauen sollten. Oft sehen die Preise für eine Flasche Wein verlockend moderat aus. Bei genauerem Hinsehen stellt sich aber manchmal heraus, dass sie nur für eine „halbe“ Flasche gelten!

Menüpilot

A

agneau – Lamm
aiglefin – Schellfisch
ail – Knoblauch
amandes – Mandeln
andouille – geräucherte Würste aus Kutteln und Innereien
anguille – Aal
alouettes – Rindsroulade
araignée – Seespinne
armagnac – wird ähnlich wie der Cognac aus Wein gebrannt, kommt aus dem Vorland der Pyrenäen.
artichaut – Artischocke
asperge – Spargel
assiette anglaise – Aufschnitt-Teller

B

baguette – das lange, französische Weißbrot
bargue – Meerbutt
béchamel – weiße Sauce
beignet – ein in Fett gebackenes, krapfenähnliches Gebäck
Bénédictine – Kräuterlikör
betterave rouge – rote Bete
beurre d'ail – Knoblauchbutter
bien cuit – gut durchgebraten (sollte ein gutes Steak aber nie sein), auch „well done“
bien fait – für Käse, der seinen höchsten Reifegrad erreicht hat

bifteck à la tartare – Hacksteak
biscotte – Röstbrotschnitte
bleu – blau, in der Gastronomie für nur ganz kurz angebratenes, keinesfalls durchgebratenes Fleisch, das dann innen noch kalt und rosa sein muss. Bei uns auch „englisch" oder „rare".
boeuf – Rind- oder Ochsenfleisch
boeuf bourguignon – Rinderschmortopf, Fleisch mit Gemüse in rotem Burgunder geschmort
boissons – Getränke
boudins noir – Blutwürste
boudins blanc – Leberwürste
bouillabaisse – eine Fischsuppe, die ursprünglich aus Marseille stammt, ihre bretonische Variante ist die cotriade bretonne.
bouilli – gekocht
bouillon – klare Rinderbrühe
boulettes de viande – Fleischbällchen
bouteille – Flasche
braisé – geschmort
brioche – Gebäck aus Hefeteig
broche, brochette – Spieß zum braten, kleiner Spieß mit Gebratenem.
brochet – Hecht
brut – trocken, bei Cidre oder Schaumwein

C

cacahouètes – Erdnüsse
caille – Wachtel
calvados – aus Apfelwein gebrannter Schnaps, kommt traditionell aus der Normandie
canard – Ente
cerf – Hirsch
cerises – Kirschen
chateaubrind – Rinderfilet
chevreuil – Reh
chou (rouge) – Kohl, Rot-
choucroute – Sauerkraut
choucroute garnie – Schlachtplatte, Sauerkraut mit Schweinebauchspeck, Schweinswürsten, Blut- und Leberwürsten u.ä.
chou-fleur – Blumenkohl
choux de Bruxelles – Rosenkohl
Cidre – Apfelwein, wird traditionell aus Keramiktassen getrunken.
cochon – Schwein
cochon de lait – Spanferkel
coquile Saint-Jacques – Jakobsmuscheln mit einer Sauce, in der Muschelschale im Ofen gratiniert.
coq au vin – Hähnchen in Wein gegart
côte – Rippe
cotriade bretonne – eine kräftige Fischsuppe
courgette – Zucchini
crème chantilly – Schlagsahne
crêpes – hauchdünne Pfannkuchen, werden heute aus Weizenmehl, traditionell aber aus Buchweizen und auf dem Stein im Backofen oder im offenen Kamin gemacht. Oft gefüllt mit Konfitüre oder Honig, oder nur mit Puderzucker bestreut. Man trinkt dazu einen Cidre brut oder Cidre doux aus Keramiktassen.
cresson – Wasserkresse
crevettes – Krabben
cuisses de grenouilles – Froschschenkel

D

le dessert – Nachspeise
dinde/dindonneau – Truthahn, junger Truthahn

E

écrevisses – Krebse
entrecôte – Mittelrippenstück
epinards – Spinat
escalope – Schnitzel
escalope de veau – Kalbschnitzel
escargots – Schnecken

F

faisan – Fasan
figues – Feigen
foie – Leber
four – Backofen
au four – gebacken
fraises – Erdbeeren
framboises – Himbeeren
fumé – geräuchert

G

galette – die herzhafte und dickere Variante der Crêpes, belegt oder gefüllt mit Schinken, Käse, Eiern, Pilzen oder

Champignons u.ä.
gâteau – Kuchen
gigot – Keule, Hammelkeule, Lamm-, Reh-,
glaces – Speiseeis

H

haricots verts/blancs – grüne Bohnen (Brechbohnen)/ weiße -
herbes, fines herbes – Kräuter, feingewiegte Kräuter
l'hors-d'oeuvre – Vorspeise
homard – Hummer
huîtres – Austern

J

julienne – fein geschnittene Gemüsestreifen
jus de fruits – Fruchtsaft

K

kouign-aman – ein gehaltvoller bretonischer Kuchen.

L

laitue – Blattsalat, Kopfsalat
langue – Zunge
lapin – Kaninchen
lièvre – Hase

M

maquereau – Makrele
médaillons – Filetspitzen
Moules farcis – überbackene Muscheln, an der Küste
moutarde – Senf
Myrtiles – Blau-, Heidelbeeren

N

noix – Walnüsse
nouilles – Nudeln

O

oie – Gans
oignons – Zwiebeln

P

pain – Brot
pastèque – Wassermelone
pâtés – Pasteten
pêche – Pfirsich
perche – Barsch
perdrix/perdreau – Rebhuhn/junges Rebhuhn
petits pois – grüne Erbsen
pieds de cochon – Schweinsfüße
plat du jour – Tagesgericht
a point – medium, beim Filetsteak z. B., nicht ganz durchgebraten, innen noch ganz leicht rosa.
poire – Birne
poireaux – Lauch, Porree
poisson – Fisch
poivre – Pfeffer
pommes – Apfel
pommes (de terre) – Kartoffeln
– allumettes – Streichholz-Kartoffeln
– dauphine – püriert und frittiert (Croquetten)
– mousseline – Kartoffelpüree (-brei)
– nature – gekochte Kartoffeln
– vapeur – Dampfkartoffeln
porc – Schweinefleisch
côte de porc – Schweinerippchen
potage – eine leichte Suppe
pot-au-feu – Eintopf mit Fleisch und Gemüse
poulet – Hühnchen
poulpe – Tintenfisch
prunes – Pflaumen

R

ragoût – kleine Fleischstücken in würziger Sauce zubereitet
raisin blanc/noir – Weintrauben weiß/blau
rillettes – Püree aus Schweinefleisch und Schmalz, wird kalt serviert
rillons – Schweinebrust in Fett gebraten, wird kalt serviert
rognons – Nieren
rôti – gebraten, geröstet

S

saignant – ähnlich wie „bleu" (siehe oben), nur ein klein wenig mehr angebratenes Fleisch (Filet), aber innen noch schön rosa
salade d'endives – Endiviensalat
salade verte – grüner Salat
salde panachée – gemischter Salat
sandre – Zander
sanglier – Wildschwein
saumon – Lachs
sausisson – Wurst
sauté – in Butter geschwitzt, geschmort
sol – Seezunge

sorbet – Wassereis
soupe – herzhafte Suppe
soupe de jour – Suppe des Tages
soupe à l'oignon – Zwiebelsuppe

T
tarte aux pommes – Apfeltorte
thon – Thunfisch
truite – Forelle

V
veau – Kalbfleisch
la viande – Fleisch
volaille – Geflügel

Zubereitungsarten und Saucen

Béchamel – weiße Sauce
Béarnaise – fein aufgeschlagene Sauce aus Essig, Eigelb, Weißwein, Schalotten und Estragon
Bordelaise – Sauce aus Pilzen, Rotwein, Schalotten, Rindermark
Bourguignon – Sauce mit Rotwein und feinen Kräutern
Hollandaise – fein aufgeschlagene Sauce aus Eigelb, Butter und Essig
Madère – Sauce mit Madeirawein
Marinière – zubereitet mit Weißwein, Muschelsud und Eigelb
Meunière – zubereitet mit zerlassener, brauner Butter, Petersilie, Zitronensaft
Périgueux – zubereitet mit pürierter Gänse- oder Entenleber und mit Trüffeln
Provençale – zubereitet mit Tomaten, Zwiebeln, Knoblauch
Tartare – Sauce mit Mayonnaise, gewürzt mit Senf und Kräutern
Vinaigrette – Sauce aus Essig, etwas Öl, evtl. feingewiegte Kräuter

Käse
Fein, mild: Beaufort
Beaumont
Belle étoile
Boursin
Brie
Cantal
Reblochon
St-Palin
Kräftig, würzig: Bresse bleu
Camembert
Munster
Pont-l'Èvôque
Roquefort
Ziegenkäse: St-Marcellin
Crottin de Chavignol Valençay

Und viele andere Käsesorten.

FEIERTAGE

1. Januar – Neujahr
Ostermontag
1. Mai – Tag der Arbeit
8. Mai – Kriegsende 2. Weltkrieg
Christi Himmelfahrt
14. Juli – Nationalfeiertag
Mariä Himmelfahrt
1. November – Allerheiligen
11. November – Erster Weltkrieg Gedenktag
25. Dezember – Weihnachtsfeiertag

HOTELS UND ANDERE UNTERKÜNFTE

Um es vorweg zu nehmen, Korsika ist kein Platz für einen Billigurlaub. Noch wird die Insel nicht vom Massen- und Pauschaltourismus heimgesucht was vielleicht damit zu tun hat, dass sich das Beherbergungswesen noch auf einem recht moderaten Niveau bewegt.

Offiziell gelistet sind 400 Betriebe, die der Kategorie „Hotel" zugerechnet werden. Die ganz überwiegende Mehrzahl sind relativ kleine Familienbetriebe mit kaum mehr als 20 Gästezimmer der einfacheren Art.

Einige der eleganten Häuser sind in ehemaligen herrschaftlichen Villen eingerichtet. Noch so gut wie unbekannt sind Hotelketten.

Die Übernachtungspreise sind nicht nur in der Hauptsaison überdurchschnittlich hoch. Man vergleicht sich gerne mit dem Preisniveau an der mondänen Côte d'Azur. In Nobelherbergen wie dem Grand Hotel de Cala Rossa bei Porto-Vecchio können Sie Ihr

Haupt für etwa 1.500 Euro pro Nacht auf seidene Kissen betten.

Aber auch eine Ferienwohnung in Meeresnähe werden Sie im Juli/August kaum unter 1.200 Euro finden, pro Woche allerdings.

Anzuraten ist auf jeden Fall, sich schon sehr frühzeitig nach einer Ferienbleibe umzutun. Denn von Mitte Juli bis etwa Mitte August, wenn Franzosen und Italiener Urlaub machen, platzen Korsikas Touristenhochburgen von Ajaccio bis Porto-Vecchio und von St-Florent bis Propriano aus allen Nähten.

Sehr ratsam ist es zwischen Juni und Mitte September nicht ohne bestätigte Zimmerreservierung loszufahren!

Hotels aller Kategorien und Preislagen findet man außer in den größeren Städten vor allem an den Küsten und natürlich zahlreich in den touristisch stark frequentierten Regionen z. B. um Île-Rousse, Porto, Propriano, Bonifacio oder Porto-Vecchio.

Wenn Sie für eine Übernachtung im Doppelzimmer in einem guten Mittelklassehotel mit um die 120,- Euro rechnen, liegen Sie (außer in der Hochsaison Juli, August!) in den meisten Fällen ziemlich richtig.

Wer wandert oder auf einer Radtour in Korsika unterwegs ist, wird eher mal auf sog. **Gites d'Etape** zurückgreifen. Übernachtungspreis etwa 20,- Euro. Diese meist einfachen, rustikalen Unterkünfte findet man auch in abgelegenen Orten und an den Wanderwegen.

Chambres d'hôte, also Privatzimmer, findet man dagegen weniger häufig, als z. B. in Frankreich selbst üblich.

INTERNET-LINKS

www.visit-corsica.com – Korsikas offizielle Webseite des Tourismusverbandes, auch auf Deutsch.

www.besuchensiekorsika.com – vielfältige Infos über Korsika, eine etwas holprig-lustige Übersetzung ins Deutsche der Originalseite **www.allerencorse.com**.

http://de.franceguide.com – Die offizielle Touristik-Webseite des französischen Tourismusbüros mit allen denkbaren Informationen zum Reisen in allen Regionen Frankreichs, in deutscher Sprache.

www.frankreich-info.de – Urlaubsland Frankreich, Shopping, Hotels, Regionen u. v. m.

www.auswaertiges-amt.de – Eine Quelle vielfältiger Informationen des Auswärtigen Amtes, u. a. über Länderinformationen, deutsche Vertretungen im Ausland, Sicherheitshinweise zu Auslandsreisen und vieles mehr.

www.autobrennero.it – deutsch, alles über die Brennerautobahn, wie Mautgebühren, Verkehrsinfos etc.

KLIMA UND REISEZEIT

Das Klima auf Korsika wird als typisches Mittelmeerklima bezeichnet. Charakteristische generelle Merkmale dabei sind heiße, niederschlagsfreie Sommer und feuchte, aber milde Winter.

Allerdings sind bei Korsika die starken Kontraste zwischen Meeresküste und gebirgigem Inland zu berücksichtigen, die sich auch in klimatischen Abweichungen bemerkbar machen. Niederschläge z. B. finden in den Küstenregionen im Sommer – abgesehen von gelegentlichen sintflutartigen Gewitterregen – so gut wie nicht statt.

In den Höhenlagen regnet es auch im Sommer. Und in Gipfelregionen (auf Korsika sind an die 50 Gipfel über 2.000 m hoch!) können Niederschlag dann sogar in Schnee übergehen, was Bergwanderer bei ihren Planungen in Rechnung stellen sollten.

Die Temperaturen schwanken im Winter an der Küste so um die 12 °C.

In den Bergregionen sind dann Frost und Niederschläge in Form von Schnee und Graupel zu erwarten. Die Schneemengen können so ergiebig sein, dass Wintersport in Höhenlagen über 2.000 m in manchen Jahren bis in den März hinein möglich ist.

Frühjahr und Herbst, die Zeit etwa von April, Mai bis Mitte Juni und dann wieder Anfang September bis Anfang November mit durchschnittlichen Tagestemperaturen um die 20 Grad und kühlen Nächten sind sehr angenehm und zum Reisen ideal.

Die Sommermonate Juli und August warten mit Temperaturen um die 30 Grad und auch darüber auf, so gesehen natürlich wunderbar geeignet für einen Badeurlaub, aber auch die betriebsamste Reisesaison auf Korsika.

Reisezeit

Die beste Zeit für eine Tour mit dem Auto durch Korsika, wenn man nicht einen Badeurlaub plant, ist m. E. der Frühling und dann wieder der Herbst. Beide Jahreszeiten haben ihren besonderen Reiz.

In der Zeit von Anfang April bis Ende Mai, Anfang Juni überzieht der Duft der Macchia die Insel. An den Wegrändern blüht es und die Wiesen, z. B. bei der archäologischen Stätte von Cauria, sind dann überzogen von weiß blühenden Affodillen.

Die Temperaturen sind bereits angenehm und für eine Autotour noch nicht unerträglich. Campingplätze, Hotels, die Strände und die meisten Straßen sind noch nicht überlaufen. Allerdings sind im April auch noch nicht alle Einrichtungen geöffnet! Und je weiter es in den Frühsommer hinein geht, werden abgehärtete Naturen sicher auch schon das erste Bad im Meer wagen.

Mein Tipp: Wer schon ab Anfang April unterwegs ist sollte wissen, dass um diese Jahreszeit erst wenige Campingplätze oder Ferienhotels geöffnet sind. Die meisten Einrichtungen öffnen von Ende April/Anfang Mai bis Mitte / Ende September!

Wer dagegen seinen Korsikaaufenthalt vornehmlich mit Wandern verbringen will, wird etwa von Anfang September bis weit in den Oktober hinein gute Wanderbedingungen vorfinden. Die Wanderwege sind dann nicht mehr ganz so überlaufen, das Klima ist moderater, die Höhen sind dann gewöhnlich noch schneefrei und in den Berghütten gibt es eher wieder Platz.

Und zum Baden ist das Meerwasser natürlich dann wunderbar warm.

Die Zeit zwischen Anfang Juli bis Ende August ist auf Korsika Hochsaison mit entsprechenden Auswirkungen in allen touristischen Bereichen. Preise in Hotels, Restaurants, auf Campingplätzen etc. schnellen dann auf das Vielfache eines Nebensaisonpreises. Wer kann, sollte nicht unbedingt diese Zeit für einen Aufenthalt auf Korsika wählen!

MINIWORTSCHATZ
KLEIN, ABER NÜTZLICH

Siehe auch unter „Essen und Trinken – Menüpilot".

Korsische Landschafts- und Naturbezeichnungen:

Bocca – Bergübergang, Pass
Capu – Kap, Landzunge
Castagnu – Kastanienwald, Kastanie
Lavu – See
Liccettu – Eichenwald
Pinetu – Pinienwald
Piscia – Wasserfall, Kaskade
Serra – Bergkette

Allgemeines

Guten Morgen, Guten Tag – bonjour
Guten Abend – bonsoir
Bis bald – à bientôt
Bis gleich – à toute à l'heure
Auf Wiedersehen – au revoir
ja, nein – oui, non
bitte – s'il vous plaît (svp)

bitte (auf „danke") – de rien
danke (sehr) – merci (beaucoup)
Entschuldigung – pardon
groß – grand / grande
klein – petit /petite
alles – tout
viel – baucoup
wenig – peu
wieviel – combien
wann – quand
wo – où

Konversation

Sprechen Sie Deutsch? – Parlez-vous allemand?
Ich verstehe nicht. – Je ne comprends pas.
Wie heißt das auf Französisch? – Comment cela se dit en français?
Ich weiß nicht. – Je ne sais pas.
Ich heiße ... – Je m'appelle ...
Erfreut, Sie kennen zu lernen. – enchanté(e)
Wie geht es Ihnen? – comment allesvous?
Ich bin krank. – je suis malade.
Rufen Sie einen Arzt bitte. – appelez un docteur svp.
Wie bitte? – comment?
Was – quoi?
Was ist das? – Qu'est-ce que c'est?
Warum – pourquoi?
Wer – qui?
Wo ist ... – qù est ...

Auto, Verkehr, Unterwegs auf Reisen

Abflug, Abfahrt, Abreise – le départ
Abtei – abbaye
Altaraufsatz – retable
Ankunft – l'arrivée
Aussichtspunkt – point de vue, belvédère
Bahnhof – la gare
Bauernhof – ferme
Berg – mont
Berghang, Anhöhe – côte
Bergfried, Wohnturm – donjon
Brücke – pont
Brunnen, Quelle – fontaine
Busbahnhof – la gare routière
Bushaltestelle – l'arrêt de bus
Dorf – village
Felsen – rocher, roc
Fluss – rivière
Führer (Reise-, Fremden-) – guide
Garten (botanischer -, zoologischer -) – jardin (botanique, zoologique)
Gebirge – montagne
Gipfel – sommet
Hafen – le port
Hilfe! – Au secours!
Kirche – église
Kloster – monastère, couvent
Kreuzgang – cloître
links – à gauche
Markt – marché
Museum – musée
Norden – nord
Osten – est
Platz – place
Quelle – source
rechts – à droite
Richtung – direction
Route, Wegstrecke – route
Rundfahrt – tour
Schloss, Burg – château
Schlucht – gorge
Schutzhütte – refuge
See, Teich – lac, etang
Stadt – ville
Stadtmauer – rempart
Stadtviertel – quartier
Staudamm – barrage
Stop!, Halt! – Arrêtez!
Strand – plage
Straße – rue
Süden – sud
Tal – val, vallée
Tor, Portal – porte
Turm – tour
Treppe – escalier
Wald – forêt, bois
Wasserfall – cascade
warten – attendre
Weg – sentier
Westen – ouest

Beschilderungen und Aufschriften

accident – Unfall
aéroport – Flughafen
attention – Achtung
auberge de jeunesse – Jugendherberge
belvédère – Aussichtspunkt
bouchon – Verkehrsstau
carrefour – Straßenkreuzung
centre ville – Stadtmitte, Zentrum
chantier – Baustelle
danger (de mort) – Gefahr (Lebens-)
déviation – Umleitung
entrée (interdite)– Eingang (verboten)
gravillons – Rollsplitt
hôpital – Krankenhaus
hôtel de ville – Rathaus
horodateur – Parkscheinautomat
impasse – Sackgasse
limitation de vitesse – Geschwindigkeitsbeschränkung
mairie – Bürgermeisteramt (Rathaus)
passage interdit – Durchfahrt verboten
passage protégé – Vorfahrtstraße
poids lourd – Schwerverkehr, Lkw
priorité (à droite) – Vorfahrt beachten (von rechts)
ralentir – langsam fahren
ralentisseurs – Straßenschikanen, um Autofahrer zum Langsamfahren zu zwingen.
rappel – erinnern, mahnen, steht unter Verkehrsschildern, Geschwindigkeitsbeschränkungen
rond-point – Kreisverkehr
route barrée – Straße gesperrt
(rue) sens unique – Einbahnstraße
serrez à droite – rechts fahren
son et lumiére – abendliche Ton- und Lichtschau bei Schlössern, Burgen, oft mit Darstellern in aufwendigen historischen Kostümen
sortie – Ausgang, Ausfahrt
tourner à droite / gauche – rechts / links abbiegen
toutes directions – alle Richtungen
traveaux – Bauarbeiten
trésor – Kirchenschatz
virage – Kurve
voie unique – einspurig
Vous n'avez pas la priorité – Sie haben keine Vorfahrt.

Einkaufen, Post

Ansichtskarte – carte postal
Antiquitäten – antiquités
Brief – lettre
Briefmarke – timbre-poste
Briefkasten – boîte aux lettres
das ist alles – c'est tout
Bäckerei – boulangerie
ein wenig – un peu
Fleischerei – boucherie
geöffnet – ouvert
geschlossen – fermé
Lebensmittelladen – épicerie
mehr – plus
Postamt – la poste (P.T.T.)
Preis – prix
Schweinefleisch-, Wurst-Metzgerei – charcuterie
teuer, zu teuer – cher, trop cher
Trödel, Flohmarkt – brocante, foire à la -
viel – beaucoup
weniger – moins
Wieviel kostet ...? – Quel es le prix de ...?

Auf dem Campingplatz

Campingplatz – le terrain de camping
bewacht – gardé
Abwasserausguss – evacuation
Aufenthaltsraum – salle de séjour
Fahrradverleih – location de vélos
Hallenbad – piscine couverte
Hundeverbot – accés interdit aux chiens
Kinderspielplatz – jeux pur enfants
Lebensmittelladen – magasin d'alimentation
Mietcaravans – location de caravans
Steckdosen – branchements
Stellplatz – l'emplacement
Schatten – ombrage
Schwimmbad im Freien – piscine de plein air

Warmwasser – eau chaude
Waschbecken – lavabos
Wäschewaschbecken – laverie
Wohnmobil – camping-car
Zelt – tent

Hotel

Haben Sie ...? – Est-ce que vous avez ...?
ein Zimmer mit Dusche/Bad – une chambre avec douche/salle de bain
eine Nacht – une nuit
alle Zimmer belegt – complet
das Zimmer – la chambre
Was kostet das? – C'est combien?
Das ist zu teuer. – C'est trop cher.
Halbpension – demi-pension
Vollpension – pension complète
Aufzug – l'ascenseur
Seife – le savon
Zimmerschlüssel – la clé

Restaurant

Je voudrais commander – Ich möchte gerne bestellen
Je voudrais ... – Ich hätte gerne ...
l'addition – die Rechnung
Est-ce qu le service est compris? – Ist das Bedienungsgeld inbegriffen?
c'est bon – das ist gut
c'est mauvais – das ist schlecht
c'est chaud – das ist heiß
c'est froid – das ist kalt
donnez-moi svp ... – geben Sie mir bitte ...
une assiette – Teller
assiette anglaise – Wurstaufschnitt
boisson comprise – Getränk inklusive
une bouteille de ... – eine Flasche ...
la carte – Speisekarte
la carte des vins – Weinkarte
un cendrier – Aschenbecher
le couteau – Messer
la cuillère – Löffel
le déjeuner – Mittagessen
dîner – Abendessen
la fourchette – Gabel
garçon – Ober, Kellner
garniture au choix – Gemüsebeilagen nach Wahl
le menu – Menu zu festem Preis
miel – Honig
oeuf à la coque – gekochtes Ei
oeufs au jambon – Schinken mit Ei
oeufs broullés – Rührei
oeufs sur le plat – Spiegelei
du pain – Brot
le petit déjeuner – Frühstück
petits pain – Brötchen
du poivre – Pfeffer
pourboire, service – Trinkgeld
du sel – Salz
selon arrivage – wenn verfügbar
service compris – Bedienungsgeld inbegriffen
souper – spätes (festliches) Abendessen
supplément (en sus) – zusätzlich (Preis)
un verre de ... – ein Glas ....

Zahlen

eins – un, une
zwei – deux
drei – trois
vier – quatre
fünf – cinq
sechs – six
sieben – sept
acht – ouit
neun –neuf
zehn – dix
elf – once
zwölf – douce
dreizehn – treize
vierzehn – quatorze
fünfzehn – quinze
sechzehn – seize
siebzehn – dix sept
achtzehn – dix ouit
neunzehn – dix neuf
zwanzig – vingt
einundzwanzig – vingt et un
dreißig – trente
vierzig – quarante
fünfzig – cinquante
sechzig – soixante
siebzig – soixante dix
achtzig – quatre vingt
neunzig – quatre vingt dix

hundert – cent
zweihundert – deux cent
tausend – mille

Zeit
gestern – hier
heute – aujourd'hui
morgen – demain
morgens – le matin
mittags – à midi
nachmittags – l'après midi
abends – le soir
heute morgen – ce matin
Um wieviel Uhr? – A quelle heure?

Monate
Januar – janvier
Februar – février
März – mars
April – avril
Mai – mai
Juni – juin
Juli – juillet
August – août
September – septembre
Oktober – octobre
November – novembre
Dezember – décembre

Wochentage
Montag – lundi
Dienstag – mardi
Mittwoch – mercredi
Donnerstag – jeudi
Freitag – vendredi
Samstag – samedi
Sonntag – dimanche

MIT DEM AUTO DURCH KORSIKA

„Wenn Sie die Berge lieben, werden Sie von Korsika begeistert sein!" liest man in einer Broschüre des Korsischen Tourismusverbandes. Stimmt absolut, möchte man hinzufügen, um dann nachzuschieben, „es sei denn man ist mit einem großen Wohnmobil oder einem ausladenden Caravangespann unterwegs".

Um es vorweg zu nehmen: Korsika ist m. E. nicht gerade das ideale Land für eine Wohnmobiltour (siehe auch unter „Camping") bzw. für eine Rundreise mit dem Caravan.

Viele Straßen, die aber meist durch die schönsten Täler, über die grandiosesten Pässe und entlang der spektakulärsten Küstenstriche führen, sind recht schmal, überaus kurvenreich, noch nicht überall durch Leitplanken oder Mauern gesichert, mitunter auch ausgefahren und schlecht, mit ausgefransten Fahrbahnrändern, was besondern Caravaner nervt.

Auf einigen Streckenabschnitten ragen Felsen bis unmittelbar an den Fahrbahnrand (was manchem Außenspiegel schon zum Verhängnis wurde) und mitunter (wenn auch selten) trifft man auf überhängende Felsen, vor denen jeder Wohnmobilalkoven kapitulieren muss.

Viele der korsischen Dörfer liegen traumhaft schön. Ihre Ortsdurchfahrten sind es mitunter aber überhaupt nicht. Schmale, durch parkende Fahrzeuge zusätzlich verengte, winkelige Straßen, niedere Balkone oder Bäume die bis an die Straße reichen, vielleicht noch ein altes, niederes Stadttor sind Dinge, mit denen man zu rechnen hat.

Und im Sommer, bei größerem Verkehrsaufkommen, können Situationen entstehen, die einen dazu zwingen, auf kurvenreicher Bergstraße einige hundert Meter zurücksetzen zu müssen.

Einigermaßen entspannt ist man m. E. mit Fahrzeugen unterwegs, die die Größe eines normalen Kastenwagens (zul. Ges.-Gewicht bis 3,5 t) wie Sprinter, Ducato, Crafter, Boxer etc. nicht überschreiten – nicht länger als 5,5 bis 6 m, nicht breiter als 2 m und unter 3 m hoch sind.

Urlauber mit Caravans sollten sich ihre Route durch Korsika sehr gut aussuchen. Mit Caravans, die größer als ein kleiner Touringcaravan sind, dürften Schwierigkeiten auftreten, nicht nur auf den Straßen unterwegs, sondern auch auf Campingplätzen wg. der Größe und Zugänglichkeit vieler Stellplätze.

Andererseits sind Caravaner aber fein heraus, wenn sie sich einfach zu erreichende Campingplätze, z. B. an der Ostküste, als Basis aussuchen und von dort aus mit ihrem Pkw Touren ins Landesinnere unternehmen.

Wir haben bei Wegstrecken, die uns für große Wohnmobile oder ausladende Caravans vor Ort als ungeeignet oder als schwierig erschienen, in diesem Reiseführer einen entsprechenden Vermerk aufgenommen.

Bitte bedenken Sie aber, dass diese einschränkenden Vorbemerkungen, die subjektive Einschätzung des Autors dieser Zeilen nach diversen Korsikareisen mit einem Sprinterwohnmobil sind, die Sie als versierter Caravaner oder erfahrener „Dickschiffkapitän" vielleicht als übertrieben ansehen mögen. Aber wie heißt es so schön: Gefahr erkannt, Gefahr gebannt. Und wie anfangs schon gesagt: „Wenn Sie die Berge lieben, werden Sie von Korsika begeistert sein!"

Korsikas Autofahrer, die natürlich mit ihren Straßenverhältnissen bestens vertraut sind, legen mitunter eine Fahrweise an den Tag, die für den Besucher etwas gewöhnungsbedürftig ist. Man ist ungeduldig und hat es immer sehr eilig. Die Devise kann hier nur lauten, defensiv fahren und auch mal rechts ran fahren und überholen lassen.

Übrigens, rechnen Sie auf den kurvigen Bergstraßen immer auch damit, eine wiederkäuende Kuh, eine Schafherde oder ein marodierendes, nimmersattes Rudel Schweine mitten auf der Fahrbahn anzutreffen.

Mietwagen

Eine wirklich überlegenswerte Variante ist die, nicht mit dem eigenen Auto anzureisen, sondern nach Korsika zu fliegen und sich dort einen Leihwagen zu nehmen.

Allerdings sind die Preise für Mietwagen, wie so vieles auf dem touristischen Sektor, nicht eben billig. Ein paar Euro sparen kann man, wenn man das Auto bereits hier mietet, vielleicht bei einem Reiseveranstalter oder über ein Reisebüro oder im Internet.

Vor Ort haben alle großen Mietwagenfirmen Stationen an den Flughäfen und Fährhäfen.

Mein Tipp! Korsikas Straßen sind schmal und kurvenreich, das Parken ist oft schwierig, Umstände, die schon mal Spuren am Auto hinterlassen. Achten Sie deshalb bei der Übernahme eines Mietwagens genau darauf, dass das Fahrzeug keine Dellen oder Beschädigungen aufweist. Falls doch, lassen Sie sich vor Verlassen der Vermietstation schriftlich bestätigen, dass nicht Sie die Schäden verursacht haben. Andernfalls kann es nämlich durchaus sein, dass Sie bei der Rückgabe des Fahrzeugs für die Schäden haftbar gemacht werden.

Verkehrsregeln

Es gilt **Anschnallpflicht**.

Die **Promillegrenze** ist bei 0,5 festgesetzt. Alkoholdelikte werden streng geahndet. Die Geldbußen, wenn's denn dabei bleibt, sind happig. Überhaupt bittet die Polizei ertappte Verkehrssünder ganz schön zur Kasse.

Im Falle einer Panne müssen Sie **schon vor Verlassen des Fahrzeugs** Ihre **Warnweste** tragen! Sie sollte also nicht zu weit „versteckt" sein.

Radfahrer müssen außerhalb von Ortschaften immer eine Warnweste tragen.

Halten und Parken unter Brücken ist verboten!

Bei Regen oder Schneefall ist mit **Abblendlicht** zu fahren.

Fahrzeuge im **Kreisverkehr** haben Vorfahrt, falls nicht anders beschildert.

Entfernungsübersicht

	Ajaccio	Aléria	Bastia	Bonifacio	Calvi	Corte	Ghisonaccia	Linguizzetta	Porto	Porto Vecchio	Solenzara
Ajaccio	–	114	153	140	159	83	105	124	83	131	131
Aléria	114	–	70	100	140	45	15	10	142	73	32
Bastia	153	70	–	170	93	70	85	49	135	143	103
Bonifacio	140	100	170	–	223	148	85	111	207	27	67
Calvi	159	140	93	223	–	96	155	116	76	217	156
Corte	83	45	70	148	96	–	63	58	86	121	80
Ghisonaccia	105	15	85	85	155	63	–	25	157	58	17
Linguizzetta	124	10	49	111	116	58	25	–	146	83	42
Porto	83	142	135	207	76	86	157	146	–	215	174
Porto Vecchio	131	73	143	27	217	121	58	83	215	–	41
Solenzara	131	32	103	67	156	80	17	42	174	41	–

Straßen mit **Vorfahrtsberechtigung** verlieren dieses Vorrecht am Ortsschild!

Markierungen am Straßenrand: Blau – Zeitlich begrenztes Parken mit Parkscheibe. Gelb – Parkverbot.

Parken

Parken in den Innenstädten stellt sich gewöhnlich als Problem dar, noch mehr, wenn man mit einem über 2 m hohen Fahrzeug, sprich Wohnmobil oder Caravan unterwegs ist. Viele der zentralen, meist gebührenpflichtigen Parkplätze sind nämlich mit etwa 2 m hohen Einfahrtsbarrieren versehen.

Wenn es sich um gebührenpflichtige Straßenparkplätze handelt, ist das gewöhnlich nicht zu übersehen. Am Straßenrand ist dann groß das Wort PAYANT aufgemalt.

Man zieht einen Parkschein für die gewünschte Parkdauer an einem Automaten (horodateur) und deponiert ihn gut sichtbar hinter der Windschutzscheibe im Auto.

Sie sollten sich tunlichst an diese Spielregel halten. Auch ausländische Fahrzeuge werden ggf. mit Strafmandaten beglückt, die dann auch tatsächlich eingefordert werden, wenn Sie „vergessen" haben zu bezahlen und schon lange wieder zu Hause sind.

Wenn Sie an einem blauen Parkplatzschild die Aufschrift „disques de stationement" oder eine blaue Linie am Gehsteig-/Fahrbahnrand sehen, bedeutet das, dass Sie in dieser **„Zone bleu"** nur mit **Parkscheibe** und max. 90 Minuten lang (in der Mittagszeit eine Stunde länger) parken dürfen.

Mein Tipp! In der unantastbaren Mittagspausenzeit zwischen 12 Uhr und 14 Uhr, in der sich die Innenstädte und die Parkplätze dort erfreulich leeren, haben Sie gute Chancen, einen günstig gelegenen Parkplatz zu finden. In der Mittagszeit sind Parkplätze oft gebührenfrei zu nutzen. Ob das so ist, steht an den Parkscheinautomaten!

Wenn Sie glauben, mit den zwei Stunden zwischen 12 Uhr und 14 Uhr nicht auszukommen, bezahlen Sie Parkgebühren für eine oder zwei Stunden und erhalten dann einen

Parkschein, der das Parken z. B. von 12 Uhr bis 15 oder 16 Uhr gestattet.

Beschriftungen von Verkehrsschildern siehe auch unter „Miniwortschatz – Klein aber nützlich, Beschilderungen und Aufschriften".

Höchstgeschwindigkeiten

Fahrzeuge bis 3,5 t, auch Motorräder und Caravangespanne (Fahrzeuge über 3,5 t in Klammern):

Innerorts 50 km/h (50 km/h), außerhalb von Ortschaften 90 km/h (80 km/h), auf Schnellstraßen 110 km/h (100 km/h), Autobahnen 130 km/h (110 km/h).

Bitte berücksichtigen Sie, dass auf nassen Straßen die erlaubte Höchstgeschwindigkeit um 10 km/h und auf Autobahnen um 20 km/h (die es nur auf dem Festland, nicht aber auf Korsika gibt) verringert werden muss!

Erkundigen Sie sich vor Abreise bei Ihrem Automobilclub nach evtl. Änderungen bzw. nach neuen Vorschriften!

Tanken

Achtung! Tankautomaten an französischen Tankstellen können zwar mit Kreditkarten betrieben werden, aber NICHT mit in Deutschland ausgegebenen Kreditkarten, auch nicht mit solchen mit integriertem Mikrochip!

Tankstellen sind gewöhnlich zwischen 7 Uhr und 22 Uhr geöffnet. Mit Abweichungen und mit geschlossenen Tankstellen am Sonntag ist in ländlichen Gegenden zu rechnen.

Wenn Sie ins abgelegene Hinterland fahren, starten Sie möglichst mit vollem Tank. Und das Mitführen eines gefüllten 10-Liter Reservekanisters beruhigt.

Super Plus Kraftstoff wird auf Korsika bislang nicht angeboten.

Kraftstoffpreise

Benzin, bleifrei (essence sans plomb) ca. EUR 1,40
Super ca. EUR 1,44
Diesel (gasoil) ca. EUR 1,33.

Viele Tankstellen sind sonntags geschlossen.

Wohnmobil-Entwicklungsland Korsika

Will Korsika wirklich Wohnmobil-Touristen? Wohl eher nicht, wenn man die spezifisch für Wohnmobilfahrer angebotene Infrastruktur auf der Insel betrachtet.

Wir hörten schon Komentare wie: „Ach, Wohnmobilisten! Die wollen sich überall hinstellen, achten aber nicht auf die Natur, hinterlassen ihren Müll am Strand und haben ihren ganzen Proviant mit dabei. Und dann fahren Sie noch im Besichtigungstempo stundelang vor einem her ....!" Sicher ein sehr subjektives Urteil.

Dennoch stößt man auf einer Wohnmobilreise durch Korsika immer wieder auf Gegebenheiten, die schon nach kurzer Zeit den unschönen Verdacht aufkommen lassen, dass breite Kreise der Korsen und ihre Administration kein großes Interesse an Besuchern mit Wohnmobilen oder Caravans haben.

Das fängt damit an, dass viele Strandparkplätze oder Parkplätze in Städten mit etwa 2 m hohen Einfahrtsbarrieren blockiert sind.

Und die Chance, während der Geschäftszeit einen freien zentrumsnahen Straßenparkplatz z. B. in Bastia, in Ajaccio, Bonifacio, Porto-Vecchio etc. etc. zu ergattern, gleicht einem 6er im Lotto. Stadt-, Restaurnat- und Museumsbesuche werden so nicht gerade zum einladenden Erlebnis.

Offizielle, eingerichtete Stellplätze, vielleicht sogar noch mit V & E Station? Fehlanzeige!

Offizielle Stellplätze für Wohnmobile außerhalb von Campingplätzen (wie auf dem Festland in Frankreich, Italien etc. gang und gäbe), scheinen

Korsen ein rotes Tuch zu sein. Bislang gibt es keine offiziell ausgeschilderten Stellplätze!

V & E Stationen in Gemeinden – in Frankreich z. B. weit verbreitet – auch Fehlanzeige, bis auf eine einsame Station in Propriano. Ver- und Entsorgungsstationen für Wohnmobile sind auf der Insel so gut wie unbekannt.

Ausgussstellen für Chemikaltoiletten sind selbst auf Campingplätzen noch nicht überall eine Selbstverständlichkeit.

Natürlich kann man sich einen Platz zum Freistehen suchen. Einladende Möglichkeiten gibt es ja genügend. Ob man da aber die Nacht über auch in Ruhe gelassen wird, steht schon auf einem anderen Blatt.

Vor allem in der betriebsamen Hochsaison, wenn Wohnmobilurlauber nicht nur aus Deutschland, sondern natürlich auch aus Italien und Frankreich etc. Korsika besuchen, kann es durchaus vorkommen, dass Privatpersonen oder Behördenvertreter sehr deutlich machen, dass freies Stehen hier nicht toleriert wird.

Also wird sich der Wohnmobilfahrer notgedrungen und zähneknirschend nach einem Campingplatz umsehen. Nur, hier gehen die Problemchen oft weiter. Manche Plätze beginnen erst damit, Einrichtungen für Wohnmobile, V & E Stationen, Chemikalausgüsse u. ä. oder für Wohnmobile zugängliche Parzellen einzurichten.

Dazu kommt, dass manche Campingplätze – aufgrund ihrer Hanglage z. B. – zwar lauschige, schattige Stellplätze oft in Terrassen anbieten, die aber nicht selten mit dem Pkw, geschweige denn mit einem Wohnmobil oder Caravan, überhaupt nicht zugänglich sind und nur von Zelten belegt werden können. Oder wenn doch mit Fahrzeugen zugänglich, sind die Stellplätze oft so klein, oder der Baumbestand ist so eng oder niedrig, dass eine stattliche Landjacht dort keine Chance hat, ein Plätzchen zu finden.

Schade, denn Korsika ist eine so wunderbare Insel, die es verdient hätte, dass Touring mit dem Wohnmobil oder mit dem Caravan etwas einfacher und weniger mühsam wäre.

Korsika ist die Insel für Wanderer, für Taucher, für Pkw- und Motorrad-Touristen, aber es ist bei weitem kein Eldorado für Wohnmobil- oder Caravanfahrer!

Was allerdings auch anderen Touristen nicht sonderlich gefallen dürfte ist, dass manche Kulturdenkmale, prähistorische Stätten u. ä. selbst zu Fuß nur mühsam zugänglich sind (z. B. Mégalithes de Cauria, Castellu Araghju bei Porto-Vecchio oder Cucuruzzu bei Levie).

Parkplätze bei archäologischen Stätten sind manchmal nur schlecht oder gar nicht beschilderte Haltestreifen an der Straße (z. B. Brucke Spin'a Cavallu, Mégalithes de Cauria, Menhir de Tavera an der N-193 südwestl. von Vizzavona).

Straßenkarten

Als detailreiche und verlässliche Straßenkarten haben sich auf unseren Korsikatouren die Landkarten von Michelin bewährt. Am besten das Kartenblatt „345 Local, Maßstab 1:150.00, Corse-du-Sud, Haute-Corse", oder, falls nicht mehr aufgelegt, das Kartenblatt „528 Regional, Maßstab 1:200.000 Corse/Korsika" wählen.

ÖFFNUNGSZEITEN

Banken

Mo – Fr 9 – 12 Uhr, 14 – 16 Uhr.

Geschäfte, Supermärkte

Es gibt keine landesweit einheitlichen Öffnungszeiten. Gewöhnlich öffnet man um 9 Uhr, Bäckereien und manche Lebensmittelgeschäfte schon um 7 Uhr und schließt meist zwischen 19 Uhr und 20.30 Uhr. Außerhalb der größeren Städte sind viele Geschäfte zwischen 13 und 15/16 Uhr geschlossen. Und im August sind viele Geschäfte ganz geschlossen.

Touristeninformationen

Mo. – Sa. 09 – 12, 14 – 18 Uhr.

Im Sommer und in Großstädten mitunter länger und auch über die Mittagszeit geöffnet.

Postämter (Bureaux de Poste)

Mo – Fr 8 – 19 Uhr, Mittagspause in ländlichen Gebieten zwischen 12 und 15 Uhr.

Sa 8 – 12 Uhr.

Tankstellen

7 – 22 Uhr, in ländlichen Gebieten auch kürzer und sonntags geschlossen.

POST UND TELEFON

Auf **Postämtern** können alle üblichen Postdienste abgewickelt werden wie bei uns auch, Brief- und Paketversand, Postwertzeichen, Einschreiben, postlagernde Sendungen, telefonieren etc. An vielen Postämtern findet man auch einen Geldautomaten.

Briefmarken kann man aber auch an Kiosken und Tabakläden, den *Bureau de Tabac*, kaufen.

Telefonieren – Alle Rufnummern sind 10-stellig! Es gibt keine separate Ortsvorwahl!

Frankreich ist in fünf **Vorwahlzonen** eingeteilt. Die neuen zweistelligen Vorwahlen 01 bis 05 sind bereits in die Telefonnummer integriert und immer mitzuwählen. Für Paris und Île de France z. B. steht die 01, für Nordwest-Frankreich inkl. Bretagne und Teile der Region Centre-Val de la Loire die 02, für Nordostfrankreich steht die 03, für Südostfrankreich und **Korsika** steht die **04** und für Südwestfrankreich die 05.

Bei Gesprächen **vom Ausland nach Frankreich** wird nach der Landeskennzahl 00 33 die **erste Null** der Teilnehmernummer **weggelassen.**

Auch für Telefonate von Korsika ins europäische Ausland gilt, dass man nach der Ländervorwahl, z. B. für Deutschland 00 49, die erste Null der Ortsvorwahl weglässt.

Sehr verbreitet sind in Frankreich Telefonzellen, deren Apparate nur mit **Telefonkarten (télécarte)** betrieben werden können. Zwischenzeitlich gibt es fast keine Münzfernsprecher mehr.

Wenn Sie öfters mal Ihre Lieben zu Hause anrufen müssen, ersparen Sie sich viel Ärger, wenn Sie sich in Frankreich gleich eine Telefonkarte kaufen! Telefonkarten gibt's auf den Postämtern, in Geschäftsstellen der France Télécom, an Zeitungskiosken oder in den bureaux de tabac für 50 oder für 120 Gesprächseinheiten.

In öffentlichen Telefonzellen mit dem blauen Glockensymbol können Sie sich auch anrufen lassen. Die Rufnummer steht auf dem Telefonapparat. Erwarten Sie aber nicht, dass das Telefon bei einem eingehenden Anruf klingelt. Sie müssen das kleine Display (elektronische Anzeige) im Auge behalten. Nur dort können Sie erkennen, ob der von Ihnen erwartete Telefonanruf angekommen ist.

Übrigens: Wenn Sie auf Ihr Handy, ihr Mobiltelefon, auch im Urlaub nicht verzichten können, sollten Sie ein Gerät für das D1- oder D2-Netz haben. Nur dann können Sie auch in Frankreich telefonieren. Geräte für andere Funktelefonnetze funktionieren nicht und dürfen nicht eingeschaltet werden!

Handynummern in Frankreich beginnen mit 06.

Die **Telefonauskunft in Frankreich** (Auskünfte also nur in Französisch) erreichen Sie unter der Nummer **12.**

Die **internationale Auskunft** erreicht man unter 00 33 12 11 plus Vorwahl des Landes, aus dem eine Auskunft gewünscht wird.

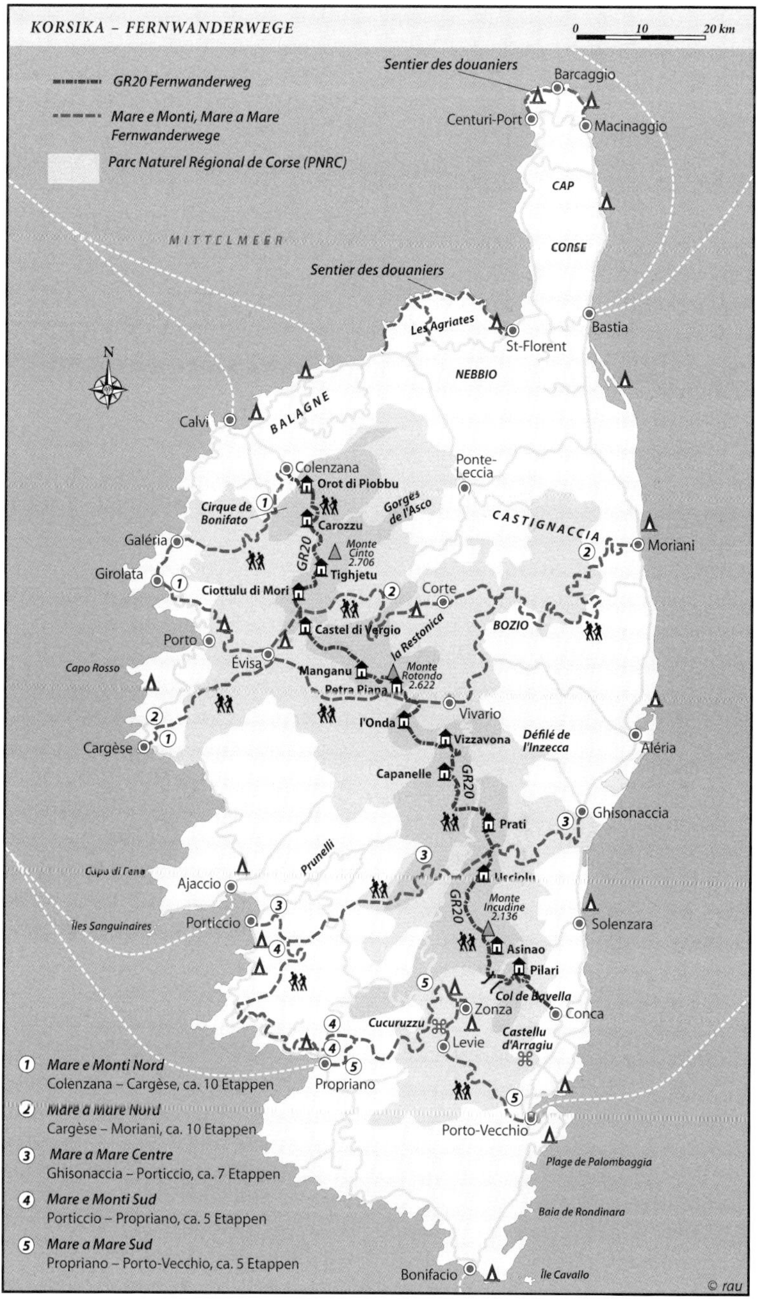

WANDERN

Eine der schönsten, aber auch anspruchsvollsten Wanderstrecken auf Korsika ist der schon fast legendäre **Fernwanderweg GR20** (sentier de grande randonnée). Der rund 200 km lange Weg verläuft in Nord-Südrichtung mitten durch die Insel und zwar zwischen **Calenzana**, südöstlich von Calvi und **Conca** an der Südostküste nördlich von Porto-Vecchio. Die Markierung ist rot-weiß.

Unterwegs durchquert man – meist auf den Anhöhen der Wasserscheide Korsikas in Höhen um 2.000 m durch unbewohnte Regionen wandernd – die schönsten Landschaften Korsikas, den zentralen Naturpark **Parc Naturel Regional de Corse** genauso, wie die Westseite des Monte Cinto Massivs, den Lac de Nino oder den von hohen Berggipfeln gesäumten spektakulären Col de Bavela.

Erfahrene Bergwanderer sprechen davon, dass der GR20 selbst für den Geübten (zumindest stellenweise) eine Herausforderung darstellt und nicht dazu geeignet ist, gerade auf dieser Strecke erste Bergerfahrungen zu sammeln! Einige Passagen des Weges werden als **sehr schwierig bis gefährlich** geschildert. Trittsicherheit und absolute Schwindelfreiheit sind Voraussetzung!

Sehr gute körperliche Kondition und Erfahrung mit Outdooraktivitäten und mit der Orientierung in kaum erschlossenen Gebieten sind hilfreich.

Dass man sich auf den Weg nicht ohne entsprechende Ausrüstung macht, versteht sich von selbst (wetterfeste, warme Kleidung, bergtaugliches Schuhwerk, Kletter- und Biwakutensilien, Verpflegung etc).

Nicht nur auf dem GR20 bewegt man sich oft in Hochgebirgsregionen. Unverhoffte Wetterstürze mit Regen, Hagel, Schnee und Nebel können dann für den wenig erfahrenen, schlecht ausgerüsteten Bergwanderer in abgeschiedener Natur zur ernsten Gefahr werden.

Entlang der Strecke des GR20 gibt es in größeren Abständen bislang elf Berghütten (refuges). Die Hütten sind zwar ganzjährig geöffnet, aber in aller Regel nur zwischen Anfang Juni und Mitte/Ende Oktober beaufsichtigt, bzw. bewirtschaftet.

Weniger häufig findet man in der Nähe des Weges – meist dort wo der Weg die Pässe Col de Vergio, Col de Vizzavona, Col de Verde und Col de Bavella und somit auch Straßen passiert – Gasthöfe und private Unterkünfte.

Begehbar ist der GR20 in seiner Gesamtheit zwischen Mitte Juni und etwa Ende Oktober, wobei vor allem in den Gebirgsregionen immer mit Schnee oder Firn zu rechnen ist. Man hört auch, dass nach herbstlichen Regengüssen Erdrutsche den Weg versperren können.

In Hochlagen ist immer mit Wetterstürzen, Hagel, Nebel etc. zu rechnen.

Allgemein wird empfohlen, sich für den gesamten Weg mindestens 15 Tage Zeit zu nehmen.

Vor Antritt der Tour sollte man sich tunlichst mit dem **Topoguide du sentier GR20 de Calenzana à Conca**, des Comité national des sentiers de grande randonnée, der in französischer Sprache herausgegeben wird, befassen.

Wichtige Informationen über Wanderwege in Frankreich im allgemeinen und über den GR20 im besonderen bietet die Internetseite der **Féderation français de la randonnée pédestre – www.ffrp.asso.fr**. Über diese Webseite kann man auch den erwähnten Topoguide bestellen.

Neben dem korsischen „Königsweg" GR20 werden seit einigen Jahre weitere Wanderwege angelegt, die vielleicht nicht alle so anspruchsvoll sind wie der GR20, aber ohne gute Kondition und entsprechende Ausrüstung wenig Spaß bereiten.

Vor noch nicht allzu langer Zeit wurde der **Sentier de la Transhumance** eröffnet. Ein Weg für Leute, die Wandern in erster Linie als Sport ansehen.

Transhumanz ist eine Form der Wander-Weidewirtschaft. Schaf- und Ziegenhirten folgten traditionellen Pfaden und Wegen, wenn sie ihre Herden von Weide zu Weide, oder von den Almen ins Tal trieben.

Der korsische Sentier de la Transhumance startet – wie der GR20 und der Mar e Monti Nord – in Calenzana und folgt letzterem südwestwärts ins Vallée de Fango, weiter ostwärts über Manso und über den 1.370 m hohen Col de Capronale letztendlich zur Schlucht Scala di Santa Regina Der Weg ist in sechs Etappen eingeteilt.

Von Bedeutung sind vor allem auch die diversen Wege **„Mar e Monti** und **Mare a Mare**, die man auf Korsika auch unter dem Oberbegriff „Randonnées-Découvertes" kennt.

Die Mar e Monti Wege (zwischen Meer und Berge Wege) durchqueren die Insel in Ost-West Richtung und sind orange markiert.

Im Gegensatz zum GR20 führen die Mar e Moti Wege selten auf Höhen über 1.000 m und passieren auch öfter Ortschaften und Straßen, so dass Anfahrt, Unterkunft und Verpflegung weniger Probleme breiten.

Die Gehzeit der einzelnen Etappen beläuft sich auf vier bis sechs Stunden.

Schönste Wanderzeit sind Frühjahr und Herbst.

Mar e Monti Nord – Verläuft zwischen Cargèse und Calenzana, führt u. a. an den Cirque de Bonifato und an der Spelunca-Schlucht vorbei. 10 Etappen.

Mar e Monti Sud – Verläuft nahe der Westküste zwischen Porticcio am Golf von Ajaccio und Propriano am Golf von Valinco. 5 Etappen.

Mare a Mare Nord – Verläuft von Moriani an der Ostküste über Corte, Col de Vergio und Évisa (Gorges de Spelunca) bis Cargèse an der Westküste. 10 Etappen.

Mare a Mare Centre – Verläuft von Porticcio an der Westküste quer über die Insel nach Ghisonaccia an der Ostküste. Man liest, dass die Markierung auf diesem erst ab Mai begehbaren Weg nicht überall eindeutig sein soll. Deshalb wird dringend empfohlen, nicht ohne genaue Wanderkarte loszugehen.

Mare a Mare Sud – Verläuft von Porto-Vecchio nach Propriano. Führt u. a. an der archäologischen Stätte von Cucuruzzu vorbei. Sechs Etappen, die als leicht eingestuft werden und deshalb stark frequentiert sind.

Entlang der Wanderwege gibt es **Schutzhütten**, die zwar das ganze Jahr über zugänglich, aber nur zwischen Juni und Oktober bewirtschaftet sind. Für eine Übernachtung im Gemeinschaftssaal bezahlt man rund 10 Euro. Es gibt Sanitäranlagen, eine Küche und einfache Verpflegung.

Nach Absprache mit dem Hüttenwirt darf man bei den Schutzhütten gegen eine geringe Gebühr sein Zelt zum Übernachten aufschlagen.

Ansonsten ist das Zelten entlang der Wanderwege überall verboten!

Achtung Waldbrandgefahr! Bitte beachten Sie auf Wanderungen oder bei anderen Outdooraktivitäten unbedingt, dass zumindest zwischen 1. Juli und 30. September der Gebrauch von offenem Feuer in der Natur auf ganz Korsika verboten ist! Informieren Sie sich im nächsten Touristenbüro über den Grad der Waldbrandgefahr auch zu anderen Jahreszeiten, wenn Sie z. B. Fernwanderungen planen.

Informationen zu Wanderungen im **Parc Naturel Régional de Corse** auf dem GR20 oder auf den Wegen Mar e Monti und Mare a Mare bekommt man auch bei: **Parc naturel régional de la Corse**, 2, rue du Sergent-Casalonga, 20000 Ajaccio, Tel. 04 95 51 79 10; www.parc-corse.org (u. a. mit Belegunsübersicht der Berghütten).

WÄHRUNG

Natürlich bezahlt man auch auf Korsika mit dem Euro.

Längst sind in den Städten **Geldautomaten** (distributeur de billet) verbreitet, so dass man eigentlich rund um die Uhr mit Kreditkarte und PIN-Nummer an Bares kommen kann.

Die meisten der Geldautomaten haben aber eine Auszahlungsbegrenzung, meist zwischen 200,- und 400,- Euro pro Transaktion. Die Gebühren, die später zu Hause auf dem Bankauszug erscheinen, können beträchtlich sein.

Ist man dagegen länger in abgelegeneren Orten im Inland unterwegs, sollte man nicht mit Geldautomaten oder der Akzeptanz von Kreditkarten rechnen und sich rechtzeitig mit Bargeld versorgt haben.

Reiseschecks werden von vielen Banken gegen Gebühr akzeptiert und von vielen größeren Geschäften, Hotels und Restaurants als Zahlungsmittel angenommen.

Sehr verbreitet ist die Akzeptanz von **Kreditkarten** aller großen Unternehmen, vor allem von Eurocard/Mastercard und Visa, die das Reiseleben erheblich vereinfachen, sei es an der Kasse der Tankstelle, im Supermarché, im Restaurant, im Hotel oder an der Mautkasse an Autobahnen. An den Autobahnmautstellen sind die Furten, an denen Kreditkarten akzeptiert werden, mit **CB** (carte bancaire) besonders gekennzeichnet.

Falls Ihnen Ihre Kreditkarte abhanden kommt, sollten Sie den Verlust umgehend dem jeweiligen Kreditkarteninstitut melden.

Zentraler Kreditkarten-Sperr-Notruf – 0049 11 61 16

American Express Card: 01 47 77 72 00. Card Service in Deutschland Tel. +49 (0)69 9797-1000.

Eurocard/Mastercard: Tel. 01 45 67 84 84. In Deutschland Tel. +49 (0)69-79 33 19 10 (oder bei Ihrer Bank).

Visa: 08 00 90 11 79. In Deutschland Tel. 0800-814 91 00. Im Ausland mit kostenlosem R-Gespräch unter Tel. 001 410 581 3836.

WICHTIGE RUFNUMMERN

Notrufe

EU-Notrufe (Mobil- u. Festnetz): 112

Polizei (Police): 17

Notarzt/Krankenwagen (Samu): 15

ADAC Notruf für Frankreich:
(08) 25 80 08 22

ADAC Notruf in München:
(0049) (0)89 22 22 22

Zentraler Kreditkarten-Sperr-Notruf (0049) 11 61 16

Ländervorwahlen

Frankreich	0033
Deutschland	0049
Österreich	0043
Schweiz	0041

Beim Wählen der Nummer nach der Ländervorwahl die erste Null der Ortsvorwahl weglassen!

Haftungsausschluss

Alle in diesem Reiseführer gemachten Angaben, sowie Reise- und Sicherheitshinweise sind nach den aktuell erreichbaren und dem Verlag zugänglichen Informationen mit Sorgfalt und nach bestem Wissen zusammengestellt. Eine Gewähr für die Richtigkeit und die Vollständigkeit der Angaben sowie eine Haftung für eventuell eintretende oder daraus entstehende Schäden kann nicht übernommen werden. Gesetze und Vorschriften können sich jederzeit ändern, ohne dass der Verlag davon erfährt. Die Entscheidung über die Durchführung einer Reise liegt in der Verantwortlichkeit des Lesers.

Verlag und Autor empfehlen, sich rechtzeitig vor Antritt der Reise nach den neuesten reiserelevanten Vorschriften zu erkundigen.

ZEICHENERKLÄRUNG

Hauptstadt	Campingplatz
Etappen-Start-/Endpunkt	Womo-Stellplatz
Orte	V & E Station
Sehenswürdigkeit	Kirche, Kathedrale
Touristeninformation	Burg, Kastell
Museum, Schloss	Wandermöglichkeit
Rathaus, öffentl. Gebäude	archäol. Stätte
Busbahnhof, Bahnhof	Berg, Gipfel
Parkplatz	Rast-, Picknickplatz
Tiefgarage	Grenzübergang
Flughafen	Pass
Postamt	Strand, Badeküste
Restaurant	Höhle
Hotel	
Reiseweg, Route	

V & E für Wohnmobile – Einrichtungen für Versorgung mit Trinkwasser sowie Entsorgung für Wohnmobilabwässer sind auf dem Platz vorhanden.

Wegpunkt-Koordinaten sind im Text in eckigen Klammern nach Orten, Campingplatznamen o. ä. wie folgt dargestellt, z. B.: **[WP 103 / N 38° 53' 53.8" E 22° 39' 18.6"]**.

„WP XXX" steht für die laufende **Wegpunkt-Nummer**, unter der der Wegpunkt in den Routen auf der **Roadbook-CD** abgelegt ist. Die Roadbook-CD zu diesem Reiseführer können Sie gegen einen Unkostenbeitrag von 9,90 Euro versandkostenfrei direkt beim Verlag bestellen. Bitte schauen Sie dazu in unserem Onlineshop vorbei und zwar unter

www.rau-verlag.de/onlineshop

Bei den durch einen Schrägstrich von der Wegpunktnummer getrennten **Koordinaten** steht „N" für Nord, „E" für Ost und „W" für West. Die erste Zahl danach steht für Breiten- bzw. Längen-Grad, gefolgt von Minuten und Sekunden.

Minuten/Sekunden ändern in Dezimalkoordinaten

Falls Sie Navigationskoordinaten in Ihr Autonavigationsgerät evtl. nur als **Dezimalkoordinaten,** nicht aber im üblichen (und wie auf der Roadbook CD gespeicherten) **Grad/Minuten/Sekunden Format** eingeben können, ist das kein größeres Problem.

Koordinaten lassen sich von Grad/Minuten/Sekunden – so wie bei uns dargestellt – relativ einfach „per Hand" in Dezimalkoordinaten umrechnen und müssen dann gewöhnlich auch von Hand in das Navigationsgerät im Auto eingegeben werden.

Da das Minuten/Sekunden-System in 60er Schritten geht, darf man die Minuten- und Sekunden-Markierungen nicht einfach ignorieren und daraus Dezimalkoordinaten machen, sondern man muss die Daten durch 60 teilen. Umgekehrt ist das auch von Dezimalwerten in Minuten/Sekunden möglich (multiplizieren).

Beispiel:

Grad/Minuten/Sekunden-Format: N 39° 29′ 12.6″ wird so zum Dezimalformat: 29 : 60 = 0,48, 12.6 : 60 = 0,21. Das wieder zusammengesetzte Format zeigt nun die **Dezimalkoordinate: N 39,4821°.**

Oder: E 20° 15′ 34.2″ – entspricht dann E 20,2557° (alle Angaben ohne Gewähr).

Wichtige, am Anfang zu jeder Tour vermerkte Sehenswürdigkeiten sind ihrer Bedeutung entsprechend mit einem, zwei oder drei Sternchen versehen.

* = sehenswert

** = sehr sehenswert

*** = ein „Muss" auf der Reise

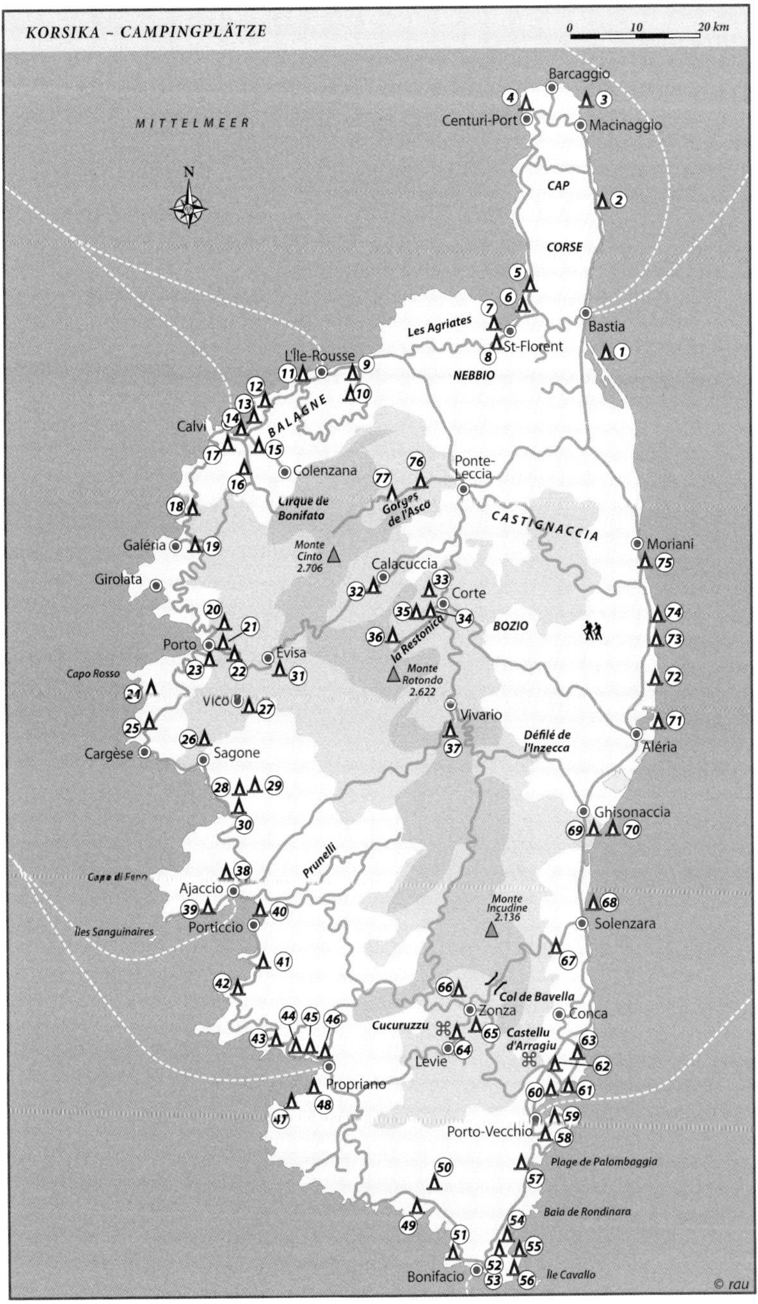
KORSIKA – CAMPINGPLÄTZE
0
10
20 km
MITTELMEER
N
Barcaggio
Centuri-Port
Macinaggio
CAP
CORSE
Bastia
Les Agriates
St-Florent
NEBBIO
L'Île-Rousse
BALAGNE
Calvi
Colenzana
Cirque de Bonifato
Gorges de l'Asco
Ponte-Leccia
CASTIGNACCIA
Moriani
Galéria
Monte Cinto 2.706
Calacuccia
Girolata
Corte
BOZIO
la Restonica
Porto
Evisa
Capo Rosso
Monte Rotondo 2.622
Vico
Vivario
Défilé de l'Inzecca
Aléria
Cargèse
Sagone
Ghisonaccia
Prunelli
Capo di Feno
Ajaccio
Îles Sanguinaires
Porticcio
Monte Incudine 2.136
Solenzara
Col de Bavella
Zonza
Conca
Cucuruzzu
Castellu d'Arragiu
Levie
Propriano
Porto-Vecchio
Plage de Palombaggia
Baia de Rondinara
Bonifacio
Île Cavallo
© rau

CAMPINGFÜHRER

Auflistung der in diesem Reiseführer beschriebenen Campingplätze in numerischer Reihenfolge

1 – Camping San Damiano [WP 009 / N 42° 37′ 44.0″ E 9° 28′ 01.7″], Bastia/ Biguglia, Lido de la Marana, Tel. 04 95 33 68 02, www.campingsandamiano.fr; 1. Apr. – 31. Okt.

2 – Camping La Pietra [WP 012 / N 42° 50′ 20.3″ E 9° 28′ 24.5″], Marine de Pietracorbara Tel. 04 95 35 27 49, www.la-pietra.com; Ende März – Ende Okt.

3 – Camping U Stazzu, Macinaggio – Eine sehr einfache Campingmöglichkeit mit den nötigsten Sanitäreinrichtungen bietet dieser Campingplatz zwischen Mitte Mai und Mitte September.

4 – Camping Caravaning L'Isulottu [N 42° 57′ 31.9″ E 9° 21′ 15.0″], Morsiglia-Centuri, Tel. 04 95 35 62 81, www.camping.isulottu.free.fr; 1. Mai – Ende Sept.

5 – Camping-Caravaning A Stella [WP 017 / N 42° 43′ 45.2″ E 9° 20′ 33.2″], Marine de Farinole bei Patrimonio, Tel. 04 95 37 05 76, www.campingstella.com; Ende Mai – Ende Sept.

6 – Camping d'Olzo [WP 018 / N 42° 41′ 35.7″ E 9° 19′ 30.3″], Saint-Florent, Ortsteil Strutta, Tel. 04 95 37 03 34, www.campingolzo.com; Ende März – 30. Sept.

7 – Camping Kalliste [WP 022 / N 42° 40′ 24.7″ E 9° 17′ 49.8″], Saint-Florent, Route de la Plage, Tel. 04 95 37 03 08, www.campingkalliste.fr; 1. Apr. – 30. Okt.

8 – Camping La Pinède [WP 023 / N 42° 40′ 17.6″ E 9° 18′ 00.1″], Saint-Florent, Tel. 04 95 37 07 26, www.camping-la-pinede.com; Mitte Mai – Anf. Okt.

9 – Camping Le Clos des Chênes [WP 027 / N 42° 37′ 38.6″ E 9° 00′ 39.9″], Lozari bei L'Île-Rousse, Route de Belgodère, Tel. 04 95 60 41 27, www.closdeschenes.fr; 1. Mai – 30.Sept.

10 – Camping Le Belgodère [N 42° 38′ 16″ E 9° 01′ 11″], Lozari bei L'Île-Rousse, Tel. 04 95 60 20 20, www.de.camping-belgodere.com; Anf. Mai – Ende Sept.

11 – Camping Le Bodri [WP , N 42° 37′ 25.7″ E 8° 54′ 59.9″], Corbara bei L'Île-Rousse, Tel. 04 95 60 10 86, www.campinglebodri; Anf. Apr. – Ende Sept.

12 – Camping Le Panoramic [N 42° 35′ 2″ E 8° 50′ 50″], Lumio bei Calvi, Route de Lavatoggio, Tel. 04 95 60 73 13, www.le-panoramic.com; 1. Mai – 30. Sept.

13 – Camping Dolce Vita [N 42° 33′ 15″ E 8° 47′ 20″], Calvi, Route de Bastia, Tel. 04 95 65 05 99, www.dolce-vita.org; 1. Mai – 30. Sept.

14 – Camping Paduella [N 42° 33′ 8″ E 8° 45′ 51″], Calvi, Route de Bastia, Tel. 04 95 65 06 16, www.campingpaduella.com; Mitte Mai – Mitte Okt.

15 – Camping Paradella [WP 040 / N 42° 30′ 09.2″ E 8° 47′ 30.6″], Calenzana bei Calvi, Route de la Forêt de Bonifato, Tel. 04 95 65 00 97, www.camping-paradella.fr; Mitte Apr. – Ende Sept.

16 – Camping Bella Vista [N 42° 33′ 9″ E 8° 45′ 23″], Calvi, Route de Pietramaggiore, Tel. 04 95 65 11 76, www.camping-bellavista.com; Anf. Apr. – Ende Sept.

17 – Camping La Pinède [WP 037 / N 42° 33′ 13.3″ E 8° 46′ 07.2″], Calvi, Route de la Pinède, Tel. 04 95 65 17 80, www.camping-calvi.com; 1. Apr. – 31. Okt.

18 – Camping Morsetta [N 42° 27′ 55″ E 8° 40′ 57″], Argentella, Tel. 04 95 65 25 28, www.lamorsetta.net; 1. Mai – 30. Sept.

19 – Camping Les Deux Torrents [WP 045 / N 42° 24′ 46.5″ E 8° 41′ 26.8″], Galéria, Tel. 04 95 62 00 67; Anf. Mai – Ende Okt

20 – Camping Sole e Vista [WP 046 / N 42° 15′ 46.2″ E 8° 42′ 35.6″], Porto, Route d'Ota, Tel. 04 95 26 15 71, www.camping-sole-e-vista.com; Apr. –Ende Okt.

21 – Camping Les Oliviers [WP 047 / N 42° 15′ 43.6″ E 8° 42′ 36.2″], Porto, Route d'Ota, Tel.04 95 26 14 49, www.camping-oliviers-porto.com; Ende März – Anf. Nov.

22 – Camping Funtana a l'Ora, Porto, Route d'Évisa, Tel. 04 95 26 11 65, www.funtanaalora.com; Anf. Apr. – Ende Okt.

23 – Camping Municipal [WP 050 / N 42° 15′ 48.2″ E 8° 42′ 00.6″], Porto, Tel. 04 95 26 17 76; Mitte Mai – Mitte Sept.

24 – Camping Plage d'Arone, Piana, Route Danièle Casanova, Tel. 04 95 20 64 54; 15. Mai – 30. Sept.

25 – Camping Torraccia [N 42 09 45.1 E 8 35 53.4], Cargèse, Tel. 04 95 26 42 39, www.camping-torraccia.com; 1. Mai – 30. Sept.

26 – Camping Le Sagone [N 42 07 49.7 E 8 42 21.1], Sagone, Route de Vico, Tel. 04 95 28 04 15, www.camping-sagone.com; 1. Mai – 30. Sept.

27 – Camping La Sposata [N 42° 9′ 52.43 E 8° 47′ 14.29″], Vico, Col de St-Antoine, Tel. 06 31 68 18 41, www.lasposata.fr; 1. Juni – 30. Sept.

28 – Camping U Sommalu [N 42° 04′ 13.9″ E 8° 43′ 51.5″], bei Tiuccia, Tel. 04 95 52 24 21; 1. März – 30. Sept.

29 – Camping Les Couchants [N 42° 04′ 45.7″ E 8° 44′ 51.1″], bei Tiuccia, Tel. 04 95 52 26 60; Ende Apr./Anf. Mai – Mitte Okt.

30 – Camping La Liscia [N 42° 2′ 49.48″″ E 8° 45′ 17.22″], bei Calcatoggio, Tel. 04 9552 20 65, www.la-liscia.com; Anf. Apr. – Ende Sept.

31 – Camping L'Acciola [N 42° 15′ 11.7″ E 8° 49′ 10.6″], Evisa, rue de la Costa, Tel. 04 95 26 23 01, www.acciola.com; Anf. Juni – Anf. Sept.

32 – Camping Acquaviva [N 42° 20′ 01.8″ E 9° 00′ 30.4″], Tel. 04 95 48 00 08, Calacuccia, www.acquaviva-fr.com; 15. Apr. – Mitte Okt.

33 – Camping Aire Naturelle St-Pancrace, Tel. 04 95 46 09 22, Corte, Place Saint Pancrace, www.campingsaintpancrace.fr; Mitte Apr. – Mitte Okt.

34 – Camping l'Alivetu [WP 059 / N 42° 17′ 55.8″ E 9° 09′ 00.2″], Corte, Faubourg Saint Antoine, Tel.04 95 46 11 09, www.camping-alivetu.com; 1. Apr.-15. Okt.

35 – Camping U Sognu [WP 061 / N 42° 18′ 00.5″ E 9° 08′ 53.0″], Corte, Tel. 04 95 46 09 07; Ende März – Mitte Okt.

36 – Camping de Tuani [WP 062 / N 42° 16' 33.0" E 9° 06' 28.3"], Restonicatal, Tel. 04 95 46 11 65; Anf. Apr. – Anf. Okt.;

37 – Camping Naturelle Le Soleil [WP 064 / N 42° 09' 04.6" E 9° 09' 10.9"], Vivario, bei Tattone, Tel. 04 95 47 21 16; 1. Jun. – 30. Sept.

38 – Camping Les Mimosas [WP 080 / N 41° 56' 13.1" E 8° 43' 39.4"], Ajaccio, Les Milelli, Tel. 04 95 20 99 85, www.camping-lesmimosas.com; Anf. Apr. – Mitte Okt.

39 – Camping San Barbicaja [WP 077 / N 41° 54' 33.6" E 8° 41' 15.9"], Ajaccio, Route des Iles Sanguinaires, Tel. 04 95 52 01 17; 15. Apr. – 10. Okt.

40 – Camping Benista [N41° 54' 25.31" E 8° 49' 21.24"], Pisciatello bei Porticcio, Blvd. Rive Sud, Tel. 04 95 25 19 30, www.benista.fr; 1. Apr. – 30. Okt.

41 – Camping le Sud [WP 088 / N 41° 49' 42.9" E 8° 47' 01.7"], Ruppione-Plage, Tel. 04 95 25 40 51, www.camping-le-sud.com; 1. Apr. – 30. Okt.

42 – Camping La Vallée, Plage de Verghia, Coti-Chiavari, Tel. 04 95 25 44 66, www.camping-la-vallee.com.

43 – Camping U Casellu [WP 090 / N 41° 42' 44.7" E 8° 48' 15.8"], Porto-Pollo bei Serra-di-Ferro, Tel. 04 95 74 01 80; Anf. Juni – Mitte Okt.

44 – Camping Le Ras l'Ból [WP 092 / N 41° 42' 10.9" E 8° 50' 07.0"], Abbartello bei Olmeto, Tel. 04 95 74 04 25, www.raslbol.com; 1. Apr. – 30. Sept.

45 – Camping l'Esplanade [N 41° 41' 44"" E 8° 53' 19""], Abbartello bei Olmeto, Tel. 04 95 76 05 03, www.camping-esplanade.com; 1. Apr. – 15. Okt.

46 – Camping U Libecciu [WP 093 / N 41° 42' 03.6" E 8° 51' 28.4"], Abbartello bei Olmeto, Tel. 04 95 74 01 28, www.campingulibecciu.com; Anf. Mai – Mitte Sept.

47 – Camping La Vallée [N 41° 37' 40"" E 8° 48' 44.71""], Belvédère-Campomoro, Tel. 04 95 74 21 20, , www.campomoro-lavallee.com; Anf. Mai – Ende Sept.

48 – Camping Lecci et Murta [N 41° 35' 25.1" E 9° 16' 56.21"], Portigliolo bei Propriano, Tel. 04 95 76 02 67, www.camping-lecciemurta.com, 1. Apr. – 30. Sept.

49 – Camping Kevano Plage [N 41° 28' 22" E 9° 2' 37"], Pianottoli-Caldarello, Tel. 04 95 71 83 22, www.campingkevano.com; 1. Mai – 30. Sept.

50 – Camping U Moru [N 41° 31' 53" E9° 9' 55"], Figari, Tel. 04 95 71 23 40, www.u-moru.com; 15. Juni – 15. Sept.

51 – Camping La Trinité [WP 104 / N 41° 24' 35.6" E 9° 07' 40.5"], Bonifacio, Tel. 04 95 73 10 91, www.campinglatrinite.com; Anf. Apr. – Ende Sept.

52 – Pertamina Village – U Farniente Camping [N41° 25' 5" E9° 10' 48"], Bonifacio, Tel. 04 95 73 05 47, www.camping-pertamina.com; Anf. Apr. – Mitte Okt.

53 – Camping Cavallo Morto [WP WP 112 / N 41° 24' 21.4" E 9° 10' 13.9"], Bonifacio, Tel. 04 95 73 04 66, www.camping-cavallomorto.com; Anf. Apr. – Mitte Okt.

54 – Camping Campo-di-Liccia, Parmentil, Bonifacio, Tel. 04 95 73 03 09, www.campingdiliccia.com; Anf. Apr. – Anf. Okt.

55 – Camping Pian del Fosse [WP 111 / N 41° 23' 58.8" E 9° 12' 05.6"], Bonifacio, Tel. 04 95 73 16 34, www.piandelfosse.com; Mitte Apr. – Mitte Okt.

56 – Camping Les Îles [WP 110 / N 41° 22' 40.9" E 9° 12' 35.9"], Bonifacio, Route de Piantarella, Tel. 04 95 73 11 89o, www.camping-desiles.com; Anf. Apr. – Anf. Okt.

57 – Camping Rondinara [N 41° 28' 24" E9° 15' 47"], Suartone bei Bonifacio, Tel. 04 95 70 43 15, www.rondinara.fr; Mitte Mai – 30. Sept.

58 – Camping U Pirellu [N41° 35' 23" E9° 19' 55"], Porto-Vecchio, Route de Palombaggia, Tel. 04 95 70 23 44, www.u-pirellu.com; Mitte Apr. – Ende Sept.

59 – FKK-Camping La Chiappa, Village de vacances naturiste en Corse [N41° 35' 36" E9° 21' 26"], Porto-Vecchio, Tel. 04 95 70 00, www.chiappa.com; Mitte Mai – Anf. Okt.

60 – Camping Golfo di Sogno [N 41° 37' 48.3 E9° 18' 44.8"], Trinité de Porto-Vecchio, Tel. 04 95 70 08 98, www.golfo-di-sogno.fr; 1. Mai – 30. Sept.

61 – Camping Les Ilots d'Or [N 41°37' 22" E 9° 17' 59"], Trinité de Porto-Vecchio, Tel. 04 95 70 01 30, www.campinglesilotsdort.com; Mitte Apr. – Mitte Okt.

62 – Camping la Vetta [N41° 37' 58" E9°17' 37"], Trinité de Porto-Vecchio, Tel. 04 95 70 09 86, www.campinglavetta.com; Ende Mai – Anf. Okt.

63 – Camping U Pinarellu [N 41° 41' 1" E9° 22' 9"], Pinarello, Tel. 04 95 71 52 32, www.campingupinarellu.com; Mitte Mai – Ende Sept.

64 – Camping Municipal d'Ora [N 41° 43' 15.69" E 9° 8' 58.73], San Gavino-di-Carbini bei Levie, Tel. 04 95 78 43 11; Mitte Mai – Mitte Okt.

65 – Camping Municipal Zonza [WP 129 / N 41° 44' 59.8" E 9° 11' 41.3"], Zonza, Tel. 04 95 78 62 74; Mai – Mitte Okt.

66 – Camping La Riviere [N 41° 46' 6.75 E 9° 10' 40.43], Quenza, Tel. 04 95 70 03 67, www.camping-lariviere-zonza.chez-alice.fr; Mitte Apr. – Anf. Okt.

67 – Camping U Rosumarinu, [WP 137 / N 41° 50' 36.9" E 9° 20' 34.5"], Solenzara, Route de Bavella, Tel. 04 95 57 47 66, www.urosumarinu.fr; Mitte Apr. – Ende Okt.

68 – Camping Côte des Nacres [WP 139 / N 41° 51' 55.6" E 9° 23' 48.1"], Solenzara, Tel. 04 95 57 40 09, www.campingdesnacres.com; 1. Apr. – 30. Sept.

69 – Camping Village Arinella Bianca [WP 148 / N 41° 59' 54.6" E 9° 26' 31.0"], Ghisonaccia, Route de la Mer, Tel. 04 95 56 04 78, www.arinellabianca.com; Mitte Apr. – Anf. Okt.

70 – Camping Marina d'Erba Rossa [WP 149 / N 42° 00' 00.2" E 9° 26' 50.2"], Ghisonaccia, Route de la Mer, Tel. 04 95 56 25 14, www.marina-erbarossa.com; 1. Mai – Ende Okt.

71 – Camping Marina d'Aleria [WP N42° 06' 39.0" E9 33' 02.0"], Aléria, Tel. 04 95 57 01 42, www.marina-aleria.com; Ende Apr. – Anf. Okt.

72 – FKK-Camping Domaine de Riva Bella Naturiste [N42° 9' 55.1" E9° 32' 39.2"], Aléria, Tel. 04 95 38 81 10, www.rivabella-inf.com; 15. Mai – 20. Sept.

73 – FKK-Camping Domaine naturiste de Bagheera [N42° 12′ 53″ E 9° 33′ 18.3″], Bravone, Tel. 04 95 38 80 30, www.bagheera.fr; 1. Apr. – 30. Okt.

74 – Camping Amurucciu [WP 155 / N 42° 15′ 50.5″ E 9° 32′ 54.8″], Alistro, Tel. 04 95 38 87 82, www.camping-amurucciu.com; Mai – Sept.

75 – Camping-Caravaning Merendella [N42° 21′ 48.0″ E9° 31′ 47.1″], San Nicolao – Moriani Plage, Tel. 04 95 38 53 47, www.merendella.com; Anf. Apr. – Ende Okt.

76 – Camping E Canicce, Moltifao [N 42° 28′ 33.21 E 9° 8′ 5.62], Moltifao/Vallée Asco, Tel. 04 95 35 16 76, www.campingcanicce.com; 1. Apr. – Ende Okt.

77 – Camping A Tizarella [N 42° 28′ 12″ E 9° 7′ 16.4], Moltifao/Vallée Asco; Tel. 04 95 47 83 92; www.camping-tizarella.com; 1. April – Ende Okt.

Auflistung der in diesem Reiseführer beschriebenen Campingplätze, sortiert nach Orten in alphabetischer Reihenfolge

Abbartello bei Olmeto – 44 – Camping Le Ras l'Ból [WP 092 / N 41° 42′ 10.9″ E 8° 50′ 07.0″], Abbartello, Tel. 04 95 74 04 25, www.raslbol.com; 1. Apr. – 30. Sept.; Zufahrt an der D157 im Ort Abbartello; ganz leicht zur Straße hin geneigte Wiese durch Pinienreihen und niedere Laubbäume unterteilt, guter Baumschatten. 3 ha – 100 Stpl.; einfache Standard-Sanitärausstattung. Restaurant mit Terrasse, Imbiss, Laden Fahrradverleih. Für Wohnmobile eher geeignet, als die Terrassencampings in der Nähe. Über die Straße zum Felsstrand mit Sandabschnitten.

Abbartello bei Olmeto – 45 – Camping l'Esplanade [N 41° 41′ 44″ E 8° 53′ 19″], Tel. 04 95 76 05 03, www.camping-esplanade.com; 1. Apr. – 15. Okt.; 5 km östlich von Olmeto-Plage bzw. 5 km westlich von Propriano unterhalb der D157 gelegen. Aus Westen kommend Einfahrt im spitzen Winkel; Terrassenanlage im Mischwald an einem steilen Hang, bis ans Meer reichend. Fast alle Stellmöglichkeiten nur für Zelte, für Wohnmobile (über Sprintergröße) oder große Caravans so gut wie keine Stellmöglichkeiten. Die einigermaßen ebenen Flächen sind Parkplätze der Mietbungalow-Gäste. Teils steile Platzstraße; 5 ha – 100 Stpl.; Standard-Sanitärausstattung. Restaurant, Imbiss, Laden, Schwimmbad. Mietbungalows.

Abbartello bei Olmeto – 46 – Camping U Libecciu [WP 093 / N 41° 42′ 03.6″ E 8° 51′ 28.4″], Tel. 04 95 74 01 28, www.campingulibecciu.com; Anf. Mai – Mitte Sept.; an der D-157 beim Ort Abbartello; Hanggelände gut schattig durch Pinienbäume; 2,5 ha – 50 Stpl.; Mindest-Sanitärausstattung.

Ajaccio – 38 – Camping Les Mimosas [WP 080 / N 41° 56′ 13.1″ E 8° 43′ 39.4″], Les Milelli, Tel. 04 95 20 99 85, www.camping-lesmimosas.com; Anf. Apr. – Mitte Okt.; ca. 2 km nordwestwärts D-61 Richtung Alata; überschaubarer Platz mit zwei halbrunden Geländestufen in einem Eukalyptuswäldchen an einem bewaldeten Hang; 2,5 ha – 70 Stpl.; einfache Standard-Sanitärausstattung. Restaurant, Imbiss, Bar, Laden, Mietcaravans. V & E für Wohnmobile. WLAN.

Ajaccio – 39 – Camping San Barbicaja [WP 077 / N 41° 54′ 33.6″ E 8° 41′ 15.9″], Route des Iles Sanguinaires, Tel. 04 95 52 01 17; 15. Apr. – 10. Okt.;

ca. 5 km westlich von Ajaccio an der Straße D-111 Richtung Îles Sanguinaires, Terrassenplatz mit Stellflächen überwiegend für Zelte; ca. 2 ha – 100 Stpl.; einfache Ausstattung. Zum kleinen Sandstrand ca. 300 m.

Aléria – 71 – Camping Marina d'Aleria [WP N42° 06' 39.0" E9 33' 02.0"], Tel. 04 95 57 01 42, www.marina-aleria.com; Ende Apr. – Anf. Okt.; nördlich von Aléria in Cateraggio von der N-198 meerwärts abzweigen und noch fast 3 km, beschildert; fast ebenes, sandiges, parzelliertes Gelände mit schattigen Eukalyptusbäumen und Pinien, bis an den langen, feinsandigen Sandstrand reichend; 9 ha – 130 Stpl.; Standard-Sanitärausstattung. Restaurant, Imbiss, Supermarkt, Fahrradverleih, Tennis, Beachvolleyballplatz, Unterhaltungsprogramm im Sommer. V & E für Wohnmobile. Mietbungalowsiedlung mit 150 Einheiten.

Aléria – 72 – FKK-Camping Domaine de Riva Bella Naturiste [N42° 9' 55.1" E9° 32' 39.2"], Tel. 04 95 38 81 10, www.rivabella-inf.com; 15. Mai – 20. Sept. ausschließlich für FKK-Camper, auch am Strand; ca. 7 km nördlich von Aléria von der N-198 meerwärts abzweigen und noch 2 km unbefestigte Straße; weitläufiges, dünenartiges, überwiegend naturbelassenes Gelände auf einer Halbinsel am Étang de Terrenzana, mit Laubbäumen und Büschen, bis an den langen, feinsandigen Strand reichend. Im Norden grenzt ein militärisches Schießgelände (Champ de Tir) an, das aber im Sommer angeblich nicht und sonst nur tagsüber genutzt wird; ca. 78 ha, für Camping aber nur rund 10 ha nutzbar – 180 Stpl. + Dau.; gute Sanitärausstattung; Restaurant, Imbiss, Supermarkt, Schwimmbad, Segel-, Tauch- und Surfschule, Fahrradverleih, Beachvolleyballplatz, Bogenschießplatz, Sauna- und Wellnessbereich, Hallenbad, WLAN auf dem Gelände. V & E für Wohnmobile. Mietbungalowsiedlung mit 100 Einheiten.

Alistro – 74 – Camping Amurucciu [WP 155 / N 42° 15' 50.5" E 9° 32' 54.8"], Tel. 04 95 38 87 82, www.camping-amurucciu.com; Mai – Sept.; Zufahrt von der N-198 beim Leuchtturm Phare d'Alistro und beim Supermarkt E. Leclerc; ebener, teils schattiger Platz mit langem Sandstrand; 4 ha – 100 Stpl.; einfache Standard-Sanitärausstattung.

Argentella – 18 – Camping Morsetta [N 42° 27' 55" E 8° 40' 57"], Tel. 04 95 65 25 28, www.lamorsetta.net; 1. Mai – 30. Sept.; ca. 23 km südlich von Calvi von der D-81b beschilderter Abzweig; hügeliges, terrassiertes sowie ebenes Gelände mit jungen und alten Laubbäumen, an ein Naturschutzgebiet grenzend, langer Strand; 5 ha – 180 Stpl. + 100 Dau.; Standard-Sanitärausstattung. Restaurant, Imbiss, Laden, Tennis. V & E für Wohnmobile. Mietbungalows.

Bastia/Biguglia – 1 – Camping San Damiano [WP 009 / N 42° 37' 44.0" E 9° 28' 01.7"], Lido de la Marana, Tel. 04 95 33 68 02, www.campingsandamiano.fr; 1. Apr. – 31. Okt.; ca. 6 km südl. von Bastia von der N-193 auf die D-107 Richtung Lido de la Marana abzweigen, Einfahrt beim Lido Marche", die Platzeinfahrt ist von Süden kommend leicht zu übersehen! Überwiegend ebenes, sandiges Gelände unter hohen, im hinteren Platzteil dicht stehende Pinien, bis an den langen Sandstrand reichend. Vom Strand durch einen Maschendrahtzaun mit Durchgang getrennt; 12 ha – 250 Stpl.; Standard-Sanitärausstattung. Restaurant, Imbiss, im Sommer Supermarkt am Platzeingang, Schwimmbad, Tennis, Minigolf, Beachvolleyballplatz. WLAN im Rezeptionsbereich. Internetecke. Langer, breiter Sandstrand. Separate Stellplätze für Wohnmobile vor dem

Campingplatz. V & E für Wohnmobile. 140 Mietbungalows. Zwischen 23 Uhr und 6.30 Uhr geöffnet für Fährankommende. Neben Restaurant La Pagode.

Belvédère-Campomoro – 47 – Camping La Vallée [N 41° 37' 40" E 8° 48' 44.71"], Tel. 04 95 74 21 20, , www.campomoro-lavallee.com; Anf. Mai – Ende Sept.; von Propriano ca. 3 km N-196 Richtung Sartène und auf D-121 Richtung Campomoro abzweigen und noch ca. 12 km; ebenes, steiniges Gelände mit Laubbäumen; 3,5 ha – 150 Stpl.; Mindestausstattung. Mietbungalows.

Bonifacio – 51 – Camping La Trinité [WP 104 / N 41° 24' 35.6" E 9° 07' 40.5"], Tel. 04 95 73 10 91, www.campinglatrinite.com; Anf. Apr. – Ende Sept.; von der N-196 (Sartène – Bonifacio) ca. 5 km westlich von Bonifacio zum Platz abzweigen; leicht ansteigendes, felsiges Gelände mit niederen Pinien- und Laubbäumen; 4 ha – 100 Stpl.; Standard-Sanitärausstattung. Laden, Imbiss, Schwimmbad. Mietbungalows.

Bonifacio – 52 – Pertamina Village – U Farniente Camping [N41° 25' 5" E9° 10' 48"], Tel. 04 95 73 05 47, www.camping-pertamina.com; Anf. Apr. – Mitte Okt.; von der N-198 Richtung Porto Vecchio 5 km nordöstlich von Bonifacio zum Platz abzweigen; leicht geneigtes Gelände,

Bonifacio – 53 – Camping Cavallo Morto [WP 112 / N 41° 24' 21.4" E 9° 10' 13.9"], Tel. 04 95 73 04 66, www.camping-cavallomorto.com; Anf. Apr. – Mitte Okt.; ca. 5 km nördlich von Bonifacio von der N-198 Richtung Porto Vecchio beschilderter Abzweig; sandiges fast ebenes Gelände mit niederen Korkeichen; 5 ha – 130 Stpl.; Standard-Sanitärausstattung. Restaurant mit lauschiger Terrasse. Imbiss, Laden, Schwimmbad. Zahlreiche Mietbungalows.

Bonifacio – 54 – Camping Campo-di-Liccia, Parmentil, Tel. 04 95 73 03 09, www.campingdiliccia.com; Anf. Apr. – Anf. Okt.; ca. 5 km nordöstlich von Bonifacio an der N198 Richtung Porto Vecchio gelegen; teils ebenes, teils terrassierter Platz mit Pinien- und Eichenbäumen; 5 ha – 150 Stpl.; Standard-Sanitärausstattung. Restaurant, Imbiss, Bar, WLAN im Rezeptionsbereich. V & E für Wohnmobile. Mietbungalows.

Bonifacio – 55 – Camping Pian del Fosse [WP 111 / N 41° 23' 58.8" E 9° 12' 05.6"], Tel. 04 95 73 16 34, www.piandelfosse.com; Mitte Apr. – Mitte Okt.; ca. 5 km östlich Bonifacio an der D-58 Richtung Sant' Amanza; Wiesen im Pinien- und Korkeichenhain; 5 ha – 100 Stpl.; einfache Standard-Sanitärausstattung. Imbiss. WLAN im Rezeptionsbereich. Mietbungalows.

Bonifacio – 56 – Camping Les Îles [WP 110 / N 41° 22' 40.9" E 9° 12' 35.9"], Route de Piantarella, Tel. 04 95 73 11 89o, www.camping-desiles.com; Anf. Apr. – Anf. Okt.; von Bonifacio in Richtung Piantarella ca. 5 km südostwärts zum Platz; Wiesenterrassen mit Korkeichen, Pinien, Palmen und Oleanderbüschen, teils auch ohne Schatten, teils mit Blick übers Meer, bei gutem Wetter bis Sardinien; 8 ha – 100 Stpl.; Standard-Sanitärausstattung. Restaurant. Laden, Schwimmbad, Minigolf, Tennis. Mietcaravans- und Bungalows.

Bravone – 73 – FKK-Camping Domaine naturiste de Bagheera [N42° 12' 53" E 9° 33' 18.3"], Tel. 04 95 38 80 30, www.bagheera.fr; 1. Apr. – 30. Okt.; Abzweig von der N-198 ca. 2 km nördlich von Bravone und noch ca. 2 km zum Platz; Platz und Strand ausschließlich FKK; bewaldetes, teils unebenes und naturbelassenes Gelände an fast 3 km langem Sandstrand, bei einer ausgedehnten Ferienbungalowanlage; ca. 30 ha – 160 Stpl.; Standard-Sanitärausstattung. Restaurant, Imbiss und Supermarkt in Saison, Sauna, Volleyballplatz, Tennis, Internetecke, WLAN im Rezeptionsbereich. Chemikalausguss.

Calcatoggio – 30 – Camping La Liscia [N 42° 2' 49.48"" E 8° 45' 17.22""], Tel. 04 9552 20 65, www.la-liscia.com; Anf. Apr. – Ende Sept.; zwischen Calcatoggio und Tiuccia unterhalb der D81 am Golfe de la Liscia gelegen, teils ebenes, teils terrassiertes Gelände, durch Palmen und andere Bäume gut schattig; 3 ha – 100 Stpl.; Standard-Sanitärausstattung. Laden, Pizzeria, Imbiss, Bar, Fahrradverleih, Mietcaravans- und Studios. V & E für Wohnmobile.

Calacuccia – 32 – Camping Acquaviva [N 42° 20' 01.8" E 9° 00' 30.4"], Tel. 04 95 48 00 08, www.acquaviva-fr.com; 15. Apr. – Mitte Okt.; Zufahrt auf der schmalen, kurvenreichen D-84 (Évisa – Calacuccia), 500 m südwestlich des Ortes oberhalb des Calacuccia-Stausees gelegen; welliges, baumbestandenes, naturbelassenes Hügelgelände nahe des Dorfes, Einfahrt gegenüber einer Tankstelle; 3 ha – 50 Stpl.; Mindestausstattung. Imbiss und Laden 200 m entfernt. V & E für Wohnmobile.

Calenzana bei Calvi – 15 – Camping Paradella [WP 040 / N 42° 30' 09.2" E 8° 47' 30.6"], Route de la Forêt de Bonifato, Tel. 04 95 65 00 97, www.camping-paradella.fr; Mitte Apr. – Ende Sept.; 9,5 km östlich von Calvi Abzweig am Kreisverkehr von der N-197 auf die D-81 Richtung Galéria/Porto/Bonifato/l'Aéroport und noch 6 km; ebenes, steiniges und sandiges Gelände, gut schattig durch Eukalyptus- und Pinienbäume; 5 ha – 130 Stpl.; Standard-Sanitärausstattung. Imbiss, Schwimmbad, Tennis. WLAN im Rezeptionsbereich. V & E für Wohnmobile. Mietbungalows- und Caravans. Keine Hunde. Zum Meer 3 km.

Calvi – 13 – Camping Dolce Vita [N 42° 33' 15" E 8° 47' 20"], Route de Bastia, Tel. 04 95 65 05 99, www.dolce-vita.org; 1. Mai – 30. Sept.; von der N197 (Calvi-L'Ile Rousse) ca. 3 km östlich von Calvi beschilderter Abzweig; naturbelassenes Gelände mit Schattenbäumen an der Mündung des Figarella-Flusses ins Meer; 6 ha – 180 Stpl.; Standard-Sanitärausstattung. Imbiss, Laden, WLAN auf dem Gelände, Tennis, Volleyballplatz. V & E für Wohnmobile. Mietbungalows.

Calvi – 14 – Camping Paduella [N 42° 33' 8" E 8° 45' 51"], Route de Bastia, Tel. 04 95 65 06 16, www.campingpaduella.com; Mitte Mai – Mitte Okt.; ca. 1,5 km östlich von Calvi von der N197 direkt zum Platz abzweigen; Terrassen auf hügeligem, felsigem Gelände mit Eukalyptus- und Nadelbäumen; 4 ha – 160 Stpl.; Standard-Sanitärausstattung. Imbiss. Restaurant und Laden 300 m entfernt. WLAN im Rezeptionsbereich, Internetecke. V & E für Wohnmobile. Mietbungalows. Zum Strand 300 m. Neben gleichnamigem Hotel.

Calvi – 16 – Camping Bella Vista [N 42° 33' 9" E 8° 45' 23"], Route de Pietramaggiore, Tel. 04 95 65 11 76, www.camping-bellavista.com; Anf. Apr. – Ende Sept.; östlich von Calvi von der N197 landeinwärts Richtung Pietra-Major abzweigen; ebenes, steiniges, sandiges Gelände mit schattigen Bäumen und Oleanderbüschen; 6 ha – 150 Stpl.; Standard-Sanitärausstattung. Imbiss. Laden 1 km, Restaurant 700 m entfernt. V & E für Wohnmobile. Mietbungalows. Keine Hunde.

Calvi – 17 – Camping La Pinède [WP 037 / N 42° 33' 13.3" E 8° 46' 07.2"], Route de la Pinède, Tel. 04 95 65 17 80, www.camping-calvi.com; 1. Apr. – 31.

Okt.; im Osten von Calvi an der Straße N-197 Richtung Bastia; ebenes Pinien- und Eukalyptuswaldgelände, teils sandiger Untergrund, nummerierte Stellplätze markiert durch weiße Steine; 5 ha – 260 Stpl.; Standard-Sanitärausstattung. Restaurant, Imbiss, Laden, Schwimmbad, Tennis, Minigolf, Volleyballplatz. V & E für Wohnmobile. Zum Strand ca. 400 m. Neben einem Mobilhomepark.

Cargèse – 25 – Camping Torraccia [N 42 09 45.1 E 8 35 53.4], Tel. 04 95 26 42 39, www.camping-torraccia.com;1. Mai – 30. Sept.; Zufahrt von der D-81 rund 4 km nördl. von Cargèse. Terrassen an einem stark abfallenden Hang, teils mit Baumbestand, teils schattenlos. Ansprechende Lage. Ca. 3 ha – 100 Stpl.; einfache Sanitärausstattung; Laden, Imbiss in Saison, Schwimmbad. Zu Fuß geht man zum Strand rund 20 Minuten.

Centuri – 4 – Camping Caravaning L'Isulottu [N 42° 57' 31.9" E 9° 21' 15.0"], Morsiglia-Centuri, Tel. 04 95 35 62 81, www.camping.isulottu.free.fr; 1. Mai – Ende Sept.; Abzweig von D-80 bei Centuri westwärts auf die schmale, kurvenreiche D-35 Richtung Centuri-Port, etwas besser und auch etwas kürzer (nur ca. 4 km) ist die Zufahrt von Morsiglia aus; hügeliges Hanggelände, Terrassen mit niederem Eichenwald für Zelte, allerdings nicht mit Autos zu befahren; 3 ha – 200 Stpl.; seit neuer Leitung sind die Versorgungsgebäude derzeit unter Renovierung. Imbiss. V & E für Wohnmobile.

Corbara bei L'Île-Rousse – 11 – Camping Le Bodri [WP , N 42° 37' 25.7" E 8° 54' 59.9"], Tel. 04 95 60 10 86, www.campinglebodri; Anf. Apr. – Ende Sept.; ca. 1 km südwestlich von L'Ile Rousse von der N-197 Richtung Calvi abzweigen, unterhalb der N-197 gelegen; teils steiniger, teils sandiger zum Meer geneigter Terrassenplatz mit Eukalyptus- und Pinienbäumen; 15 ha – 300 Stpl.; einfache Standard-Sanitärausstattung. Zum Felsstrand 200 m.

Corte – 33 – Camping Aire Naturelle St-Pancrace, Tel. 04 95 46 09 22, Place Saint Pancrace, www.campingsaintpancrace.fr; Mitte Apr. – Mitte Okt.; im nördlichen Ortsbereich von Corte; Camping auf einem Bauernhof mit Schafzucht, auf unebenem, schattigen Wiesengelände, von Bergen umgeben schön in einem Hochtal gelegen; 1 ha – 25 Stpl.; Mindest-Sanitärausstattung.

Corte – 34 – Camping l'Alivetu [WP 059 / N 42° 17' 55.8" E 9° 09' 00.2"], Faubourg Saint Antoine, Tel.04 95 46 11 09, www.camping-alivetu.com; 1. Apr.- 15. Okt.; am südlichen Stadtrand beschilderte Zufahrt an der Flussbrücke und vorbei am Cinema", noch ca. 300 m; von der Platzzufahrt schöner Blick auf die Stadt Corte; so gut wie naturbelassenes, erdig-sandiges Gelände in einem Olivenhain, oberhalb des hörbaren Restonica-Bergbaches. Lichte Zeltwiese unterhalb. Einfache Sanitärausstattung. Miethütten. Imbiss-Café in der Saison. Für das Gebotene verhältnismäßig teuer. In Gehnähe zur Stadt, ca. 1 km.

Corte – 35 – Camping U Sognu [WP 061 / N 42° 18' 00.5" E 9° 08' 53.0"], Tel. 04 95 46 09 07; Ende März – Mitte Okt.; am Südrand von Corte am Kreisverkehr von der N-193 Richtung Gorges de la Restonica abzweigen, noch 1 km weiter zum Platz, sehr enge Zufahrtsstraße bis zum Platz. Langgestreckte, leicht gestufte Wiese mit Oliven- und Laubbäumen, teils in Terrassen mit Büschen und Bäumen mit Blick zur Zitadelle; 1,5 ha – 60 Stpl.; Standard-Sanitärausstattung. Laden rund 500 m entfernt. V & E für Wohnmobile. Keine Hunde Mai bis Sept. Noch in Gehnähe zur Stadt. Ausgangspunkt für Wanderungen in die Gorges de la Restonica.

Coti-Chiavari – 42 – Camping La Vallée, Plage de Verghia, Tel. 04 95 25 44 66, www.camping-la-vallee.com; ca. 4 km nordöstlich von Portigliolo an der D-155 gelegen, schattiges Gelände nahe der Sandbucht Plage de Verghia; 1,5 ha – 84 Stpl.; einfache Sanitärausstattung. Mietbungalows.

Évisa – 31 – Camping L'Acciola [N 42° 15' 11.7" E 8° 49' 10.6"], rue de la Costa, Tel. 04 95 26 23 01, www.acciola.com; Anf. Juni – Anf. Sept.; 1 km östlich von Évisa auf die D-70 Richtung Sagone; unebenes, naturbelassenes Hanggelände mit schmalen Terrassen, mit Büschen und Bäumen; 2,5 ha – 70 Stpl.; einfache Ausstattung. Restaurant mit hübscher Terrasse. Camping wie zu Opas Zeiten", hat man nur noch selten.

Figari – 50 – Camping U Moru [N 41° 31' 53" E9° 9' 55"], Tel. 04 95 71 23 40, www.u-moru.com; 15. Juni – 15 Sept.; von der N196 auf die D859 Richtung Figari und noch ca. 5 km zum Platz; mit hochstämmigen Pinien und Platanen gut schattiges Gelände um einen Hügel; Standard-Sanitärausstattung. Imbiss, Laden, Schwimmbad, WLAN auf dem Gelände. Chemikalausguss.

Galéria – 19 – Camping Les Deux Torrents [WP 045 / N 42° 24' 46.5" E 8° 41' 26.8"], Tel. 04 95 62 00 67; Anf. Mai – Ende Okt.; Zufahrt ca. 6 km östlich von Galéria von der Straße D-81, Einfahrt bei der Bachbrücke; überschaubares, sandig-erdiges, ebenes Gelände mit mit etwas Baumschatten; 1,5 ha – 100 Stpl.; Mindest-Sanitärausstattung. Mietbungalows. Zum Meer 4 km.

Ghisonaccia – 69 – Camping Village Arinella Bianca [WP 148 / N 41° 59' 54.6" E 9° 26' 31.0"], Route de la Mer, Tel. 04 95 56 04 78, www.arinellabianca.com; Mitte Apr. – Anf. Okt.; in Ghisonaccia am Kreisverkehr auf die D-144 meerwärts abzweigen und noch 4 km, am nächsten Kreisverkehr am Spar-Supermarkt rechts. Große Ferienanlage, weitläufiges, ebenes, parkähnliches Gelände mit reichem Laubbaumbestand. Durch Büsche und Bäume parzelliert; 9 ha – 150 Stpl.; gute Sanitärausstattung. Res-taurant, Imbiss, Supermarkt, Schwimmbad, Tennis, Segel- und Surfschule, WLAN auf dem Gelände, Internetecke. V & E für Wohnmobile mit Euro-Relaissäule und befahrbare Betonfläche mit Bodenauslass für Abwasser neben Sanitärhaus. Langer Sandstrand. In der Saison Unterhaltungsveranstaltungen. Zahlreiche Mietbungalows. Mitunter Fluglärm durch Nato-Stützpunkt. 300 m entfernt Restaurant/Pizzeria Rib'Alta am Fluss. Der Platz eignet sich gut für Caravaner als Basis und Ausgangspunkt für Ausflüge.

Ghisonaccia – 70 – Camping Marina d'Erba Rossa [WP 149 / N 42° 00' 00.2" E 9° 26' 50.2"], Route de la Mer, Tel. 04 95 56 25 14, www.marinaerbarossa.com; 1. Mai – Ende Okt.; In Ghisonaccia am Kreisverkehr auf die D-144 meerwärts abzweigen und noch ca. 4 km, Zufahrt durch eine schöne Palmenallee, flankiert von Tiergehegen; ebenes, durch viele Büsche und Bäume unterteiltes Gelände, gut schattig; ca. 12 ha – 250 Stpl.; Standard-Sanitärausstattung. Restaurant, Imbiss, Supermarkt, Schwimmbad, WLAN auf Teilen des Platzes, Internetecke, V & E für Wohnmobile. Fahrradverleih, Segel- und Surfschule, Tennis, Minigolf. Zahlreiche Mietbungalows. Langer Sandstrand. Mitunter Fluglärm durch Nato-Stützpunkt.

Lozari bei L'Île-Rousse – 9 – Camping Le Clos des Chênes [WP 027 / N 42° 37' 38.6" E 9° 00' 39.9"], Route de Belgodère, Tel. 04 95 60 41 27, www.closdeschenes.fr; 1. Mai – 30.Sept.; Abzweig von der N-197 östlich von Lozari auf die N197 Richtung Belgodère landeinwärts, noch 2 km; geneigtes, naturbelassenes Gelände in einem niederstämmigen Korkeichenhain. Größe und Lage der Stellplätze werden durch den Stand der Bäume bestimmt; 5 ha – 180 Stpl.; Standard-Sanitärausstattung, Restaurant, Imbiss und Laden in Saison, Schwimmbad, Tennis, V & E für Wohnmobile. Zum Meer 1,5 km. Mietbungalows.

Lozari bei L'Île-Rousse – 10 – Camping Le Belgodère [N 42° 38' 16" E 9° 01' 11"], Belgodère, Tel. 04 95 60 20 20, www.de.camping-belgodere.com; Anf. Mai – Ende Sept.; von der N-197 (Ponte Leccia – Calvi) am bei Lozari am Kreisverkehr Abzweig Richtung Palasca und weiter zum Campingplatz; Gelände am Hang, schattig durch Pinien, von Mietbungalows geprägt, begrenzte Stellflächen im Eingangsbereich für Touristen; 2,5 ha – 120 Stpl.; einfache Standard-Sanitärausstattung. Zum Strand 500 m.

Lumio bei Calvi – 12 – Camping Le Panoramic [N 42° 35' 2" E 8° 50' 50"], Route de Lavatoggio, Tel. 04 95 60 73 13, www.le-panoramic.com; 1. Mai – 30. Sept.; in Lumio von der D71 nordostwärts Richtung Lavatoggio/Belgodère, dann beschilderter Abzweig; steiniges, unebenes Terrassengelände, von den oberen Stellplätzen Meerblick; 6 ha – 100 Stpl.; Standard-Sanitärausstattung. Restaurant und Imbiss in Saison, Laden, Schwimmbad. Mietcaravans.

Macinaggio – 3 – Camping U Stazzu – Eine sehr einfache Campingmöglichkeit mit den nötigsten Sanitäreinrichtungen bietet dieser Campingplatz zwischen Mitte Mai und Mitte September, knapp 1 km nordwestlich Macinaggio beschilderter Abzweig von der D-80. Nähe Strand von Tamarone und Zöllnerweg.

Marine de Farinole bei Patrimonio – 5 – Camping-Caravaning A Stella [WP 017 / N 42° 43' 45.2" E 9° 20' 33.2"], Tel. 04 95 37 05 76, www.camping-stella.com; Ende Mai – Ende Sept.; ca. 5 km nördlich Patrimonio Abzweig von der D-80 meerwärts, unterhalb der D-80 gelegen, steile, enge Zufahrt; geneigtes Gelände, teils mit Baumbestand, teils schattenlos, Zelte auf Terrassen im niederen Buschwald; 8 ha – 100 Stpl.; Mindest-Sanitärausstattung. Imbiss. Bis an den Kiesstrand reichend. Mietbungalows.

Marine de Pietracorbara – 2 – Camping La Pietra [WP 012 / N 42° 50' 20.3" E 9° 28' 24.5"], Tel. 04 95 35 27 49, www.la-pietra.com; Ende März – Ende Okt.; Abzweig von der D-80 westwärts auf die D-232 Richtung Pietracorbara und noch 1 km; teils leicht geneigte, teils ebene so gut wie schattenlose Wiese mit Meerblick, sowie durch Hecken parzellierter Platzteil unter Oliven- und anderen Laubbäumen und Pinien, im Hintergrund imposante Bergkette; 3 ha – 100 Stpl.; Standard-Sanitärausstattung. Komfortable V & E-Station für Wohnmobile, daneben Autowaschplatz. Restaurant, Bar, Cafeteria, Laden und Schwimmbad in der Hauptsaison. Strand in Gehnähe, ca. 500 m.

Moltifao/Vallée Asco – 76 – Camping E Canicce Moltifao [N 42° 28' 33.21 E 9° 8' 5.62], Vallée d'Asco, Tel. 04 95 35 16 76, www.campingcanicce.com; 1. Apr. – Ende Okt., Einfahrt von der Straße D-47 ca. 11 km östlich von Asco, leicht schräge, teils gestufte Wiesen unter schattigen Laubbäumen; einfache Sanitärausstattung; 1,5 ha – 25 Stpl.; Imbiss im Sommer.

Moltifao/Vallée Asco – 77 – Camping A Tizarella [N 42° 28' 12" E 9° 7' 16.4], Moltifao, Vallée d'Asco; Tel. 04 95 47 83 92; www.camping-tizarella.com;

1. April – Ende Okt.; kleiner Zeltplatz am Hang im naturbelassenen Wäldchen, Schwimmbad. Sehr einfache Sanitärausstattung. Kaum Stellmöglichkeiten für Wohnmobile.

Piana – 24 – Camping Plage d'Arone, Route Danièle Casanova, Tel. 04 95 20 64 54; 15. Mai – 30. Sept.; von Piana 11,5 km südwestwärts auf der schmalen Straße D-824 zur Bucht Plage d'Arone hinab; hügeliges Gelände mit Terrassen unter schattigen Oliven und Eukalyptus-Bäumen; 2 ha – 80 Stpl.; einfache Standard-Sanitärausstattung. Laden. Zum Sandstrand ca. 500 m.

Pianottoli-Caldarello – 49 – Camping Kevano Plage [N 41° 28' 22" E 9° 2' 37"], Tel. 04 95 71 83 22, www.campingkevano.com; 1. Mai – 30. Sept.; Abzweig von der N196 im Ort meerwärts; felsdurchsetztes Waldgelände mit Stellplatzkojen und Terrassenplatznischen; 6 ha – 90 Stpl.; Standard-Sanitärausstattung. Restaurant, Imbiss, Laden. V & E für Wohnmobile. Mietbungalows.

Pinarello – 63 – Camping U Pinarellu [N 41° 41' 1" E9° 22' 9"], Tel. 04 95 71 52 32, www.campingupinarellu.com; Mitte Mai – Ende Sept.; in Ste-Lucie-de-Porto-Vecchio von der N198 abzweigen und noch ca. 4 km Richtung Pinarellu; schattiges Pinien-, Korkeichen- und Laubwaldgelände; 5 ha – 170 Stpl.; Standard-Sanitärausstattung. Restaurant, Imbiss, Supermarkt, Schwimmbad, Tennis, Chemikalausguss. Mietbungalows.

Pisciatello bei Porticcio – 40 – Camping Benista [N41° 54' 25.31" E 8° 49' 21.24"], Blvd. Rive Sud, Tel. 04 95 25 19 30, www.benista.fr; 1. Apr. – 30. Okt.; von der N-196 ca. 4 km östlich von Ajaccio Richtung Porticcio (D-55) abzweigen und noch ca. 650 m zum Platz neben einer Tankstelle; mit hohen Laubbäumen bestandenes, ebenes, durch Büsche und Hecken aufgeteiltes Gelände zwischen dem Fluss Prunelli, der Straße und dem Meer; 5 ha – 150 Stpl.; Standard-Sanitärausstattung. Restaurant, Imbiss, Schwimmbad, Tennis, Fahrradverleih. V & E für Wohnmobile. Mietbungalows.

Portigliolo bei Propriano – 48 – Camping Lecci et Murta [N 41° 35' 25.1" E 9° 16' 56.21"], Tel. 04 95 76 02 67, www.camping-lecciemurta.com, 1. Apr. – 30. Sept.; Ca. 7 km südwestlich von Propriano an der D-121 Ri. Campomoro; durch Hecken und Bäume vielfach unterteiltes und durch Mäuerchen parzelliertes Gelände mit gutem Schatten. Nur ein Teil der Stellplätze ist mit Autos und kleineren Wohnmobilen/Caravans zugänglich. Wohnmobile mit über 6,50 / 7 m Länge haben m. E. Schwierigkeiten, einen geeigneten Stellplatz zu finden. Mietbungalows. Restaurant, Schwimmbad, Tennis.

Porto – 20 – Camping Sole e Vista [WP 046 / N 42° 15' 46.2" E 8° 42' 35.6"], Route d'Ota, Tel. 04 95 26 15 71, www.camping-sole-e-vista.com; Apr. –Ende Okt.; Zufahrt am östlichen Ortsrand von Porto von der D-81 ca. 200 m vom SPAR-Supermarkt bei der Flussbrücke, steile Platzauffahrt; Terrassenanlage mit dichtem, schattenspendenden, teils niedrigem Laubbaumbestand. In einem weiten, von hohen Felsgipfeln umgebenen Tal des Bergbaches Porto. Viele der Terrassen sind nur für Zelte geeignet, da mit Autos nicht zugänglich. Für Wohnmobile ab 7 m Länge nur wenig Stellmöglichkeiten. Standard-Sanitärausstattung, nur Kaltwasser in den Waschbecken. Mietbungalows. Neben Camping Les Oliviers. Zur Strandbucht etwa 3 km.

Porto – 21 – Camping Les Oliviers [WP 047 / N 42° 15' 43.6" E 8° 42' 36.2"], Route d'Ota, Tel.04 95 26 14 49, www.camping-oliviers-porto.com; Ende März – Anf. Nov.; Zufahrt östlich des Ortes ca. 200 m nach dem SPAR-Supermarkt bei der Flussbrücke; schattige Terrassen in Steilhanglage, teils mit niederen Laubbäumen, in einem weiten, von hohen Felsgipfeln umgebenen Tal des Bergbachs Porto. Viele Terrassen nur für Zelte geeignet, da mit Autos nicht zugänglich. Für Wohnmobile über 7 m Länge wenig Stellmöglichkeiten. Teils steile Platzauffahrt; Komfort-Sanitärausstattung. Restaurant, Imbiss, Laden, Tennis, Schwimmbad und Wellnessbereich mit Sauna, Dampfbad, Whirlpool Fitnessstudio. WLAN auf dem Gelände. Tauchschule. Zahlreiche Mietbungalows. V & E für Wohnmobile. Zur Strandbucht etwa 3 km.

Porto – 22 – Camping Funtana a l'Ora, Route d'Évisa, Tel. 04 95 26 11 65, www.funtanaalora.com; Anf. Apr. – Ende Okt.; 1,4 km auf der D-84 Richtung Évisa; unebenes, felsiges, bewaldetes Terrassengelände am Talhang des Bergbaches Porto; 2 ha – 70 Stpl.; Standard-Sanitärausstattung. Imbiss. Schwimmbad. Mietbungalows.

Porto – 23 – Camping Municipal [WP 050 / N 42° 15' 48.2" E 8° 42' 00.6"], Tel. 04 95 26 17 76; Mitte Mai – Mitte Sept.; am südöstlichen Stadtrand von der D-81 (Porto – Piana) Abzweig hinab zur Bucht, vor dem Strandparkplatz Rives Gauches" rechts ab zum Platz; weitläufiges, ebenes, teils sandiges Wiesengelände mit Büschen und Laubbäumen, in einem weiten, von hohen Bergen umgebenen, sich zum Meer hin öffnenden Talkessel am Bergbach Porto; ca. 90 Stpl.; einfache Sanitärausstattung. Warmduschen. V & E für Wohnmobile. Zum Strand rund 700 m. Einer der wenigen Plätze in der Gegend mit relativ ebenen Stellmöglichkeiten.

Porto-Pollo bei Serra-di-Ferro – 43 – Camping U Casellu [WP 090 / N 41° 42' 44.7" E 8° 48' 15.8"], Porto-Pollo, Tel. 04 95 74 01 80; Anf. Juni – Mitte Okt.; von der D-155 zur D-757 Richtung Porto-Pollo abzweigen, am östlichen Ortsrand gelegen; eingefriedetes, zum Meer hin leicht abfallendes, mit Eukalyptusbäumen bestandenes Gelände zwischen Zufahrtsstraße und Sandbucht; 3 ha – 100 Stpl.; einfache Standard-Sanitärausstattung. Imbiss. Laden. V & E für Wohnmobile.

Porto-Vecchio – 58 – Camping U Pirellu [N41° 35' 23" E9° 19' 55"], Route de Palombaggia, Tel. 04 95 70 23 44, www.u-pirellu.com; Mitte Apr. – Ende Sept.; von der N198 südlich Porto-Vecchio und der Brücke über den Stabiacco-Fluss Richtung Piccovagia abzweigen und noch 8 km nordostwärts; gestuftes, terrassiertes, naturbelassenes Gelände, von Felsen durchsetzt, mit schattigen Büschen und Bäumen; 5 ha – 150 Stpl.; gute Standard-Sanitärausstattung. Restaurant, Imbiss, Supermarkt, Schwimmbad, WLAN auf dem Gelände. Zum Meer 3 km. Keine Hunde von Mitte Juni bis Anf. Sept.

Porto-Vecchio – 59 – FKK-Camping La Chiappa, Village de vacances naturiste en Corse [N41° 35' 36" E9° 21' 26"], Tel. 04 95 70 00, www.chiappa.com; Mitte Mai – Anf. Okt.; von der N198 südlich Porto-Vecchio und der Stabiacco-Brücke Richtung Palombaggia abzweigen und noch ca. 9 km; felsige, weitläufige, bewaldete Anlage in Naturschutzgelände am Hang auf einer Landzunge mit schöner Badebucht; ca. 50 ha – 200 Stpl.; gute Standard-Sanitärausstattung. Restaurant, Imbiss, Supermarkt, Schwimmbad, Sauna, Tennis,

Fahrradverleih, Segel-, Tauch- und Surfschule, Ponyreitstall, Malereistudio, Internetecke, Chemikalausguss. Zahlreiche Mietbungalows.

Quenza – 66 – Camping La Riviere [N 41° 46' 6.75 E 9° 10' 40.43], Tel. 04 95 70 03 67, www.camping-lariviere-zonza.chez-alice.fr; Mitte Apr. – Anf. Okt.; rund 2 km nördlich von Zonza an der D-420 Richtung Quenza; an der Straßenkehre zum Platz abzweigen; kleiner, hübscher Campingplatz in gestuftem Kiefernwaldgelände; einfache Sanitärausstattung. Günstige Basis für Wanderer.

Restonicatal – 36 – Camping de Tuani [WP 062 / N 42° 16' 33.0" E 9° 06' 28.3"], Tel. 04 95 46 11 65; Anf. Apr. – Anf. Okt.; ca. 4,5 km westlich von Corte; Campingmöglichkeit am Wildbach Restonica unter hohen Kiefern in einem engen, waldreichen Gebirgstal, Bar, Restaurant.

Ruppione-Plage – 41 – Camping le Sud [WP 088 / N 41° 49' 42.9" E 8° 47' 01.7"], Ruppione-Plage, Tel. 04 95 25 40 51, www.camping-le-sud.com; 1. Apr. – 30. Okt.; ca. 24 km südlich von Ajaccio von der D-55 Richtung Acellasca abzweigen; Terrassen am Hang mit hohen Nadel- und Laubbäumen, teilweise mit Blick zur Ruppione-Bucht; 3 ha – 130 Stpl.; Standard-Sanitärausstattung. Restaurant in Saison, Laden. V & E für Wohnmobile. Mietbungalows.

Sagone – 26 – Camping Le Sagone [N 42 07 49.7 E 8 42 21.1], Route de Vico, Tel. 04 95 28 04 15, www.camping-sagone.com; 1. Mai – 30. Sept.; von der D-81 in Sagone auf die D70 Richtung Vico abzweigen und noch 2 km zum über 30 ha großen Gelände mit Oliven- und Zitrusplantagen. Das Campingareal ist eben, gut schattig, unübersichtlich und groß mit kommerziellem Gepräge; 9 ha – 300 Stpl.; Standard-Sanitärausstattung. Supermarkt, Restaurant, Imbiss, Tennis, Schwimmbad, Sportaktivitäten. V & E für Wohnmobile. Mietbungalows.

Saint-Florent – 6 – Camping d'Olzo [WP 018 / N 42° 41' 35.7" E 9° 19' 30.3"], Ortsteil Strutta, Tel. 04 95 37 03 34, www.campingolzo.com; Ende März – 30. Sept.; zwischen Saint-Florent und Patrimonio von der D-81 meerwärts abzweigen; ebenes, durch Pinien und Platanen gut schattiges Wiesengelände unterhalb der Straße, am Meer, parzelliert; 2 ha – 120 Stpl.; Standard-Sanitärausstattung. Imbiss , Schwimmbad, Fahrradverleih, WLAN im Rezeptionsbereich, Internetecke. V & E für Wohnmobile. Mietbungalows.

Saint-Florent – 7 – Camping Kalliste [WP 022 / N 42° 40' 24.7" E 9° 17' 49.8"], Tel. 04 95 37 03 08, Route de la Plage, Tel. 04 95 37 03 08; 1. Apr. – 30. Okt.; am westlichen Ortsrand von der D-81 gleich nach der Brücke rechts meerwärts abzweigen und noch etwa 500 m; ausgedehnter, ebener Platz, durch Hecken, Bäume und Büsche in Stellflächen aufgeteilt, Schatten durch hohe Laubbäume; 3 ha – 180 Stpl.; einfache, nicht mehr ganz zeitgemäße Standard-Sanitärausstattung. Restaurant, Laden. Zum Strand über einen Privatweg. In Gehnähe zur Stadt Saint-Florent.

Saint-Florent – 8 – Camping La Pinède [WP 023 / N 42° 40' 17.6" E 9° 18' 00.1"], Tel. 04 95 37 07 26, www.camping-la-pinede.com; Mitte Mai – Anf. Okt.;Abzweig von der D-81 westlich des Ortes nach der Brücke links und noch rund 600 m unbefestigte Zufahrt; ebenes Gelände mit Baumschatten, bis zum Sandstrand reichend; 3 ha – 100 Stpl.; einfache Standard-Sanitärausstattung. Schwimmbad, Laden, Tennis. Mietbungalows. In Gehnähe zur Stadt Saint-Florent.

San Gavino-di-Carbini bei Levie – 64 – Camping Municipal d'Ora [N 41° 43' 15.69" E 9° 8' 58.73], Tel. 04 95 78 43 11; Mitte Mai – Mitte Okt.; Zufahrt von der Hauptstraße D-268 bei der Mairie talwärts auf die schmale D-67 und noch etwa 500 m; kleiner Platz in ruhiger Lage im hochstämmigen Pinienwald mit erdig-sandigem Untergrund, Stellplatzfindung für sehr große Wohnmobile wg. der teils eng stehenden Bäume etwas schwierig; sehr einfache Campingmöglichkeit mit den notwendigsten Sanitäreinrichtungen, Warmwasser durch Sonnenkollektoren.

San Nicolao-Moriani Plage – 75 – Camping-Caravaning Merendella [N42° 21' 48.0" E9° 31' 47.1"], San Nicolao, Tel. 04 95 38 53 47, www.merendella.com; Anf. Apr. – Ende Okt.; knapp 1 km südlich von Moriani-Plage von der N-198 meerwärts abzweigen; bis an die Hauptstraße reichendes, sandiges Grasgelände hinter Dünen, gut schattig durch hohe Pinien; langer Kies- und Sandstrand; Standard-Sanitärausstattung. Restaurant, Imbiss, Schwimmbad. V & E für Wohnmobile.

Solenzara – 67 – Camping U Rosumarinu [WP 137 / N 41° 50' 36.9" E 9° 20' 34.5"], Route de Bavella, Tel. 04 95 57 47 66, www.urosumarinu.fr; Mitte Apr. – Ende Okt.; von der D-268 Richtung Zonza ca. 7 km westlich von Solenzara abzweigen; kleiner Platz im Eukalyptus- und Pinienwald oberhalb des Bergbaches Solenzara; 2 ha – 30 Stpl.; einfache Sanitärausstattung. Restaurant und Imbiss.

Solenzara – 68 – Camping Côte des Nacres [WP 139 / N 41° 51' 55.6" E 9° 23' 48.1"], Tel. 04 95 57 40 09, www.campingdesnacres.com; 1. Apr. – 30. Sept.; zwischen der N-198 und Meer ca. 1 km vom Zentrum und Hafen von Solenzara entfernt; ebener, durch Eukalyptusbäume gut schattiger Platz an der Mündung des Solenzaraflusses, mit Sand-und Kiesstrand; 3 ha – 80 Stpl.; Standard-Sanitärausstattung. Restaurant, Laden. Mietbungalows.

Suartone bei Bonifacio – 57 – Camping Rondinara [N 41° 28' 24" E9° 15' 47"], Tel. 04 95 70 43 15, www.rondinara.fr; Mitte Mai – 30. Sept.; von der N-198 10 km nördlich von Bonifacio abzweigen und noch 6 km schmale Straße Richtung Pointe de la Rondinara; felsdurchsetztes, unebenes, gut schattiges Gelände mit Kiefern und Laubbäumen, auch auf Terrassen zwischen Felsstücken; 5 ha – 120 Stpl.; Standard-Sanitärausstattung. Restaurant, Imbiss, Laden, Schwimmbad. V & E für Wohnmobile. Mietbungalows. Zur Badebucht 400 m. Keine Hunde im Juli und August.

Tiuccia – 28 – Camping U Sommalu [N 42° 04' 13.9" E 8° 43' 51.5"], Tel. 04 95 52 24 21; 1. März – 30. Sept.; ca. 2 km westl. von Tiuccia Abzweig von der D-81 auf D-25 und noch 1 km Richtung Casaglione. So gut wie ebenes Wiesengelände mit hohen Pappeln und Eukalyptusbaumreihen. Ca. 6 ha – 200 Stpl.; einfache Santiärausstattung. Cafeteria in Saison, Schwimmbad, zahlr. Mietbunglows. Zum Meer rund 1km.

Tiuccia – 29 – Camping Les Couchants [N 42° 04' 45.7" E 8° 44' 51.1"], Tel. 04 95 52 26 60; Ende Apr./Anf. Mai – Mitte Okt. (Änderung möglich!); ca. 2 km westl. von Tiuccia Abzweig von der D-81 auf D-25 und noch 3 km Richtung Casaglione. Größere Terrassen an einem Talhang mit Busch- und Baumbestand, in ansprechender, ruhiger Lage. Ca. 5 ha – 150 Stpl.; Standard-Sanitärausstattung; Imbiss, Restaurant. Mietbungalows.

Trinité de Porto-Vecchio – 60 – Camping Golfo di Sogno [N 41° 37' 48.3 E9° 18' 44.8"], Tel. 04 95 70 08 98, www.golfo-di-sogno.fr; 1. Mai – 30. Sept.; südlich von Trinité de Porto-Vecchio am Kreisverkehr von der N198 abzweigen und noch ca. 2 km; im gut schattigen Kiefernwald gelegenes, ebenes, weitläufiges Gelände mit langem Sandstrand; + Dau.; 25 ha – 600 Stpl.; Standard-Sanitärausstattung. Restaurant, Imbiss, Supermarkt, Surf- und Segelschule, Bootsslipanlage, Tennis. V & E für Wohnmobile. Zahlreiche Mietbungalows. Bei Windsurfern sehr beliebt.

Trinité de Porto-Vecchio – 61 – Camping Les Ilots d'Or [N 41°37' 22" E 9° 17' 59"], Tel. 04 95 70 01 30, www.campinglesilotsdort.com; Mitte Apr. – Mitte Okt.; südlich des Ortes am Kreisverkehr von der N-198 abzweigen; felsiges, teils terrassiertes Hanggelände mit gutem Baumschatten mit Sandstrand; 4 ha – 140 Stpl.; Standard-Sanitärausstattung. Restaurant, Imbiss, Laden. V & E für Wohnmobile. Mietbungalows.

Trinité de Porto-Vecchio – 62 – Camping la Vetta [N41° 37' 58" E9°17' 37"], Tel. 04 95 70 09 86, www.campinglavetta.com; Ende Mai – Anf. Okt.; nördlich von Trinité de Porto-Vecchio beschilderter Abzweig von der N-198; geneigtes, felsdurchsetztes Gelände mit Laubbäumen; 7 ha – 180 Stpl.; Standard-Sanitärausstattung. Restaurant in Hauptsaison, Schwimmbad, WLAN im Rezeptionsbereich. Chemikalausguss.

Vico – 27 – Camping La Sposata [N 42° 9' 52.43 E 8° 47' 14.29"], Col de St-Antoine, Tel. 06 31 68 18 41, www.lasposata.fr; 1. Juni – 30. Sept.; am südlichen Ortsbeginn von Vico an der der D-70 Ri. Evisa; kleine Terrassenanlage im Olivenhain; 1 ha – 30 Stpl.; Mindest-Sanitärausstattung.

Vivario – 37 – Camping Naturelle Le Soleil [WP 064 / N 42° 09' 04.6" E 9° 09' 10.9"], bei Tattone, Tel. 04 95 47 21 16; 1. Jun. – 30. Sept.; ca. 5 km südlich von Vivario in waldreicher Umgebung an der N-193 (Vivario – Bocognano); 2 ha – 30 Stpl.; einfache Sanitärausstattung.

Zonza – 65 – Camping Municipal Zonza [WP 129 / N 41° 44' 59.8" E 9° 11' 41.3"], Tel. 04 95 78 62 74; Mai – Mitte Okt.; an der D-368, etwa 2,5 km östlich von Zonza Richtung Porto-Vecchio gelegen. Pinienwaldgelände in ruhiger Lage; einfache Sanitärausstattung.

GPS-ROADBOOK KORSIKA

Die Koordinaten sind entsprechend dem Verlauf der in diesem Reiseführer beschriebenen Routen und Touren angelegt.

Die Navigationsdaten berücksichtigen alle wichtigen Orte und Campingplätze sowie weitere POI's.

Voraussetzung für eine funktionierende und verlässliche Navigation ist, dass Ihr System über aktuelle Karten mit Feindaten der zu bereisenden Länder verfügt! Basiskarten sind nicht ausreichend!

Bitte beachten Sie, dass wir keine Gewähr dafür übernehmen, dass die auf den folgenden Seiten angegebenen GPS-Koordinaten ebenso wie die auf der GPS-Roadbook-CD abgelegten Koordinaten, Konvertierungs- und Transfer-Methoden fehlerfrei sind und auch auf Ihrem Gerät zum Erfolg führen! Zu vielfältig, unterschiedlich und inkompatibel sind die von den Autonavigationsanbietern verwendeten Softwaren.

Darüber hinaus können wir keine Haftung für die Richtigkeit der in diesem Reiseführer angegebenen und auf der Roadbook-CD abgelegten GPS-Koordinaten, Wegpunkten, Routen und Tracks und für evtl. daraus resultierende Ereignisse durch Missweisungen übernehmen.

TOUREN 1 + 2	BASTIA - CAP CORSE - ST-FLORENT	Breite/Länge hddd°mm'ss.s"	
Wegpunkt	Beschreibung	Position (System WGS 84)	Höhe
001 Livorno Fährhafen	Piazza Del Portuale, Livorno	N 43° 33' 17.8" E 10° 18' 12.6"	
002 Bastia Fährhafen	Bastia Fährterminal Nord	N 42° 42' 23.1" E 9° 27' 14.2"	7 m
003 Office de Tourisme Bastia	Rue José Luccioni, Bastia	N 42° 42' 09.8" E 9° 27' 08.7"	
004 Place St-Nicolas	Bastia	N 42° 41' 59.4" E 9° 27' 03.4"	
005 Rue Napoléon Bastia	Rue Napoléon	N 42° 41' 55.3" E 9° 27' 00.8"	
006 La Citadelle Bastia	Place du Donjon	N 42° 41' 34.8" E 9° 27' 02.9"	
007 Cathédrale Sainte-Marie	Rue Sainte-Claire	N 42° 41' 31.7" E 9° 27' 05.4"	
008 Église Saint-Jean-Baptiste	Rue Saint-Jean	N 42° 41' 48.1" E 9° 27 01.1"	
009 Camping San Damiano	D107 Campingeinfahrt am Lido Marché	N 42° 37' 44.0" E 9° 28' 01.7"	1 m
010 Sisco Kirche St-Martin	Sisco	N 42° 48' 59.2" E 9° 25' 46.5"	324 m
011 Weg zu St-Michel	Fußweg zur Kirche St-Michel	N 42° 49' 10.5" E 9° 25' 44.0"	328 m
012 Camping La Pietra	Campingrezeption La Petra	N 42° 50' 20.3" E 9° 28' 24.5"	14 m
013 Boticella D80	Abzweig nach Barcaggio 10 km	N 42° 58' 35.2" E 9° 22' 52.9"	312 m
014 Barcaggio Hafenort	Hafenort am Cap Corse	N 43° 00' 22.7" E 9° 24' 06.6"	4 m
015 Camping L'Isulottu	Campingzufahrt	N 42° 57' 31.9" E 9° 21' 15.0"	31 m
016 Col de Ste-Lucie/Tour de Sénèque	Wanderweg zum Tour de Sénèque	N 42° 54' 32.4" E 9° 22' 27.0"	374 m
017 Camping A Stella	Campingzufahrt	N 42° 43' 45.2" E 9° 20' 33.2"	22 m
018 Camping d'Olzo	Campingzufahrt	N 42° 41' 35.7" E 9° 19' 30.3"	10 m

019 Office de Tourisme St-Florent	Touristeninformation	N 42° 40‘ 55.6“ E 9° 18‘ 16.5“	13 m
020 St-Florent Parkplatz	am Bootshafen	N 42° 40‘ 42.7“ E 9° 18‘ 08.3“	4 m
021 Kathedrale de Nebbio	Rom. Basilika in St-Florent	N 42° 40‘ 47.0“ E 9° 18‘ 38.8“	25 m
022 Camping Kalliste	Campingzufahrt	N 42° 40‘ 24.7“ E 9° 17‘ 49.8“	11 m
023 Zu Camping La Pinede	Campingzufahrt unbefestigt	N 42° 40‘ 17.6“ E 9° 18‘ 00.1“	6 m
023a Oleta	D82	N 42° 37‘ 46.3“ E 9° 21‘ 15.0“	
024 Église St-Michel-de-Murato	romanische Kapelle	N 42° 35‘ 09.5“ E 9° 19‘ 57.“3	469 m

TOUR 3	**ST-FLORENT – CALVI**	**Breite/Länge hddd°mm‘ss.s“**	
Wegpunkt	**Beschreibung**	**Position (System WGS 84)**	**Höhe**
025 St-Florent Office de Tourisme	St-Florent Touristenbüro	N 42° 40‘ 55.6“ E 9° 18 16.5“	13 m
026 Ferme-Auberge Pietra Monetta	Hotel, alte Postkutschenstation	N 42° 38‘ 49.2“ E 9° 05‘ 32.3“	50 m
027 Camping Les Clos des Chenes	Campingzufahrt bei Lozari	N 42° 37‘ 38.6“ E 9° 00‘ 39.9“	26 m
028 l‘Ile Rousse Office de Tourisme	Touristeninformation	N 42° 38‘ 01.9“ E 8° 56‘ 23.6“	1 m
029 Camping Le Bodri	Campingzufahrt	N 42° 37‘ 25.2“ E 8° 54‘ 58.0“	62 m
030 Corbara D263 Ri Sta-Reparata	Abzweig Ri Sta-Reparata	N 42° 36‘ 43.9“ E 8° 54‘ 30.8“	256 m
031 St-Antonino	Parkmöglichkeit am Ortsrand	N 42° 35‘ 20.1“ E 8° 54‘ 21.6“	451 m

032 Cateri D151 Ri Aregno	Abzweig Ri Aregno	N 42° 34' 09.6" E 8° 53' 47.4"	365 m
033 Lumio ab Ri CP La Panormaic	Abzweig zu Campingplatz	N 42° 35' 05.0" E 8° 49' 50.8"	201 m
034 Calvi Parkplatz	großer Parkplatz am Stadtrand	N 42° 33' 43.4" E 8° 45' 18.1"	5 m
035 Calvi Office de Tourisme	Touristenbüro am Jachthafen	N 42° 33' 54.6" E 8° 45' 24.1"	2 m
036 Calvi Parkplatz Zitadelle	großer Parkplatz an der Zitadelle	N 42° 34' 05.5" E 8° 45' 30.5"	21 m
037 Camping La Pineda	Camping östl. Calvi	N 42° 33' 13.3" E 8° 46' 07.2"	2 m
038 ab zu Camping Bella Vista	Campingzufahrt	N 42° 33' 13.3" E 8° 45' 46.1"	2 m
039 D81 Ri Porto/Galéria	Abzweig nach Boca Rezza	N 42° 32' 59.3" E 8° 47' 00.1"	12 m
040 Camping Paradella	Campingzufahrt an der D81	N 42° 30' 09.2" E 8° 47' 30.6"	120 m
041 Auberge de la Forêt de Bonifatu	Parkplatz, Wanderwege, Cirque de Bonifatu	N 42° 26' 32.9" E 8° 51' 15.7"	525 m

TOUR 4	CALVI – PORTO	Breite/Länge hddd°mm'ss.s"	
Wegpunkt	**Beschreibung**	**Position (System WGS 84)**	**Höhe**
042 Calvi Office de Tourisme	Touristenbüro am Jachthafen	N 42° 33' 54.6" E 8° 45' 24.1"	2 m
043 Galéria Terrassenparkplatz	Parkplatz mit Gebühr in HS	N 42° 24' 59.9" E 8° 39' 25.6"	15 m
044 Galéria Parking-Camping	einfache Campingmöglichkeit	N 42° 24' 42.9" E 8° 38' 44.0"	5 m
045 Camping Le Deux Torrents	Camping an der D81	N 42° 24' 46.5" E 8° 4[illegible]' 26.8"	23 m
046 Porto Camping Sole e Vista	steile Campingauffahrt	N 42° 15' 46.2" E 8° 42' 35.6"	37 m
047 Porto Camping Les Oliviers	steile Campingauffahrt	N 42° 15' 43.6" E 8° 42' 36.2"	29 m

048 Porto Camping Le Porto	Campingzufahrt	N 42° 15‘ 42.5“ E 8° 42‘ 28.4“	40 m
049 ab zu Camping Municipal Porto und Strand	Abzweig von der D81	N 42° 15‘ 45.8“ E 8° 42‘ 14.8“	54 m
050 Porto Camping Municipal	Campingzufahrt	N 42° 15‘ 48.2“ E 8° 42‘ 00.6“	7 m
051 Piana	Piana Zentrum an der Kirche	N 42° 14‘ 17.8“ E 8° 38‘ 12.1“	438 m

TOUR 5	PORTO – CORTE	Breite/Länge hddd°mm‘ss.s“	
Wegpunkt	**Beschreibung**	**Position (System WGS 84)**	**Höhe**
052 Porto Camping Les Oliviers	steile Campingauffahrt	N 42° 15‘ 43.6“ E 8° 42‘ 36.2“	29 m
053 Ponte de Piandella	alte Genueserbrücke	N 42° 15‘ 22.1“ E 8° 45‘ 43.7“	228 m
054 ab zu Camping L‘Acciola	Campingzufahrt	N 42° 15‘ 11.7“ E 8° 49‘ 10.6“	916 m
055 Col de Vergio	Pass 1.467 m, Wanderwege	N 42° 17‘ 24.9“ E 8° 52‘ 42.5“	1467 m
056 Albertacce	Genueserbrücke	N 42° 19‘ 11.4“ E 8° 58‘ 35.8“	840 m
057 ab zu Camping L‘Acciola	Campingzufahrt bei Calacuccia	N 42° 20‘ 01.8“ E 9° 00‘ 30.4“	865 m
058 Corte, Zitadelle	Rue Du Donjon, Touristeninformation, Museum	N 42° 18‘ 22.0“ E 9° 08‘ 55.0“	
059 Corte, Camping L‘Alivetu	Campingeinfahrt	N 42° 17‘ 55.8“ E 9° 09‘ 00.2“	425 m
060 ab ins Restonica-Tal	Abzweig in Corte	N 42° 18‘ 07.9“ E 9° 08‘ 58.9“	425 m
061 Camping U Sognu	Campingzufahrt, Corte	N 42° 18‘ 00.5“ E 9° 08‘ 53.0“	436 m
062 Restonica-Tal Camping Tuani	Zufahrt zu Camping de Tuani	N 42° 16‘ 33.0“ E 9° 06‘ 28.3“	656 m

TOUR 6	CORTE – AJACCIO	Breite/Länge hddd°mm‘ss.s“	
Wegpunkt	**Beschreibung**	**Position (System WGS 84)**	**Höhe**
063 Corte	Faubourg Saint-Antoine	N 42° 18‘ 03.3“ E 9° 09‘ 02.6“	
064 Camping Le Soleil	Campingzufahrt bei Tattone	N 42° 09‘ 04.6“ E 9° 09‘ 10.9“	811 m
065 Bocognano	Parkplatz beim Touristenbüro	N 42° 04‘ 51.6“ E 9° 03‘ 27.6“	644 m
066 ab zu Cascade du Voile de la Mariee	ab am Kreisverkehr Richtung Wasserfall	N 42° 04‘ 57.2“ E 9° 03‘ 06.1“	625 m
067 N193 Parkplatz Menhir Tavera	Fußweg zum Menhir	N 42° 04‘ 22.4“ E 8° 59‘ 30.0“	353 m
068 Pont d‘Ucciani	N193, Parkplatz an hist. Brücke	N 42° 03‘ 34.6“ E 8° 57‘ 56.2“	290 m
069 Parc a Cupulatta	Schildkrötenpark	N 42° 01‘ 40.2“ E 8° 54‘ 31.8“	202 m
070 Ajaccio Parkplatz ohne Begrenzung	Route Du Bord de Mer	N 41° 56‘ 00.8“ E 8° 44‘ 40.3“	
071 Parkplatz am Jachthafen	Parkplatz Marconaja	N 41° 55‘ 38.8“ E 8° 44‘ 23.4“	7 m
072 Ajaccio Musée Fesch	50 Rue Du Cardinal Fesch	N 41° 55‘ 18.3“ E 8° 44‘ 17.4“	
073 Ajaccio Office de Tourisme	3 Blvd du Roi Jérôme	N 41° 55‘ 11.4“ E 8° 44‘ 18.2“	
074 Ajaccio Place Mar. Foch	Ajaccio Zentrum	N 41° 55‘ 07.7“ E 8° 44‘ 16.8“	8 m
075 Ajaccio Musée Maison Bonaparte	Rue Saint-Charles	N 41° 55‘ 05.1“ E 8° 44‘ 18.5“	
076 Ajaccio Cathedrale de L‘Assomption	3 Rue Forcioli Conti	N 41° 55‘ 02.3“ E 8° 44‘ 15.4“	
077 ab zu Camping Barbicaja	Campingzufahrt	N 41° 54‘ 33.6“ E 8° 41‘ 15.9“	8 m

078 Parkplatz, Tour de la Parata	Fußweg zum Turm	N 41° 54‘ 04.6“ E 8° 37‘ 01.6“	4 m
079 ab Ri Camping Les Mimosas	ab auf D61 Ri Alata	N 41° 55‘ 56.7“ E 8° 44‘ 26.2“	4 m
080 Camping Les Mimosas Ajaccio	Camping bei Ajaccio	N 41° 56‘ 13.1“ E 8° 43‘ 39.4“	29 m

TOUR 7	AJACCIO – PROPRIANO	Breite/Länge hddd°mm‘ss.s“	
Wegpunkt	**Beschreibung**	**Position (System WGS 84)**	**Höhe**
081 Ajaccio Parkplatz ohne Begrenzung	Route Du Bord de Mer	N 41° 56‘ 00.8“ E 8° 44‘ 40.3“	
082 D3 Ri Bastelicaccia, Tolla	von N196 ab auf D3	N 41° 55‘ 18.8“ E 8° 49‘ 05.5“	
082A Bastelicaccia	Bastelicaccia	N 41° 55‘ 22.1“ E 8° 49‘ 37.7“	
082B Wegpunkt	D3	N 41° 55‘ 56.8“ E 8° 53‘ 33.5“	
083 Ocana, enge Durchfahrt	D3, Ocana, enge Ortsdurchfahrt	N 41° 57‘ 43.7“ E 8° 56‘ 08.1“	
084 Col de Mercujo	Fußweg zum Aussichtspunkt	N 41° 58‘ 01.8“ E 8° 57‘ 38.9“	712 m
085 D27 Pont Zipitoli	oberhalb der Genueserbrücke	N 41° 57‘ 37.3“ E 9 00‘ 11.8“	638 m
086 Cauro ab Ri Ajaccio	von D27 auf N196 Ri Ajaccio	N 41° 55‘ 03.3“ E 8° 55‘ 01.8“	370 m
087 D55 Ri Porticchio	von N196 ab auf D55	N 41° 54‘ 41.5“ E 8° 49‘ 35.0“	13 m
088 Camping le Sud, D55	D55 Campingzufahrt, Plage de Ruppione	N 41° 49‘ 42.9“ E 8° 47‘ 01.7“	19 m
089 Porto Pollo	Porto Pollo	N 41° 42‘ 25.8“ E 8° 47‘ 36.5“	5 m
090 Camping U Casellu Porto	Campingzufahrt östl. Porto Pollo	N 41° 42‘ 44.7“ E 8° 48‘ 15.8“	13 m

091 Filitosa	Parkplatz, Eingang, archäol. Stätte	N 41° 44' 41.0" E 8° 52' 13.2"	72 m
092 Camping Ras I Bol, Albartello	Campingzufahrt, Albartello	N 41° 42' 10.9" E 8° 50' 07.0"	9 m
093 Camping U'Libecciu, Olmeto Plage	Campingzufahrt, Olmeto Plage	N 41° 42' 03.6" E 8° 51' 28.4"	27 m
094 Propriano, V & E Station	V & E, BF-Tankstelle	N 41° 40' 18.0" E 8° 54' 33.2"	37 m
095 Propriano Office de Tourisme	Port de Plaisance	N 41° 40' 34.5" E 8° 54' 13.4"	

TOUR 8	PROPRIANO – BONIFACIO	Breite/Länge hddd°mm'ss.s"	
Wegpunkt	**Beschreibung**	**Position (System WGS 84)**	**Höhe**
095 Propriano Office de Tourisme	Port de Plaisance	N 41° 40' 34.5" E 8° 54' 13.4"	
096 Belvédère-Campomore	4 km bis Camping La Vallée	N 41° 37' 57.1" E 8° 51' 00.8"	220 m
097 Spin a Cavallu Brücke	historische Brücke	N 41° 39' 18.3" E 8° 58' 51.8"	26 m
098 Sartène P-Canale	Parkplatz an der N196 Ri Bonifacio	N 41° 37' 11.3" E 8° 53' 11.0"	290 m
099 Alignements von Palaggiu	Zugang zur archäol. Stätte	N 41° 32' 48.6" E 8° 52' 57.3"	47 m
100 Tizziano	Hotel de Golfe	N 41° 32' 15.0" E 8° 51' 37.6"	36 m
101 Cauria Mégalithes	Parkmöglichkeit am Weg zu den prähist. Stätten	N 41° 32' 07.6" E 8° 54' 57.9"	144 m
102 Pianottoli	ab zu Camping Kevano	N 41° 29' 29.9" E 9° 03' 19.3"	77 m
103 Camping Kevano Plage	Campingzufahrt	N 41° 28 ,21.9" E 9° 02' 36.0"	4 m
104 Camping La Trinité	Campingzufahrt	N 41° 24' 35.6" E 9° 07' 40.5"	122 m

105 Bonifacio Pkw-Großpark-platz	hinter dem Pkw-Parkplatz Platz für größere Fz	N 41° 23‘ 20.8“ E 9° 09‘ 56.3“	1 m
106 Bonifacio Weg zur Ville Haute	Weg hinauf in die Altstadt	N 41° 23‘ 13.5“ E 9° 09‘ 38.1“	
107 Bonifacio Office de Tourisme	4 Rue Fred-Scamaroni	N 41° 23‘ 15.8“ E 9° 09‘ 29.4“	
108 Bonifacio Gare Maritime	Fährhafen	N 41° 23‘ 19.4“ E 9° 09‘ 25.2“	
109 Aussichtspunkt Bonifacio	Blick auf die Altstadt, Steilküste	N 41° 22‘ 52.1“ E 9° 10‘ 26.3“	84 m
110 Camping Les Iles	Campingzufahrt	N 41° 22‘ 40.9“ E 9° 12‘ 35.9“	47 m
111 Camping Pian del Fosse	Campingzufahrt, D58	N 41° 23‘ 58.8“ E 9° 12‘ 05.6“	68 m
112 Camping Cavallo Morto	Campingzufahrt an der N198	N 41° 24‘ 21.4“ E 9° 10‘ 13.9“	74 m
113 Camping Pertamina Village	Campingzufahrt	N 41° 25‘ 05.8“ E 9° 10‘ 44.8“	81 m

TOUR 9	BONIFACIO – PORTO-VECCHIO	Breite/Länge hddd°mm‘ss.s“	
Wegpunkt	**Beschreibung**	**Position (System WGS 84)**	**Höhe**
105 Bonifacio	Stadtzentrum	N 41° 23‘ 20.8“ E 9° 09‘ 56.3“	1 m
112 Camping Cavallo Morto	Campingzufahrt an der N198	N 41° 24‘ 21.4“ E 9° 10‘ 13.9“	74 m
113 Camping Pertamina Village	Campingzufahrt	N 41° 25‘ 05.8“ E 9° 10‘ 44.8“	81 m
114 Camping Campo-di-Liccia	Campingzufahrt	N 41° 25‘ 08.6“ E 9° 10‘ 46.2“	91 m
115 ab nach Santa Guilia	ab von N198	N 41° 32‘ 01.1“ E 9° 15‘ 52.5“	17 m
116 ab Ri Palombaggia	ab von N198 Richtung Palombaggia	N 41° 34‘ 18.6“ E 9° 16‘ 28.6“	2 m

117 Camping U Pirellu	Campingzufahrt	N 41° 35‘ 23.1“ E 9° 1‘9 55.5“	41 m
118 Porto-Vecchio	Parkplatz Santa Catalina	N 41° 35‘ 13.4“ E 9° 16‘ 34.5“	40 m
119 Porto-Vecchio, Parkplatz	Hafen, Parkplatz	N 41° 35‘ 25.1“ E 9° 16‘ 56.5“	10 m
120 Porto-Vecchio Office de Tourisme	Rue de Docteur Camille de Roca Serra	N 41° 35‘ 29.4“ E 9° 16‘ 45.6“	
121 Trinité, ab zu Campings	Abzweig am Kreisverkehr Richtung Cala Rossa	N 41° 37‘ 26.4“ E 9° 17‘ 21.6“	65 m
122 Camping Le Baie des Voiles	Campingzufahrt	N 41° 37‘ 24.7“ E 9° 18‘ 01.3“	15 m
123 Camping Les Ilots D‘Or	Campingzufahrt Route de Pezza Carda	N 41° 37‘ 20.5“ E 9° 17‘ 58.8“	
124 Camping Golfo Di Sogno	Campingzufahrt	N 41° 37‘ 48.3“ E 9° 18‘ 44.8“	

TOUR 10	PORTO-VECCHIO – ZONZA – SOLENZARA	Breite/Länge hddd°mm‘ss.s“	
Wegpunkt	**Beschreibung**	**Position (System WGS 84)**	**Höhe**
120 Porto-Vecchio Office de Tourisme	Rue de Docteur Camille de Roca Serra	N 41° 35‘ 29.4“ E 9° 16‘ 45.6“	
121 Trinité	Abzweig am Kreisverkehr Richtung Cala Rossa	N 41° 37‘ 26.4“ E 9° 17‘ 21.6“	65 m
125 ab Ri Mégalithes Araghin	ab von N193 auf D579	N 41° 38‘ 14.92 E 9° 1‘7 38.12	44 m
126 Fußweg zur Ruine Araghin	Beginn des Fußwegs hinauf zur prähist. Festung	N 41° 38‘ 42.3“ E 9° 15‘ 59.2“	99 m
127 Parkplatz Araghin	oblig. Parkplatz	N 41° 38‘ 34.2“ E 9° 15‘ 52.9“	106 m
128 Parkplatz Cascade de Piscia di Gallo	Fußweg zum Wasserfall	N 41° 41‘ 16.9“ E 9° 12‘ 00.1“	924 m
129 Zonza Camping Municipal	Campingzufahrt D368	N 41° 44‘ 59.8“ E 9° 11‘ 41.3“	770 m

130 Zonza	Zonza Zentrum Stadtplatz	N 41° 45‘ 03.2“ E 9° 10‘ 18.6“	795 m
131 Levie	Levie Zentrum Kirche	N 41° 42‘ 05.7“ E 9° 07‘ 21.2“	617 m
132 Levie Museum d‘Alta Rocca	Levie Musee Departementale	N 41° 42‘ 16.0“ E 9° 07‘ 29.4“	586 m
133 Carbini Église Romane	Église Romane St-Jean-Baptiste und Campanile	N 41° 40‘ 47.2“ E 9° 08‘ 49.0“	541 m
134 ab Ri Cucuruzzu/Capula	ab von der D268 Ri Site Archeologique Cucuruzzu	N 41° 42‘ 04.0“ E 9° 06‘ 12.3“	721 m
135 Fußweg zu Castellu di Cucuruzzu	Parkplatz, Zugang zu Castellu di Cucuruzzu/ Capula	N 41° 43‘ 02.3“ E 9° 07‘ 42.0“	747 m
136 Col de Bavella, Parkplatz	Passhöhe, 1.219 m	N 41° 47‘ 45.0“ E 9° 13‘ 31.2“	1219 m
137 Camping Rosumarinu	Campingzufahrt, D268	N 41° 50‘ 36.9“ E 9° 20‘ 34.5“	80 m
138 ab Ri Solenzara	von D268 auf N198	N 41° 51‘ 43.5“ E 9° 23‘ 34.5“	
139 Camping de Nacres	Campingzufahrt bei Solenzara	N 41° 51‘ 55.6“ E 9° 23‘ 48.1“	17 m

TOUR 11	**SOLENZARA – ZONZA – GHISONACCIA**	**Breite/Länge hddd°mm‘ss.s“**	
Wegpunkt	**Beschreibung**	**Position (System WGS 84)**	**Höhe**
138 !!! Solenzara Ri Col de Bavella	von N198 auf D268	N 41° 51‘ 43.5“ E 9° 23 ,34.5“	
130 !!! Zonza	Zonza Zentrum Stadtplatz	N 41° 45‘ 03.2“ E 9° 10‘ 18.6“	795 m
140 Camping La Riviere	Campingzufahrt, D420	N 41° 46‘ 06.2“ E 9° 10‘ 40.4“	664 m
141 Aullene ab Ri Zicavo	ab auf D69 zum Col de Vaccia	N 41° 46‘ 21.3“ E 9° 04‘ 50.5“	836 m
142 ab Ri Cozzano, Ghisoni	D69 Ri Col de Verde und Ghisoni	N 41° 54‘ 59.1“ E 9° 07‘ 59.7“	741 m

143 Col de Verde	Passhöhe 1.286 m	N 42° 01' 43.0" E 9° 11' 42.7"	1286 m
144 Ghisoni, D344	Ghisoni, D344 Ri Ghisonaccia	N 42° 06' 19.0" E 9° 12' 48.3"	
145 Défilè de l'Inzecca	D344, Schlucht l'Inzecca	N 42° 05' 43.5" E 9° 19' 58.4"	
146 Office de Tourisme Ghisonaccia	Place de L'Hotel de Ville	N 42° 00' 58.9" E 9° 24' 15.9"	
147 Ghisonaccia	ab von N198 auf D144	N 42° 00' 46.4" E 9° 24' 15.3"	9 m
148 Camping Arinel a Bianca	Campingzufahrt	N 41° 59' 54.6" E 9° 26' 31.0"	2 m
149 Camping Marina d'Erba Rossa	Campingzufahrt	N 42° 00' 00.2" E 9° 26' 50.2"	2 m

TOUR 12	GHISONACCIA – PONTE LECCIA – BASTIA	Breite/Länge hddd°mm'ss.s"	
Wegpunkt	**Beschreibung**	**Position (System WGS 84)**	**Höhe**
146 Office de Tourisme Ghisonaccia	Place de L'Hotel de Ville	N 42° 00' 58.9" E 9° 24' 15.9"	
150 Abzweig zu Aléria antik	von N198 zur Site Antiques	N 42° 06' 11.5" E 9° 30' 54.6"	22 m
151 antike Stätte Aléria	Parkplatz, Museum, röm. Ruinen	N 42° 06' 11.2" E 9° 30' 46.4"	35 m
152 Camping Marina d'Aléria	Camping bei Aléria	N 42° 06' 39.0" E 9° 33' 02.0"	2 m
153 Office de Tourisme d'Aléria	N198 Touristeninformation	N 42° 06' 49.9" E 9° 30' 49.1"	
154 zu FKK-Camping Riva Bella	Campingzufahrt	N 42° 10' 23.4" E 9° 31' 43.9"	32 m
155 Camping Amurucciu	Campingzufahrt	N 42° 15' 50.5" E 9° 32' 54.8"	14 m

156 Prunete, Abzweig nach Cervione	ab von N198 auf D71	N 42° 19‘ 10.0“	E 9° 32‘ 24.7“	19 m
157 Cervione	möglicher Abzweig zur Chapelle Ste-Christine	N 42° 19‘ 59.1“	E 9° 29‘ 38.7“	264 m
157A Ortale	Wegpunkt	N 42° 19‘ 02.2“	E 9° 25‘ 22.2“	
158 Piedicroce	Kirche St-Piere-et-St-Paul	N 42° 22‘ 31.3“	E 9° 22‘ 03.0“	642 m
159 Stretta bei Morosaglia, Museum	Musée Maison natale Pasquale Paoli	N 42° 26‘ 15.4“	E 9° 18‘ 33.2“	869 m
160 Ponte Leccia ab Ri Calvi	ab von D71 auf N197	N 42° 27‘ 44.4“	E 9° 12‘ 22.8“	210 m
161 ab Ri Asco	ab von D197 auf D47 Richtung Asco	N 42° 28‘ 47.8“	E 9° 11‘ 49.4“	214 m
162 Asco, Abzweig	Abzweig zu Genueserbrücke, steil, schmal	N 42° 27‘ 00.7“	E 9° 01‘ 48.9“	641 m
163 N193 Richtung Bastia	Ponte Leccia Richtung Bastia	N 42° 27‘ 47.9“	E 9° 12‘ 25.8“	
164 La Canonica	Kirche und antike Ruinen, Parkplatz	N 42° 32‘ 21.9“	E 9° 29‘ 41.2“	2 m
164A La Marana	Wegpunkt La Marana	N 42° 33‘ 29.8“	E 9° 31‘ 18.8“	
165 Camping San Damiano	Campingzufahrt	N 42° 37‘ 44.0“	E 9° 28‘ 01.7“	1 m
166 Bastia Fährterminal	Fährterminal, Parkplatz, Tickets	N 42° 42‘ 23.1“	E 9° 27‘ 14.2“	7 m

GPS-ROADBOOK-CD

KORSIKA

Alle Touren dieses Reiseführers können Sie als Roadbook-CD mit GPS-Navigationsdaten beim Verlag erwerben.

Die Navigations-Koordinaten sind im System WGS 84 („World Geodetic System 1984") entsprechend dem Verlauf der in diesem Reiseführer beschriebenen Routen und Touren angelegt. Sie berücksichtigen alle wichtigen Orte, Sehenswürdigkeiten, Campings und andere Points of Interest (POI's).

Unsere „Roadbook-CD" stellt Ihnen vor Ort erfasste Original-Navigationsdaten im **Garmin-Format *.GPD** (garmin database) sowie im **Garmin MapSource *.mps-Format** zur Verfügung.

Darüberhinaus finden Sie auf der „Roadbook-CD" alternative Dateiformate wie **GPX** (global positioning exchange), **GoPal** (GoPal GPS track log (*.trk), **Magellan MapSend, Navigon Mobile Navigator – *.rte files, TomTom*.ov2 poi files.**

Zudem sind die Daten im **Microsoft® Excel® Format** abgelegt. Damit können Sie alle Koordinaten **ganz einfach ausdrucken**!

Die tatsächliche Lage der Wegpunkte (Ziele/Zwischenziele) kann von den angegebenen Koordinaten ggf. bis zu ca. 300 m abweichen!

Mit entsprechender Software „MapSource®, City Select Europe"® des Anbieters Garmin® können die Daten im Garmin-Format über einen PC oder über ein Notebook direkt in viele Garmingeräte eingelesen werden.

NEU! Wissen wo's lang geht! Mit den auf der Roadbook-CD abgelegten Dateien im GPX-Format können Sie in Verbindung mit Google Earth® (kostenloser Download) die Reiseroute, sowie alle als Wegpunkt markierten Stationen der Reise schon vorab aus der Vogelperspektive auf Ihrem PC ansehen, oder sich einzelne Abschnitte der Route im Google Earth Routenplaner berechnen lassen. Wie's geht und vieles mehr steht auf der CD.

Für die Richtigkeit der Koordinaten und deren Transformierung in andere Dateiformate kann keine Gewähr übernommen werden! Weitere Details finden Sie auf der jeweiligen CD und auf unserer Webseite www.rau-verlag.de.

Unsere Roadbook-CD's können Sie gegen eine Schutzgebühr von EUR 9,90 nur direkt über den Verlag beziehen!

Bestellungen bitte über unseren Webshop:
www.rau-verlag.de/onlineshop.

Oder per Post an: Werner Rau Verlag, Feldbergstr. 54, D-70569 Stuttgart,
Tel. +49-(0)711-687 21 43, Fax +49-(0)711-68 22 47, E-Mail: info@rau-verlag.de.

REGISTER

Personennamen in kursiver Schrift.

(CP) hinter dem Ortsnamen weist darauf hin, dass in oder ganz in der Nähe des Ortes ein im Reiseführer beschriebener Campingplatz zu finden ist.

A

B

C

MOBIL REISEN

Mobile Touring Highlights

Unterwegs auf den schönsten Reiserouten

Erlebnisreiche Reisen mit Auto, Motorrad, Caravan oder Reisemobil.

Mobil Reisen: BRETAGNE

Ein individueller Reiseführer mit Routenvorschlägen, ausgesuchten Touren für eine Reise von Nantes bis ans „Ende der Welt", der Finistère an die bretonische Atlantikküste. Historisches, Amüsantes, Kulinarisches und natürlich viele praktische Reisetipps. Jetzt mit noch mehr Wohnmobil-Stellplätzen.

Mit vor Ort erfassten GPS-Koordinaten.

276 S., zahlr. Farbfotos, Karten, Stadtpläne, Hotels, sowie viele Infos und die schönsten Campingplätze.

ISBN 978-3-926145-49-9

GPS-Roadbook-CD mit Navigationskoordinaten verfügbar!

Mobil Reisen: GRIECHENLAND

Aus der Reisepraxis für die Reisepraxis geschrieben. Ein Reisehandbuch mit Routen, Touren und Reisetipps fürs Auto-, Motorrad-, Caravan- oder Reisemobil-Touring. Eine Fülle von Routenvorschlägen führt Sie durch alle Regionen Festlandgriechenlands, von den Badestränden der Chalkidiki-Halbinsel bis in den Süden des Peloponnes und natürlich zu allen archäologischen Stätten.

Mit vor Ort erfassten GPS-Navigationskoordinaten!

264 S., zahlr. Farbfotos; Karten, Stadt- u. Lagepläne, Stadtspaziergänge, Hotels und die schönsten Campingplätze.

ISBN 978-3-926145-36-9

GPS-Roadbook-CD mit Navigationskoordinaten verfügbar!

Mobil Reisen: IRLAND – Mit Nordirland

Der ideale Urlaubsführer für alle, die den Charme der "Grünen Insel" auf eigene Faust entdecken wollen. Ausgesuchte Routenvorschläge fürs Auto-Touring von den südlichen Counties über die imposante Westküste bis hinauf ins abgeschiedene Donegal und durch Nordirland. Ausführlicher Dublin-Teil mit detaillierten Rundgängen. Kultur, Folklore, Tipps zu Pubs, Wandermöglichkeiten.

Mit vor Ort erfassten GPS-Navigationskoordinaten!

336 S., zahlr. Farbfotos, Karten, Stadtpläne, Hotels, viele Infos und die schönsten Campingplätze.

ISBN 978-3-926145-40-6

GPS-Roadbook-CD mit Navigationskoordinaten verfügbar!

Mobil Reisen: LOIRETAL

Die schönsten Reisewege durch das Herz Frankreichs, der Landschaft, in der es sich leben lässt „wie Gott in Frankreich". Nicht umsonst entstanden hier die prächtigsten Schlösser Frankreichs. Aber auch wer weniger das Historische als viel mehr kulinarische Erlebnisse sucht, wird in der Gegend um das Loiretal auf seine Kosten kommen. Und dieser Reiseführer sagt Ihnen wo's lang geht. NEU! Jetzt mit vielen Wohnmobil-Stellplätzen und mit vor Ort erfassten GPS-Navigationskoordinaten!
264 S., zahlr. Farbfotos, Karten, Stadtpläne, Hotels, sowie viele Infos und die schönsten Campingplätze. ISBN 978-3-926145-38-3.
GPS-Roadbook-CD mit Navigationskoordinaten verfügbar!

Mobil Reisen: NORWEGEN

Reisewege zum Nordkap

ALLES NEU! Komplett überarbeitet! Aktualisiert!
Neue Touren und zusätzliche Routen! Noch übersichtlicher!
Jetzt mit praktischen „Tourenpaketen" zum Kombinieren, wie z. B. „Südnorwegen", „Gletscher, Fjells und Fjorde" oder „Finnmark und Nordkap".
Durchgehend farbig und noch mehr Fotos und Karten!
Verlässliche Kompetenz aus langjähriger Reiseerfahrung.
Jetzt mit vor Ort erfassten GPS-Koordinaten.
372 S., Stadtrundgänge, Wandervorschläge, viele Farbfotos, Karten, Stadtpläne, Hotels, sowie Reise-Infos in Fülle, dazu über 200 Campingplätze und zahlr. Stellplätze. ISBN 978-3-926145-47-5
GPS-Roadbook-CD mit Navigationskoordinaten verfügbar!

Mobil Reisen: POLEN

Polen bequem auf eigene Faust kennen lernen. Über die Sudeten und über Schlesien, weiter durch die Karpaten, Zentral- und Ostpolen mit einem ausführlichen Teil über die Hauptstadt Warschau, durch Ermland, die Masurische Seenplatte, durchs Lebuser Land und über Pommern schließlich bis zur Ostseeküste. Alles in bequem nachvollziehbaren Reiserouten beschrieben.
Von Michael Moll, 240 S., viele Farbfotos; Karten, Stadt- u. Lagepläne, Stadtspaziergänge, Hotels und die schönsten Campingplätze.
ISBN 978-3-926145-28-4

Mobil Reisen: PORTUGAL

Gesamt Portugal, vom grünen Norden bis zur sonnigen Algarveküste, vom kargen, ursprünglichen Alto Alentejo bis zu den Seebädern am Atlantik beschreibt dieser Band auf leicht nachvollziehbaren Touren, die einen kompletten Eindruck von diesem überaus interessanten Reiseland vermitteln. Besonders ausführlich die Weinstadt Porto und natürlich Lissabon, eine der schönsten Hauptstädte Europas.
Mit vor Ort erfassten GPS-Koordinaten.
ca. 300 S., zahlr. Farb-Abb., Karten, Stadtpläne, Hotels, sowie viele Infos und die schönsten Campingplätze.
ISBN 978-3-926145-43-7

Mobil Reisen: SARDINIEN

Ein Reiseziel mit ganz unerwarteten Attraktionen – zauberhafte Küstenszenerien, das größte Dünengebiet ganz Italiens, wunderschöne Seegrotten, mystische Nuraghen, geisterhafte alte Minenstädte und einer der spektakulärsten Canyons in Europa.
Dieses Tourenbuch, gespickt mit jeder Menge Reisetipps, führt auf den schönsten Routen und Wohnmobil-Touren durch Sardinien. Mit Wohnmobil-Stellplätzen, Tipps zu Hotels und Restaurants, Campingplätzen. Mit GPS-Navigationskoordinaten!
240 S., zahlr. Farbfotos, Karten, Stadtpläne.
ISBN 978-3-926145-37-6
GPS-Roadbook-CD mit Navigationskoordinaten verfügbar!

Mobil Reisen: SCHOTTLAND

Schottland auf neuen Wegen erleben. Eine variantenreiche Rundreise – von den Borders bis zu den Highlands, von den Western Isles bis zu den Orkneys. Detaillierte Beschreibung von Edinburgh, Glasgow, allen wichtigen Städten, Schlössern und Landschaften.
Außerdem Essen und Trinken, Whisky, Clans, Tartans und Dudelsäcke, Wandern u.v.m.
276 S., zahlr. Farbfotos., Karten, Stadtpläne, Hotels, sowie viele Infos und die schönsten Campingplätze.
ISBN 978-3-926145-46-8

Mobil Reisen: SCHWEDEN

Mit Inseln Öland und Gotland

22 sorgfältig ausgewählte, vor Ort getestete Reise(mobil)routen und Autotouren durch die schönsten Landschaften, Städte und Regionen. Mit vielen Reisetipps und Informationen über Sehenswertes vom südlichen Schonen bis Lappland. Mit ausführlichem Stockholm-Teil, Stadtrundgänge u.a. durch Helsingborg, Göteborg, Uppsala, Kalmar, sowie die Inseln Öland und Gotland. Mit vor Ort erfassten GPS-Koordinaten.
288 S., zahlr. Farbfotos, Karten, Stadtpläne, Hotels, sowie viele Infos und die schönsten Campingplätze. Mit Wohnmobil-Stellplätzen.
ISBN 978-3-926145-48-2
GPS-Roadbook-CD mit Navigationskoordinaten verfügbar!

Mobil Reisen: SKANDINAVIEN

Reiseziel Nordkap

Die große Tour zum Nordkap in bequem zu kombinierenden Reiserouten. Mit neuen Touren und vielen Streckenvarianten durch alle vier nordischen Länder – Dänemark, Norwegen, Schweden und Finnland. Ausführliche Beschreibung der Hauptstädte. Übersichtlich, informativ, kompetent. Mit vor Ort erfassten GPS-Koordinaten.
348 S., zahlr. Farbfotos, Karten, Stadtpläne, Hotels, sowie viele Infos und die schönsten Campingplätze.
ISBN 978-3-926145-45-1
GPS-Roadbook-CD mit Navigationskoordinaten verfügbar!

Mobil Reisen: SPANIEN NORD

Spaniens Norden von den Stränden der Costa Brava über die Pyrenäen, durch das grüne Galicien mit dem Pilgerziel Santiago de Compostela bis ins Herz Kastiliens mit den Hochburgen von Kunst, Kultur und Geschichte wie Salamanca oder Segovia.
Ausführlich: **Der Jakobsweg**. Hotels, Restaurants und die schönsten Campingplätze. Mit vor Ort erfassten GPS-Koordinaten.
ca. 320 S., zahlr. Farb-Fotos; Karten und Stadtpläne.
ISBN 978-3-926145-42-0

Mobil Reisen: TOSKANA

Wiege der Renaissance, altes Zentrum von Kunst, Kultur und Wissenschaft und natürlich Eldorado für Weinliebhaber und ein wahres Paradies für kulinarische Entdecker. Ein Autoführer mit bequem zu kombinierenden Reiserouten durch die gesamte Toskana, mit Elba.
Großer Florenz-Teil sowie alle wichtigen Städte, Landschaften und Sehenswürdigkeiten. Mit GPS-Koordianten.
288 S., zahlr. Farbfotos, Hotels, Restaurants, Camping- u. Reisemobil-Stellplätze, Kartenskizzen, Stadtpläne und viele Infos.
ISBN 978-3-926145-39-0

Mobil Reisen: USA SÜDWEST

Touring America – Die Traumtour durch den Südwesten der Vereinigten Staaten – Von den Rockies bis LA und San Francisco, vom Yellowstone bis zu den Indianerstätten und vom „Wilden Westen" bis ins Spielerparadies Las Vegas und mehr.
Erleben Sie mit diesem praktischen Touring-Guide für Selbstfahrer die aufregendsten Gegenden Amerikas – ob Sie nun mit dem Mietwagen, zünftig mit dem Motorbike oder mit dem Wohnmobil unterwegs sind. Ein Reiseführer und Tourenbuch – übersichtlich, praktisch, informativ und aus Erfahrung kompetent.
444 S., zahlr. Karten, Stadtpläne, Motels/Hotels, jede Menge Reise-Infos, die schönsten Campingplätze und viele Farbfotos.
ISBN 978-3-926145-35-2
GPS-Roadbook-CD mit Navigationskoordinaten verfügbar!

Weitere Titel sind in Vorbereitung!

Fragen Sie im Buchhandel nach unseren aktuellen Neuerscheinungen.

Oder besuchen Sie uns im Internet:

http://www.rau-verlag.de

http://www.mobil-reisen.eu

Mobil Reisen: KORSIKA

Vorliegend: 1. Auflage 2014/2015